親切的、活潑的、趣味的、致用的

實用歷史叢書

遠流出版公司

實用歷史・三國館
爭鋒奇術三國策（原實用歷史叢書105《爭鋒奇術三國策》）

作　　者——吳　琦
主　　編——游奇惠
責任編輯——陳穗錚
發 行 人——王榮文
出版發行——遠流出版事業股份有限公司
台北市100南昌路2段81號6樓
電話／2392-6899　　傳眞／2392-6658
郵撥／0189456-1
香港發行——遠流（香港）出版公司
香港北角英皇道310號雲華大廈4樓505室
電話／2508-9048　　傳眞／2503-3258
香港售價／港幣116元
法律顧問——王秀哲律師・董安丹律師
著作權顧問——蕭雄淋律師
2006年11月1日　二版一刷
行政院新聞局局版台業字第1295號
新台幣售價350元　（缺頁或破損的書，請寄回更換）

ISBN-13 978-957-32-5920-6
ISBN-10 957-32-5920-6

YLib遠流博識網
http://www.ylib.com　　e-mail: ylib@ylib.com

爭鋒奇術三國策

《實用歷史叢書》

出版緣起

王榮文

・歷史就是大個案

《實用歷史叢書》的基本概念，就是想把人類歷史當做一個（或無數個）大個案來看待。

本來，「個案研究方法」的精神，正是因爲相信「智慧不可歸納條陳」，所以要學習者親自接近事實，自行尋找「經驗的教訓」。

經驗到底是教訓還是限制？歷史究竟是啓蒙還是成見？——或者說，歷史經驗有什麼用？可不可用？——一直也就是聚訟紛紜的大疑問，但在我們的「個案」概念下，叢書名稱中的「歷史」，與蘭克（Ranke）名言「歷史學家除了描寫事實『一如其發生之情況』外，再無其他目標」中所指的史學研究活動，大抵是不相涉的。在這裡，我們更接近於把歷史當做人間社會情境體悟的材料，或者說，我們把歷史（或某一組歷史陳述）當做「媒介」。

・從過去了解現在

為什麼要這樣做？因為我們對一切歷史情境（milieu）感到好奇，我們想浸淫在某個時代的思考環境來體會另一個人的限制與突破，因而對現時世界有一種新的想像。

通過了解歷史人物的處境與方案，我們找到了另一種智力上的樂趣，也許化做通俗的例子我們可以問：「如果拿破崙擔任遠東百貨公司總經理，他會怎麼做？」或「如果諸葛亮主持自立報系，他會和兩大報紙持哪一種和與戰的關係？」

從過去了解現在，我們並不眞正尋找「重複的歷史」，我們也不尋找絕對的或相對的情境近似性。「歷史個案」的概念，比較接近情境的演練，因為一個成熟的思考者預先暴露在衆多的「經驗」裡，自行發展出一組對應的策略，因而就有了「教育」的功能。

・從現在了解過去

就像費夫爾（L. Febvre）說的，歷史其實是根據活人的需要向死人索求答案，在歷史理解中，現在與過去一向是糾纏不清的。

在這一個圍城之日，史家陳寅恪在倉皇逃死之際，取一巾箱坊本《建炎以來繫年要錄》，抱持誦讀，讀到汴京圍困屈降諸卷，淪城之日，謠言與烽火同時流竄；陳氏取當日身歷目睹之事與史實印證，不覺汗流浹背，覺得生平讀史從無如此親切有味之快感。

觀察並分析我們「現在的景觀」，正是提供我們一種了解過去的視野。歷史做爲一種智性活動，也在這裡得到新的可能和活力。

如果我們在新的現時經驗中，取得新的了解過去的基礎，像一位作家寫《商用廿五史》，用企業組織的經驗，重新理解每一個朝代「經營組織」（即朝廷）的任務、使命、環境與對策，竟然就呈現一個新的景觀，證明這條路另有強大的生命力。

我們刻意選擇了《實用歷史叢書》的路，正是因爲我們感覺到它的潛力。我們知道，標新並不見得有力量，然而立異卻不見得沒收穫；刻意塑造一個「求異」之路，就是想移動認知的軸心，給我們自己一些異端的空間，因而使歷史閱讀活動增添了親切的、活潑的、趣味的、致用的「新歷史之旅」。

你是一個歷史的嗜讀者或思索者嗎？你是一位專業的或業餘的歷史家嗎？你願意給自己一個偏離正軌的樂趣嗎？請走入這個叢書開放的大門。

導讀

余遠炫

三國是一個江山如此多嬌，竟使天下英雄競折腰的時代。英雄馳騁的時代其實是一個動亂的時代，這個時代的亂源來自於東漢帝國的長年累月的內耗。小皇帝沒當家時由母親那一邊的人作主，掌握兵力執政，封自己當大將軍。小皇帝從小跟著太監玩，長大以後想親政，於是就聽從太監這些所謂內臣的建議，殺了大將軍。外戚宦官輪流當政，你殺我我殺你，歷史輪迴，終於把整個大帝國拖垮。借宗教力量興起的黃巾張角三兄弟，號稱三公大將軍就在所謂「十常侍」等十個囂張跋扈的太監胡作非為下，竟然可以打出「蒼天已死，黃天當立」的迷信牌重創龐大的東漢帝國。

老天總會給衰亡的帝國一些警惕的，西周斷送在幽王的手裏，周人的聖山岐山受到大地震影響而崩塌，東漢末年桓靈之際，洛陽地震，引發大海嘯，沿海居民盡被大浪捲入海中，這書寫於青史的事蹟，我們只要想想九二一大地震與南亞海嘯，就可想像當時的驚世災難。這些災難之由，風不調、地不調、火不調、人心不調，於是就陷入在極大的困境中。走不出困境的龐大帝國，勢必要四分五裂，進入「話說天下大勢，分久必合，合久必分」的宿命中。

所幸，動亂的時代，其實也是積極的、活躍的時代，謀士們奇策百出，英雄們沙場狂飆，交織成一個史詩般壯闊的世界。三國人物在這個大舞台上盡情的揮灑，展現其絢爛的光芒，曹操集團、劉備集團乃至孫權集團，莫不是人才輩出，文臣武將各顯其能各為其主，因此三國的故事也成為民間最愛搬演的故事。羅貫中集前人說三國之大成，以文人之筆書寫膾炙人口的《三國演義》，在明人四大奇書（《三國演義》、《水滸傳》、《西遊記》、《金瓶梅》）中名列第一。清人毛宗崗評論《三國演義》除了論述其讀法與讚其「奇」美其「妙」之外，還把《三國演義》喻為四大奇書之首，《水滸傳》、《西遊記》遠遠不如《三國演義》，更別說被列為禁書的《金瓶梅》了。

毛宗崗有一段評論說的好：「三國者，乃古今爭天下之一大奇局；而演三國者，又古今為小說之一大奇手也。」他甚至指出，《三國演義》有三絕，亦即諸葛亮、關雲長與曹操三人，這三絕之外還處處有人才，三國堪稱是古今人才最盛的時代，而且每一個陣營都有代表性人物，幾乎可說要什麼有什麼，時代創造青年，青年創造時代，是三國時代明顯的特色。威鎮江東的小霸王孫堅，十七歲時就懂得欺敵破賊，未出茅廬的諸葛孔明，制定隆中對策三分天下之大謀略時，也僅只是二十出頭，絕不是國劇裝扮留著鬍子拿著扇子作做法術的中年道士。

不過毛宗崗的三國志（《三國演義》）讀法是有前提的，因為羅貫中的《三國演義》根本是以劉備爲正統的，曹操是亂世的奸雄，孫權則是叛亂的軍閥，所以不管劉備以及其所屬的集團成員有多大的問題，如張飛的毆打士兵，關羽的剛愎自用，這些都成了小缺失。而劉後主的大智若愚，保全性命於亂世，反而要被哀嘆爲扶不起的阿斗了。這種絕對偏頗的讀法，站在同情劉備的陣營來說是很過癮的一件事情，但卻少了一份理性的論辯。曹操的曹魏集團或是孫權爲主的東吳集團，也有可取之處，並非一無是處。以建立公民意識觀點而言，實應持平論述，還給三國一個清晰面貌而非一面倒才是。

風起雲湧的時代最後也是要終歸平淡，《三國演義》之「臨江仙」詞已經說的很清楚了「滾滾長江東逝水，浪花淘盡英雄。是非成敗轉頭空，青山依舊在，幾度夕陽紅。白髮漁樵江渚上，慣看秋月春風。一壺濁酒喜相逢，古今多少事，都付笑談中。」蘇東坡感慨「大江東去，浪濤盡，千古風流人物。故壘西邊，人道是：三國周郎赤壁。亂石崩雲，驚濤裂岸，捲起千堆雪。江山如畫，一時多少豪傑。遙想公瑾當年，小喬初嫁了，雄姿英發。羽扇綸巾，談笑間，檣艫灰飛煙滅。故國神遊，多情應笑我，早生華髮。人生如夢，一樽還酹江月。」儘管如果凡走過必有痕跡，這些過往可使我們猶如站在巨人的肩膀上往前看。看看三國的英雄人物謀臣智士們在亂世中如何自處，在三國互相鼎立中，如何運用謀略，獲得成功。三國來來往往的人物中，有的奮鬥有成，頂天立地，有的承受失敗，頹然敗退，淹沒在時間的洪流裏。有的生命僅有短暫一瞬，卻是輝煌燦爛，有的苟活倖存，憂傷以終。

三國是繼春秋戰國之後的另一個亂世之局，縱然時局不靖，卻是人才備出，英豪薈萃，個個活得精采絕倫的時代。春秋諸侯多，戰國君王多，三國則是人才多。三國人才競相在三國時代上鬥智鬥力，激起漣漪。所以三國互用奇術爭鋒，每一次的鬥智鬥力，都令人驚奇。吳琦先生特別從三國的人物與故事情節中，精挑細選出一百則著名的三國故事，匯總成為**《爭鋒奇術三國策》**一書，以人物為經、智謀為緯，分為決策、用人、統御、素養、虛實、伐交、用奇、心智、應變、舌戰等十篇，體現了自《六韜》、《孫子兵法》以來歷代兵學權謀的精髓。此外，還蒐羅一百則相關的用謀事例，其中有古有今、或成或敗，充分彰顯出歷史的複雜性，同時也能以現代公民意識觀點，觀照三國的思想與變化，對於喜歡三國，並從中學習活用三國的讀者而言，實有莫大幫助。

【導讀者簡介】余遠炫，台大中文系畢業，台師大國文研究所碩士。資深媒體工作者。曾任中廣記者、棒球籃球轉播員，超視副主任，中天電視台組長，三立電視台組長，台北之音副理，台北電台節目總監，現為大愛電視台新聞部副組長。重要著作有：《落鼻祖師》（獲選台灣百大童書，天衛文化）、《大巡撫與小飛毛》（兒童歷史小說，文經社）、《從前從前有一條龍》（童話，平安文化）、警察故事系列作品四種（青少年推理，皇冠）、《中國文學》（青少年國學，小天下）、《春秋爭霸》（歷史著作，遠流）等。

〈代序〉

《三國》智謀照人心

古往今來，書卷星河浩瀚無際，不可勝數，有的瞬間流逝，有的則長盛不衰，耀眼奪目。《三國演義》就是一顆永遠照亮人們心靈的巨星，影響著一代又一代人的思維與行爲方式。

《三國》魅力無人敵

在中國，幾乎無人不知三國故事。作爲一種珍貴的文化庫存，傳統的計策和智慧，強烈地吸引著萬千志士。

俗語說：「男不看《三國》，女不看《紅樓》。」然而《三國》中的男人故事，足以令後世男子嘆爲觀止。《三國》，凝聚著男人的智慧和剛強，也熔鑄著男人的失敗與恥辱。如何創業立身，頂天立地，《三國》提供了一個標準的參照天地。令人刮目的是，近現代諸多巾幗女子也從《三國》中汲取精華，秋瑾、趙一曼等無不在投身大業的同時，涉足《三國》奇妙、壯闊的世界，從而成爲女中豪傑。

又有俗語說：「少不看《水滸》，老不看《三國》。」以爲年輕人血氣方剛，看了《水滸》會不安現狀；年長者飽經世故，看了《三國》會變得老奸巨猾。這些話雖有偏頗，但是，也從另一個角度說明了《三國》的非凡魅力。幾百年來，不少政治家、謀略家、軍事家、外交家，以及馳騁沙場的風雲人物，都曾熟讀《三國》。試看——

黃摩西《小說小話》稱：明清兩代的農民起義軍領袖張獻忠、李自成、洪秀全等人，都曾把《三國演義》作爲鬥智鬥謀、攻城掠地的「玉帳唯一之祕本」。

清人劉鑾在《五石瓠》中記載：張獻忠「日使人說《三國》、《水滸》諸書，凡埋伏攻襲皆效之」。

張德堅《賊情滙纂》中也稱：「賊之詭計果何所依據？蓋由二三黠賊採稗官野史中軍情仿之，行之往往有效，遂室爲不傳之祕訣。其裁取《三國》、《水滸》爲尤多。」

清太祖努爾哈赤青年時代便攻讀《三國演義》，這對於他創業立身、發展壯大、統一滿族，實有不可估量之功。而清朝開國奠基的皇太極，更是消古融今，學習、借鑑《三國演義》，在治亂興邦的過程中受益匪淺。《天聰朝臣工奏議》記載：皇太極對《三國演義》「觀覽默會，日知月積，身體力行，作之不止」。他還將《三國演義》頒發給統兵諸王和滿蒙大將，加以推廣，致使蒙人於信仰喇嘛外，惟尊關羽，關廟香火之盛，窮邊絕塞亦然。皇太極以三國興亡為參照，以三國人事為鑑誡，遂在東北大舞台上縱橫馳騁，際會風雲，成就了開國大業。

清代，許多將領把《三國演義》奉為兵法寶典，精研細讀，在戰爭中廣泛地加以引用。乾隆年間，著名大將、超勇公海蘭察便是這樣一個人物。他數十年隨手帶著一本「兵書」，此「兵書」即是早年努爾哈赤倡導翻譯的一本滿文《三國演義》，他自稱這是藏身數十年的枕中祕本。正是透過這本書，使他成為諳熟兵法、勇略過人的名將。

海蘭察手下有一名將領叫額勒登保，勇有餘而謀不足，常打敗仗。海蘭察認為他「爾將才可造，須略知古兵法」。於是便將自己珍藏的《三國演義》送給額勒登保。額勒登保前後通覽、細讀了數十次，每次都根據實戰經歷，揣摩其中要義，海蘭察也無時不以自己讀《三國》、用《三國》的經驗指導他。經過反覆學習與運用，額勒登保終於成為一名通曉戰事、勇略兼備的驍將。嘉慶皇帝稱之為「運籌決策，悉中機宜，厥功最偉」。

現代史上，透過學《三國》、用《三國》而成就事業的人物不勝枚舉，此不一一贅述。

生動實用的人生教科書

長期以來，人們讀《三國》、評《三國》多未超出歷史考證和文學評論、欣賞的範圍。但是《三國》魅力絕不僅僅於此。

《三國演義》最富於啓迪、運用價値的計謀，便是「詭道」。在兵書中，「詭道」是智慧的代名詞。一部《三國》，即是一部具體的兵書。羅貫中以其「文不甚深，言不甚俗」的藝術之筆，在人們的心靈世界播下了智慧的種子。因而，《三國演義》被世人稱爲「智謀大全」、「運用計謀的教科書」、「中國智謀文學的經典」。

《三國演義》描述戰爭、反映戰爭，但不是千篇一律地寫雙方對陣、廝殺，而是在鬥力鬥勇中，充滿著鬥智鬥謀。古代兵法中示形、造勢、謀攻、伐交、廟算、用術、出奇、用間、詭道等思想都生動地展示在讀者面前。《三國演義》告知世人，雖然訴諸武力往往是解決問題的重要手段，但決不是唯一手段；相反的，能夠通過外交手段解決問題，盡可能不要使用武力，運用計策取勝則被視爲手段之上策。對於每一次計謀從策畫到運用，《三國演義》比歷史著作《三國志》更細緻、具體、生動，更富人情味，更多人生與智慧的妙諦。所以，《三國演義》是一部生動實用的人生教科書。

如，張飛在曹操大軍的進逼下，急中生智，將樹枝拴在馬尾，讓二十騎兵在樹林往來馳騁，衝擊塵土，以爲疑兵，竟然嚇退了身後站著幾十萬大軍的曹操。這個故事告訴人們，只要有膽有識，善於用謀，有時略施小計就可取得成功；又如，在戰場上與諸葛亮難分高下的司馬懿，爲了避免陷害，收斂鋒芒，以待時機，裝癡呆、裝病篤，在曹爽派人前往探聽眞假時，竟能做到「湯流滿襟，乃作哽噎之聲」，又「倒在床上，聲嘶氣喘」。這種韜晦自保之計，確實令人叫絕。至於像赤壁之戰這種大場面、多層次的計謀組合，則是大計的運用，妙不可言。

《三國演義》字裡行間，大小計謀比比皆是，層出不窮，確是古代兵家奇謀詭道的集大成者。計高一籌者，總是能使強與弱對調，利與害易位。失敗者施計得當得以扭轉乾坤，而贏家失計也可能走向頹局。《三國演義》告訴人們，處於優勢或者勝利在望時，切勿高興太早，要警惕弱方用計，反戈一擊；而處於劣勢時，只要還有可能調動敵人，改變自己的不利局面，便要不失時機地用計設謀，反敗爲勝。

智謀無處不在，機會也就無處不在。這是《三國演義》揭示的一條眞理。在機會面前，如何發現，予以利用，取決於機敏、膽識和決心。沒有機會，則要設法製造機會，創造機會，挫敗敵人，保護自己。

《三國演義》給予人們的啓示是多方面的，可以說，每一個人從不同的角度，都能夠找到自己立身處世、搏風擊雨、應變萬千的準則。這也即是《三國演義》吸引大衆的魅力所在。

《三國》智謀精要

在中國古代軍事史上，有兩個輝煌的時代——春秋戰國和三國時代。這兩個時代雖然諸侯割據，天下大亂，但是，爲兵法、權謀的發展提供了肥沃的土壤。

俗話說：「亂世出英雄。」在群雄角逐的戰爭中，必然會湧現一大批叱咤風雲、多謀善斷的謀略人才。三國時代，曹操、諸葛亮、司馬懿、周瑜、陸遜、賈詡等，料事如神，隨機應變，大顯身手；各自都留下了不可磨滅的史蹟。他們的政治、軍事、外交活動，編織出一幅絢麗多彩的智謀畫面。

以下對《三國》計謀做一提要介紹：

■心戰爲上

《孫子兵法》中說：「三軍可奪氣，將軍可奪心。」所謂「奪心」，即是從心理上戰勝對手。《三國演義》中，諸葛亮征服西南，是在戰略上堅持攻心爲上的原則。在正面交鋒中，有許多是針對對手心理特徵展開的。例如，賈詡鬥曹操、諸葛亮施空城計、闞澤對曹操的心戰、諸葛亮智算華容道等，皆屬此類。

在大大小小的戰役中，謀略家們準確地抓住對方的思維方式和心理反應，常常一擊奏效。在張繡二次追曹的故事中，描寫曹操撤軍，謀士賈詡料到曹操雖敗，但「必有勁將爲後殿」，力勸張繡勿追。果然，不聽勸告的張繡大敗而歸；這時賈詡卻判斷，曹操打敗追兵後，「必輕車速回，不復爲備」，力勸張繡再次追擊，結果大勝而歸。兩次追曹，一敗一勝，其中奧妙就在於賈詡掌握了曹操的心理變化。

在雙方交手之時，既要算敵未算，又要算敵所算，算在敵先。謀略鬥爭最忌諱僵化的心理定式。一些熟讀兵書、有戰爭經驗的人，往往用一定的思維模式去分析問題，做出決斷，結果每一著都落入對手的圈套。如曹操兵敗赤壁，潰逃華容道，接二連三被諸葛亮算計。在這裡，諸葛亮正是針對曹操熟讀兵書戰法，習慣於按照「虛則實之」、「實則虛之」的兵法原則判斷對手的心理，反其道而行之，以「實則實之」使曹操上當。

《三國演義》中，對於如何利用對手的病態心理也做了精彩的描寫。一些多謀善慮的將帥，常用懷疑的目光去看待新情況、新現象。然而，疑慮過度，就變成了狐疑，成爲一種病態心理。這非但無益於對情況的判斷，反而會使自己進退兩難，被對手利用和突破。諸葛亮智設空城計，拒退司馬懿大軍，正是利用了司馬懿的疑心病。與此相反，一些將領以創造性心理用兵，一反自己的習性，用奇勝敵。例如：張飛素以飲酒誤事，名聞敵我各軍。但是他在奪取漢中的宕渠山之戰中，卻巧妙地利用自身的這個弱點，豪飲狂飲，迷惑敵人，終於大敗魏軍名將張郃。

可見，心戰不僅需要膽識兼備，而且還要克服思維定式，創造性地設謀定計，才能出奇制勝。

■用詐與用奇

示形用詐是我國古代軍事領域中的熱門兵法，也是古戰場上最令人眼花撩亂的智力角逐。在三國戰場，將帥們廣泛地運用這一戰術，體現了極高的謀略藝術，其中所反映的內容給予人們的啓示，超出其他一般的兵書。

虛則實之、實則虛之、虛而虛之、實而實之、用而示之不用、能而示之不能等兵法原則，在《三國演義》中都得到了藝術的體現。如趙雲設「空營計」智退曹兵、華容道上的烽煙、諸葛亮「增灶」撤軍等，情節耐人尋味，使人悟出許多兵家制勝的妙諦。「兵者，詭道也。」軍事謀略鬥爭是詭道的競逐，示形用詐正是體現了軍事鬥爭中最本質的東西。

奇戰也是編織三國戰場上奇謀方略的基本內容。變正爲奇，轉奇爲正，正合奇勝，正奇之變，不可勝言。呂蒙以「白衣計」襲奪荊州、鄧艾陰平渡險、司馬懿剋日擒孟達，都是奇中之奇的上乘之作。善用兵者，無處不用正，又無處不用奇，敵人永遠無法判斷。奇正結合無固定的模式，必須根據具體情況靈活運用。

■伐謀與伐交

軍事一向是與政治、外交結合在一起的。「伐交」是戰略的重要組成部分，凡戰略都包含著聯合盟友、阻止對手結盟、拆散敵人聯盟。諸葛亮的隆中對策，在戰略目標上提出了聯合抗曹的大計方針，赤壁大戰的勝利是孫、劉聯盟的成功。三國鼎足之勢形成之後，各力量之間的「伐交」活動更爲頻繁。

《孫子兵法》指出：「上兵伐謀，其次伐交。」「伐謀」與「伐交」相輔相成，「伐謀」的實現往往離不開「伐交」，「伐交」的成功則往往取決於「伐謀」。行之於樽俎之間，決勝於千里之外。運用靈活的「伐交」手段，可使戰爭形勢向有利於自己的方向發展，達到「兵不鈍而利可全」的目的。例如，當曹操大軍虎視西蜀之時，諸葛亮主動將江夏、長沙、桂陽三郡歸還吳國，促使東吳出兵進攻曹魏，巧妙地解除了西蜀的危機。

在三國分裂割據的時代，由於各政權之間的根本利益不同，同時，各力量又千方百計破壞對方的聯盟，因此，常使聯盟難以鞏固持久。要鞏固聯盟，必須要有積極靈活的外交策略。赤壁大戰之後，荆州成爲孫、劉矛盾的焦點，如果不妥善解決這個問題，很快就會導致聯盟的瓦解。但是，劉備又不可能輕易放棄荆州，於是，諸葛亮想出了「借」荆州的妙策，兩全其美，既占據荆州，又不與東吳翻臉，同時不給予曹操可乘之機，爲劉備力量的發展壯大創造了條件。

軍事外交總是直接服務於軍事戰略的。有時，爲了創造出敵不意、攻其無備的戰機，需要透過外交手段迷惑對手。例如，爲了偷襲荊州成功，陸遜給關羽修書送禮，驕縱關羽，以掩蓋東吳的軍事企圖。《三國》中有不少「伐交」的範例，從不同的角度告訴人們，兵家不僅應該通曉謀略、戰術，還要善於利用外交手段配合軍事行動，以取得戰場上的主動權。

■靈活變通

施謀用術，貴在變通。任何軍事鬥爭，只有變通，方可出奇制勝。《三國演義》中有數百次的戰役，就戰法和戰術而言，最常用、最成功的是火攻和伏擊。據粗略統計，火攻達四十餘次，而不同類型的伏擊戰竟有八十多次，其頻繁程度令人驚嘆。

但是，如此多的火攻戰和伏擊戰卻各具特色，不拘一格，體現了將帥們精於兵法、隨機應變的運籌藝術。官渡之戰燒糧草，赤壁之戰燒戰船，彝陵之戰火燒連營；而諸葛亮火燒藤甲軍一戰，用火藥製成「鐵炮」、「地雷」，連燒帶打，創造了火攻的新手法，令後世兵家拍案叫絕。這八十多次伏擊戰雖然都是利用有利地形，卻又方式各異，眞可謂五花八門，美不勝收。

曹操曾說：「兵無常勢，水無常形，臨敵變化，不可先傳。故曰：料敵在心，察機在目也。」每一個指揮員，都必須根據具體情況來確定對策，倘若照搬兵法，機械套用，必定葬身沙場。馬謖失街亭的教訓，値得每一位指揮員引以爲鑑。只有變化無窮，才能出敵意料之外，才可保全自己。諸葛亮六出祁山，六次無功而返，然而撤退方式卻無一次相同，體現了高度的軍事藝術，「運用之妙，存乎一心」。

■統御之術與將性修養

兩軍對壘，必須設計用謀；統御屬衆，同樣需要謀略智慧。人心的向背，是成功的關鍵，也是戰場上實施計謀的前提。《三國演義》中，無處不體現這一主體。統御需要手段，需要高超的謀略藝術。統御之術往往比戰場上的鬥計鬥策更爲深奧、更爲不易。如非具有成熟謀略修養的將帥，是不可能有效駕馭部衆的。三國時代，曹操忘短貴長、割髮自刑，以及諸葛亮信衆不欺、兩激黃忠、揮淚斬馬謖等事例，成爲後世效法的典範。

將性修養是正確用謀用法的必要素質，它具體地體現在將帥鬥智鬥法的過程之中。例如，劉備哭與曹操笑，鮮明地代表了兩種不同的將性。劉備的哭，常能打動對方，得到良好的效果。如趙雲在長坂坡浴血奮戰，救出阿斗，劉備接過此獨子時，不是驚喜交加，相反地卻故意把阿斗擲於地上，哭著說：「爲汝這孺子，幾乎損我一員大將！」看到這個場面，哪個將士能不爲他賣命呢！

曹操的笑更爲精彩。曹操總是在危難之際縱聲大笑，以此蔑視對手。例如，赤壁大敗之後，曹操率領殘兵敗將潰逃，途中連連被諸葛亮算計。但是，每當此時，他都放聲大笑，表現出他的頑強性格。哭與笑表現手法不一，但都能喚起部下同情，振奮將士的精神。當然，與其說這是情感的流露，不如說是權謀的玩弄，是富有韜略的將性修養。

將性是一種綜合修養。它需要將帥心理、能力、膽識、智慧、性格等各方面比較完善的結合。像周瑜的心胸狹窄、龐統的斤斤計較、關羽的目空一切、呂布的有勇無謀、司馬懿的生性多疑等等不良素質，都可能被敵人所利用。所以，作爲一名指揮員，必須時刻注重自身修養，否則，即使滿腹經綸、學富五車，同樣難逃受制於敵的命運。

《三國》與當代社會

人們讀《三國》、評《三國》，無非是想把《三國》啓示用之於人與人、人與社會。當代社會中，兵戎之爭已多爲經濟的爭鬥取代。「商場如戰場」，「競爭如戰爭」，企業與企業、集團與集團的競爭，是一場場不宣而戰的特殊「戰爭」，這種戰爭與軍事戰爭一樣，同樣是你死我活，如何在競爭中取得主動、有利的地位？能否借鑑《三國演義》這部形象的兵書，尋求經營管理的謀略？答案是肯定的。

軍事與企業雖然性質不同，但兩者具有一些共同的特點與規律，相互之間，可由此及彼，觸類旁通。諸如，如何用人？如何調動人們的積極性？如何用最小的代價獲取最大的成功？都是兩者經常遇到的問題。而《三國演義》對這些問題都有解決的良方和對付的高招，隔行不隔理。大爭之世，善用《三國》者，必可脫穎而出。

國外許多企業已在這方面大獲裨益。日本就是一個典型。日本有數家大企業，在訓練行政管理人員時，明確規定必須熟讀三本中國古典名著，即《孫子兵法》、《三國演義》和《西遊記》。讀《孫子兵法》，主要是汲取理論指導上的營養；讀《三國演義》，則是汲取實踐中的經驗；讀《西遊記》，要獲得大膽的幻想和獨創精神。

尤其是二十世紀八〇年代中期，大企業都把《三國演義》作為管理人員的必修科目之一。日本工業研究所牛尾治郎曾說：

> 無論在國際或國內，日本企業要增強競爭能力，就得學習《三國演義》中應付錯綜複雜形勢的能力。

日本企業界人士將《三國演義》視為書中之寶，尤其推崇其中的審時度勢、知己知彼、因勢利導、以己之長擊敵之短等謀略思想。一位大學教授曾指出：「諸葛亮的機智多謀，給日本企業家提供了有益的啓示。松下電器公司的烜赫成功，正是松下幸之助善於運用諸葛亮戰略眼光的結果。」由此可見，《三國演義》中的應用謀術，已在經濟領域得到廣泛的運籌。

目前，《三國》智慧越來越受到人們的偏愛，人們用它處理人際關係、開展業務、克服困難、應付戰爭等。泰國《文化藝術》雜誌在推銷《三國計謀》一書時，於廣告中寫道：

新的經營管理人員常問：若要業務更好地開展，經理應不應該比雇員聰明？回答是：孔明比劉備聰明百倍，爲何他願爲劉備鞠躬盡瘁，死而後已？因爲這乃是劉備治人的一個訣竅。

確實，《三國演義》爲人們展示、設計出了各方面的謀略智慧，每個人都應該從中汲取營養，將其大規模地推入自己的人生實踐中，永受其益。

戰國君王多，三國英雄多，當代俊傑多。你能成爲當代俊傑中的一員嗎？

目錄

貳 用人篇

參 統御篇

肆 素養篇

伍 虛實篇

陸 伐交篇

柒 用奇篇

捌 心智篇

玖 應變篇

拾 舌戰篇

爭鋒奇術三國策

吳琦／著

壹 決策篇

■篇題要□

「不謀萬世，不足謀一時；不謀全局，不足謀一域。」人生在世，時而明利辨害，時而決斷然否。然而怎樣明辨與決斷？古人云：「善弈者，謀其局而不謀其子。」審時度勢、把握時機、果敢決斷實有深奧的學問。如諸葛亮隆中決策，「一對足千秋」。你想知道三國戰場上謀略家們的決策奧祕嗎？請讀此篇。

1 審時度勢，諸葛亮三分天下

諸葛亮高臥隆中，全知天下大事，娓娓道出〈隆中對〉，成爲謀家之絕唱，影響了整整一個時代的歷史進程。

東漢末年，天下大亂，群雄四起，賣草鞋出身的劉備雄心勃勃，參與爭奪天下。無奈兵微謀寡，無力與根基深厚的曹操、孫權等相抗衡，奮鬥十七年，屢屢受挫，不得不投奔荊州牧劉表。但是，劉備不甘寄人籬下，爲了一展宏圖，他四出訪賢，物色人才，後經水鏡先生司馬徽和徐庶的推薦，劉備三顧茅廬，終於與人稱「臥龍」的諸葛亮相見。

諸葛亮見劉備頗有雄心壯志，態度又十分謙和，便推心置腹地向劉備分析了天下形勢，指出軍事、政治上的正確方向。他說：

自董卓造逆以來，天下豪傑並起。曹操勢不及袁紹，而竟能克紹者，非惟天時，抑亦人謀也。今操已擁百萬之衆，挾天子以令諸侯，此誠不可與爭鋒。孫權據有江東，已歷三世，國險而民附，此可用爲援而不可圖也。荊州北據漢、沔，利盡南海，東連吳會，西通巴、蜀，此用武之地，非其主不能守：是殆天所以資將軍，將軍豈有意乎？益州險塞，沃野千里，天府之國，高祖因之以成帝業；今劉璋闇弱，民殷國富，而不知存恤，智能之士，思得明君。將軍既帝室之胄，信義著於四海，總攬英雄，思賢如渴，若跨有荊、益，保其巖阻，西和諸戎，南撫彝、越，外結孫權，內修政理；待天下有變，則命一上將將荊州之兵以向宛、洛，將軍自率益州之衆以出秦川，百姓有不簞食壺漿以迎將軍者乎？誠如是，則大業可成，漢室可興矣。此亮所以爲將軍謀者也。惟將軍圖之。

說罷，諸葛亮讓童僕取出一幅地圖，掛在客廳正中的牆上，對劉備說：

此西川五十四州之圖也。將軍欲成霸業，北讓曹操占天時，南讓孫權占地利，將軍可占人和。先取荊州爲家，後取西川建基業，以成鼎足之勢，然後可圖中原也。

諸葛亮所談，便是千古流傳的〈隆中對〉。劉備聽後茅塞頓開，點頭稱善，懇請諸葛亮出山，拜爲軍師。此後，劉備按照諸葛亮的戰略策略，奪取了荊、益，占據西川，東聯孫吳，北拒曹魏，終於建立了蜀漢政權，形成「三分天下」的鼎足之勢。

俗話說：「識時務者爲俊傑。」審度天下大局者爲大智者。把握大局，認淸形勢，根據條件，不失時機，是爲審時度勢。審時度勢是所有高明的謀略者共有的特徵。其內容十分廣泛，包括認識時代、了解形勢、明確格局、辨識環境、分辨趨勢等。施謀定策，必先審時識時；不善於審時度勢，昏昏然聽天由命或隨意而動，便不可能運籌帷幄，統攬全局。

諸葛亮未出茅廬，已預見到天下三分的未來局面；身居鄉野，卻能爲劉備提出一條英明的大計方針。應該說，隆中對策是諸葛亮輔助劉備策畫漢室、統一天下的大政方略的關鍵性一著，正是逐步實施了這一正確決策，劉備集團才得以絕處逢生，站穩腳跟，且日益發展，與先期建立的魏、吳政權鼎立天下。

〈縱橫古今〉①

大國師胸有江山

歷代兵家都十分重視審時度勢。

元末明初，與諸葛亮、張良並稱爲中國古代三大謀略宗師的劉基（劉伯溫），曾爲明朝開國皇帝朱元璋陳述〈時務十八策〉，助朱元璋奪取天下，成爲後世審時度勢的又一典範。

出山之前，劉基隱居浙江青田山中。這時，由於元朝政府腐敗，天下群雄紛起。朱元璋雖然已經具有一定的實力，占據了南京，實施「高築牆、廣積糧、緩稱王」的大計，悉心經營根據地。然而，各地形勢十分複雜，對手相當強大，朱元璋正處在發展的關鍵時刻。

劉基被朱元璋盛情請來以後，目睹朱元璋禮賢下士，求賢若渴，大有知遇之感。當朱元璋向他虛心請教對時局的見解時，他力陳消滅群雄、謀奪天下的〈時務十八策〉。他分析：我們雖然被夾在中間，四面受敵，但是，東面的張士誠齷齪無大志，只圖保住他那塊地盤，不會有什麼作爲，可暫時不必管他；主要的危險是西邊的陳友諒，擁有精兵大艦，而且據我上游，野心勃勃。面對這樣的形勢，軍事上必須爭取主動，針對主要的敵人，集中力量先除陳友諒，上游無慮，張士誠便勢孤了，一舉可定。然後，再北取中原，南伐諸雄，可成霸業。

劉基的〈時務十八策〉，大有諸葛亮未出茅廬先定天下三分的隆中對策的氣魄，他對時局把握準確，分析透徹精闢，使朱元璋立即撥開迷霧，看清了戰略方向，眞可謂指點江山之大舉。朱元璋帝業的成功，正是走了他所設計的這樣一條道路。

諸葛亮的隆中定策、劉基的〈時務十八策〉給我們的啓示是深刻的，它說明審時度勢是致勝必不可少的重要因素，任何不求進取、因循守舊、優柔寡斷、瞻前顧後，都會坐失良機；任何心中無數、粗枝大葉、隨意定策、倉卒決斷，都會招致慘重損失。審時度勢不是閉門造車、異想天開，諸葛亮和劉基等之所以能在政治軍事舞台上叱咤風雲、大顯神威，並不是只憑天生的聰明腦袋，而是靠長期的知識積累和不斷的探索，才成爲足智多謀、運籌帷幄、決勝千里的謀略天才。

諸葛亮的隆中定策具有較強的現實意義，對於各個領域的決策者來說，都是一面錚亮的鏡子。在當今風雲變幻的社會舞台上，如果沒有〈隆中對〉所體現出來的進取精神，沒有那種把握全局的氣魄，沒有那種正確分析和綜合各種信息的能力，任何戰略決策都將發生偏誤。高明的決策者們應該不斷發掘自己的智慧，使自我充分開發，在決策中審時度勢，把握全局，制定出各自的〈隆中對〉。

請記住：「不謀萬世，不足謀一時；不謀全局，不足謀一域。」

2 果敢決斷，郭嘉十策定勝負

勇敢決斷，是鋒利的謀略之劍，身爲謀略者，自信、果斷、膽識和勇氣缺一不可。郭嘉十策，已斷定曹操與袁紹勝與敗的格局，促成曹操樹立信心，做出決策。

官渡之戰前夕，曹操占據兗州，袁紹正北攻公孫瓚，呂布占據徐州。對於地廣兵強的袁紹，曹操深感憂慮，想發兵討伐，又怕力量不敵，所以顧慮重重。

爲了消除曹操的顧慮，多謀善斷的郭嘉詳細分析了曹與袁勝敗的各項因素。他認爲：

劉、項之不敵，公所知也，高祖唯智勝，項羽雖強，終爲所擒。今紹有十敗，公有十勝，紹兵雖盛，不足懼也：紹繁禮多儀，公體任自然，此道勝也；紹以逆動，公以順率，此義勝也；桓、靈以來，政失於寬，紹以寬濟，公以猛糾，此治勝也；紹外寬內忌，所任多親戚，公外簡內明，用人惟才，此度勝也；紹多謀少決，公得策輒行，此謀勝也；紹專收名譽，公以至誠待人，此德勝也；紹恤近忽遠，公慮無不周，此仁勝也；紹聽讒惑亂，公浸潤不行，此明勝也；紹是非混淆，公法度嚴明，此文勝也；紹好爲虛勢，不知兵要，公以少克衆，用兵如神，此武勝也。公有此十勝，于以敗紹無難矣。

一番透徹的分析，撥開了曹操心中的迷霧。後來，曹操採納了郭嘉計議，東征呂布，三戰三勝；又與袁紹相持於官渡，以少勝多，取得了官渡大捷，爲統一北方奠定了基礎。

郭嘉原曾北見袁紹，因見袁紹難成大事，便在同鄉荀彧的引薦下，到曹操軍中做司空，軍祭酒。曹操每與郭嘉討論天下大事，郭嘉常以精闢的分析、獨到的見解使曹操信服，成爲曹操智囊人物中之佼佼者。曹操曾說：「使孤成大業的人，一定是郭嘉。」

郭嘉這一番分析，可謂眞知灼見。十個方面包括了政治、路線、法治、器量、謀斷、道德、仁愛、明察、用兵等，幾乎涉及了決定戰爭勝負的一切方面，其中所包含的政治領導術、軍事才幹術、經營管理術、爲人處世術等，都是作爲一種標準而提出來的。正是這種有關敵我雙方詳盡的對比分析，澄清了對形勢的錯誤認識，消除了曹操的種種憂慮，才使曹操做了正確的決策。

作爲一名謀略者來說，自信、果斷、超凡的膽識與勇氣是十分必要的，這不僅使所出之謀有高屋建瓴的氣勢，而且有助於使人樹立信心，增強必勝的勇氣。官渡之戰是曹操集團以弱對強的戰爭，在整個戰役的發展中，曹操的智囊團表現出了非凡和宏大的見識。

最初，袁紹聲勢浩大，在敵強我弱的形勢下，曹操「恨力不及」，不欲戰。謀士郭嘉勇獻十策，洞悉了袁紹外強中乾的實質。這種在敵方氣焰熾盛、咄咄逼人的情勢下，鞭辟入裡地捕捉其弱點的勇氣和能力，正源於謀士自身的膽略。如果沒有謀士郭嘉勇獻十策以定主帥曹操之心，能否抓住這一轉瞬即逝的重大戰略機緣，制定有效的決策，奪取戰爭的勝利，確是一個未知數。

〈縱橫古今〉②

謀士的價値

隋朝末年，天下紛爭，群雄並起，唐國公李淵決定在太原起兵，爭奪天下。

但是，面對複雜的形勢，李淵顧慮太多，猶豫不決。謀士劉文靜、裴寂勸李淵當機立斷，果敢決策，迅速發動兵變。二人見李淵，說：公處嫌疑之險境（指隋煬帝遣使來太原宣詔拘留李淵），副將敗陣，反以罪問，事態如此緊迫，只有即刻舉兵，才能解倒懸之急。

劉文靜、裴寂二人打消了李淵的顧慮，並進一步分析了兵變的有利因素：晉陽之地，兵強馬壯，府庫盈積，以此舉事，可成大業；如今權豪並起，未有適從；公宜興兵而入，以圖大事，何必受特使的限制呢!?李世民也向李淵建議：今皇上無道，百姓困窘，晉陽城外皆為戰場，隋朝覆亡近無數日，不如順民心，舉義旗，轉禍為福。

謀士的果斷之謀，影響與促成了李淵的行動，使他克服了顧慮重重、過於慎重的缺陷，抓住時機，起兵太原，為建立唐王朝邁出了第一步。

主帥的果斷決策，經常來自謀士的勇氣、信心與智慧。所以，作為謀略者來說：一定要有主見，堅定自己的信念，直到促成主帥正確決策。

3 坐觀虎鬥，曹操一當下莊子

隔岸觀火，坐山觀虎鬥，曹操依據敵情進行決策，順應敵情變化相機行事，兵不血刃，而大獲漁人之利。

曹操在平定河北時，曾兩次使用「坐觀虎鬥」的計謀，都以小的代價換取了重大勝利，頗受後人的重視。

第一次「坐觀虎鬥」，是在袁紹得病身亡之後。袁紹臨死前立幼子袁尚爲嗣，任大司馬將軍。曹操親率大軍討伐袁氏兄弟，希望能夠一舉平定河北。袁尚、袁譚、袁熙、高幹等帶領四路人馬拚死抵抗，曹操多日攻打不下。

這時，謀士郭嘉獻策道：袁紹一反常規不立長子立幼子，他們兄弟之間各樹一派，權力相併。如果外侵進逼，則使他們一致對外，如果外敵緩攻，其內部矛盾必將爆發。我們不如先舉兵南向荊州，討伐劉表，靜觀袁氏兄弟自相殘殺，待其內部瓦解後再攻打他們，可一舉成功。

曹操聽了他的意見，引兵征伐劉表去了。果然，曹操一撤軍，長子袁譚與袁尙爲爭奪繼承權大動干戈，互相殘殺。袁譚打不過袁尙，急忙派人向曹操求救。曹操乘機回兵北進，殺死袁譚，打敗袁尙、袁熙，迅速占領河北。

曹操第二次「坐觀虎鬥」是在平定河北之後。當時，袁尙、袁熙被打敗，率人馬逃奔遼東公孫康。夏侯惇等人建議曹操乘勝攻打公孫康，曹操笑著說：「不煩諸公虎威，數日之後，公孫康自送二袁之首至矣。」諸將皆不信。幾天以後，公孫康果然派人送來袁氏兄弟的首級。眾將大爲吃驚，俱嘆服曹操料事如神。曹操大笑：「不出奉孝之料！」說著，拿出了郭嘉臨死前留下的一封信，信中大意是：袁氏兄弟投奔遼東，切不可加兵；公孫康一直畏懼被袁氏集團吞併，二袁前往投奔，他必會疑心；如果起兵進擊，他們必定併力迎敵；如果暫緩舉兵，公孫康和袁氏兄弟必定相互謀圖。

原來，公孫康一向對袁氏企圖吞併遼東的做法心存憤恨，這次見袁氏兄弟送上門來，便有心要除掉他們，但又怕曹操引軍攻打遼東，想借二袁的力量先助他一臂之力。所以，當公孫康得知曹操按兵不動，似無意攻打遼東時，便殺了袁氏兄弟，並以此討好曹操，求得自保。

我國古代有一則寓言，叫做「卞莊刺虎」，說的是有個叫卞莊子的勇士，一天，他見兩隻虎在吃一條牛，就想拔劍刺虎。有人便建議他：兩隻老虎剛開始吃牛，都在興頭上，過一會兒牠們一定會爭食，兩虎相爭必有一傷，到時再刺，就能得到兩隻虎。卞莊採納了他的建議，果然輕而易舉地一舉取得了兩虎之功。這個寓言引出了一條成語，叫「坐山觀虎鬥」。

軍事中的坐山觀虎鬥，指的是當敵人內部發生矛盾、相互爭鬥之時，我則靜觀其變化，直到事情發展到有利於我的時候，伺機採取行動，坐收漁利。這是一種利用矛盾，從中獲利，各個破敵的謀略；是一種兵不血刃便達到目的的上乘計策。

當敵人內部矛盾趨於激化、秩序混亂之時，我便靜待其變化；敵方反目成仇，自相火併，我再乘機進取。這是謀略決策中活的辯證法，根據敵方內部潛在而又發展著的矛盾衝突，暫先退讓或按兵不動，促使對方內部矛盾激化，達到以敵攻敵的目的，此即退中求進，以退求進。如果一味恃強進擊，不僅達不到目的，反而正好促使分化中的敵營各力量重新結合在一起。

〈縱橫古今〉③
養虎反被虎噬

中日戰爭全面爆發後的數年間，美國一方面對中國抗戰給予一定的援助和支持，另一方面卻對日本採取綏靖政策，承認日本侵略中國所造成的既定事實，縱容日本對中國破壞摧殘，這種政策的實質便是「坐山觀虎鬥」。

日本欲獨占中國，必然觸及美國在華利益，因此，美國對日本要充當中國的主人表示強烈不滿，也不承認日本占領中國領土，對中國的抗戰予以一定的經濟援助。但是，這一時期美國更主要的是對日本實行綏靖政策，對中國的抗戰不公開表態，反而一再建議「由美國出面斡旋中日兩國糾紛之解決」。

在以九國公約簽字爲主的布魯塞爾會議上，中國代表要求裁決日本侵略者，美國代表態度極爲曖昧，害怕刺激日本而遭到報復，只是抽象地講了些以協商促進和平解決的空話。更爲嚴重的是，美國給日本輸送了大量有害於中國抗戰事業的作戰物資。

美國政府之所以對日本採取綏靖政策，一是要維護它在日本的經濟利益，並從中日戰爭中獲得好處，二是希望日本在侵略中國以後，能夠北進蘇聯，美國採取對日綏靖政策目的是十分明顯的，即利用中日矛盾，憑藉美國優越的經濟地位，一箭雙鵰，同時控制中日兩國，坐山觀虎鬥，坐收漁人之利。

但是，美國這種「坐山觀虎鬥」的策略，卻使得日本得寸進尺。結果，美國「養虎爲患」，最後，竟落得「搬起石頭砸自己的腳」的下場。

在軍事、政治等領域，有時取得成功並不需要自己出馬，大動干戈。只要決策得當，抓住對方的矛盾，並恰當地加以利用，便可坐享其利。當然，坐觀虎鬥並非全是坐觀，在坐觀的同時，要做好進攻的準備，只要時機成熟，坐觀應迅即轉換成刺虎。

坐觀虎鬥之策，必須以軍事實力爲後盾，並配之以政治攻勢。

4 慎之又慎，孫權決斷赤壁戰

赤壁大戰前夕，風雲變幻，形勢莫測，戰或降，存或亡，繫於孫權一言。東吳朝堂上下，一場剖精析微的激辯，終使孫權作出決斷，將三國故事推向高潮。

赤壁大戰前夕，曹操率領八十三萬大軍，號稱百萬雄師，水陸並進，揮戈南下，企圖乘勝消滅劉備，然後攻打東吳。先給東吳送信，威逼孫權共伐劉備，許以平分戰果。孫權接信後，因文官多數主張投降，武官大多主張抵抗，一時拿不定主意。於是召回正在鄱陽湖訓練水軍的周瑜，幫助決斷。朝堂之上，東吳的和、戰雙方展開了辯論。

主降派張昭等人認爲：曹操在政治上挾持皇帝，征討四方，動輒擺出朝廷的名義，近來又占據荆州，威勢越來越大，江東能夠抗拒曹操的只有長江了，眼下曹操戰船何止千百？他水陸並進，怎麼抵擋得了？不如先降他，然後再想辦法。

周瑜針鋒相對地指出，江東建國以來已經歷三代，怎可忍心一朝斷送。曹操儘管打著漢朝丞相的名義，實則漢朝的奸賊。他這次入侵，許多地方違反了用兵的戒條。他的北方不穩，馬騰、韓遂是他的後顧之憂，曹操南下征戰過久，這是一戒；北軍不諳水戰，曹操捨棄鞍馬而搖槳划船，與我東吳較量，此其二戒；現在正值天寒地凍時節，馬無飼料，這是三戒；驅使中原士兵奔波來到江湖地區，水土不服，許多士卒身患疾病，此其四戒。曹操違背了這些戒忌，兵馬雖多，必歸失敗。征服曹操，正在今日。

周瑜剖精析微的陳說，使孫權的精神振奮，初步堅定他抗曹的決心。事後，諸葛亮道明：孫權怯畏曹兵衆多，擔心寡不敵衆，他心理尚未穩定，難以做成決策，必須進一步解開心結，使他了然無疑，然後大事可成。

於是，周瑜又夜見孫權，具體分析了曹操的兵力，曹操聲言百萬大軍，其實，他的中原之兵不過十五、六萬，且久已疲憊；他所收服的袁紹之衆，也只七、八萬而已，且多懷疑未服。周瑜信心十足地表示，只要五萬將士，便足以破之。至此，孫權的一切疑慮才得消除，決心與曹操一戰。並任周瑜爲大都督，授予寶劍，正法不聽指揮的文武官員。

孫權在赤壁大戰前的決策，是值得人們嘉許和借鑑的。當劉表新亡，劉備新敗，曹操大軍南下之機，魯肅提出以弔喪爲名，往江夏遊說劉備同心一意，共破曹操，孫權「喜從其言」；當張昭等人主張降曹操時，孫權暗中對魯肅嘆道：諸人議論，大失吾望；當諸葛亮假意勸他降曹時，他不覺勃然色變，拂衣而起。足見孫權一直是傾向於抗曹的。

可是，他爲什麼一直不做出決斷、定下大策呢？因爲，他對於號稱「雄兵百萬，上將千員」的曹軍，尙不知虛實。他希望透過各種不同意見的反覆爭論，充分聽取各種意見及其依據，全面掌握各種情況。因此，在公開場合下，無論對主戰言論，抑或是主降言論，他只是沉吟不語，不置可否。後經周瑜等從各個方面揭穿曹操勢大的虛言，列舉曹軍的致命弱點，他才最終表示「親與曹賊決戰，更無他疑」。

有人認爲《三國演義》中的這一過程，意在指責孫權心無謀略，其實不然。當強敵壓境，事關江東存亡之際，在做出重大決策之前，孫權上下反覆，愼而又愼，讓各種意見、各種情況都充分顯露，作者的弦外之音是：理當如此。

〈縱橫古今〉④

盯緊市場的風向球

《三國演義》中所揭示的這一決策方法，爲歷代的軍事家、政治家普遍運用。應該說，它適用於社會的各個領域，包括現代企業的戰略決策。

企業在戰略決策之前，應盡可能地全面而詳細地掌握與決策相關的情報信息。如，打敗瑞士手錶業而進入世界市場的日本精工商社，爲了保持自己的領先地位，始終能夠制定最佳決策，把公司中頭腦最清醒、反應最敏捷、判斷力最強的職員組織起來，成立一個專門部門，每天觀察、蒐集世界上各對手企業的各種變化和訊息，列出這些企業在產量、質量、品種、價格、市場占有等方面與精工的對照情況，並給部長和經理送上一份快報。如果精工哪些方面落後了，需要改進，便著重強調，大聲疾呼，以引起各有關方面的重視。

任何決策者在決策之前，都應該掌握各方面情況，即使有了初步考慮，也還要想一想、聽一聽正反面的各種意見。只有這樣，方可制定出最佳決策。

5 未卜先知，諸葛亮設錦囊計

「周郎妙計安天下，賠了夫人又折兵」。劉備東吳招親，諸葛亮妙計置錦囊，導演一幕幕精彩好戲，終將騙局變爲事實婚姻。

圍繞著對荊州的爭奪，三國中的孫、劉雙方鬥智鬥謀，眞可謂機關算盡。在這場謀略大戰中，最精彩絕倫的是，趙雲保駕劉備去東吳招親之前，諸葛亮送給他三個錦囊，內裝三條妙計。其後，事態的發展變化，完全在錦囊妙計的預料之中，充分顯示了諸葛亮神機妙算的智慧。

諸葛亮對事態的發展是這樣預測和採取行動的：

首先，孫權和周瑜「招親」既然只是一場騙局，那麼，孫權絕不會向東吳百姓大張旗鼓宣傳此事，更不會告訴在東吳頗具影響地位的吳國太及「二喬」的父親喬國老。此事一旦敗露，孫權將會處於十分被動的境地。

諸葛亮深諳風土民情，他知道吳國太自會明瞭，如果殺了劉備，她的女兒便成爲望門寡，這樣無疑會誤了女兒一世。因此，諸葛亮第一個錦囊告訴趙雲，一到東吳便讓五百軍士披紅掛彩，入南徐購置物件，宣傳玄德入贅東吳，製造聲勢，使「城中人盡知其事」。同時，使劉備到東吳後，立即拜見喬國老，並透過喬國老告知、說通吳國太。這樣便可爭得主動權。

其次，諸葛亮預料，即使「招親」成功，孫、劉兩家的矛盾並不會因此而緩解；孫權、周瑜見第一招失敗，必會使出第二招，即以聲色犬馬、奢侈生活來腐蝕劉備的鬥志，使其墜入「安樂窩」而不能自拔，疏遠諸葛、關、張等，各生怨望，然後再圖謀荊州。為此，諸葛亮在第二個錦囊中，又安排了讓趙雲激劉備返回荊州的妙計。

最後，諸葛亮考慮到，劉備出逃之後，一定會引發孫、劉矛盾的公開化。東吳害怕劉備「蛟龍得雲雨，終非池中物」，必派大軍追殺，劉備只靠趙雲和五百軍士是難以抗敵保駕的，只有依靠孫夫人以國太之寵女、吳主之令妹的身分，方可鎮住東吳將領。因此，諸葛亮在錦囊中又設下了第三條妙計。

「招親」的整個發展過程，果然與諸葛亮的預料一致。劉備在吳國太和喬國老的庇護之下，避免了甘露寺之禍，洞房續佳偶，順利地操辦了喜事。其後，劉備被聲色所迷，全然不思返回荊州，趙雲按諸葛亮的妙計，說曹操為報赤壁大敗之仇，起精兵五十萬，殺奔荊州，促使劉備急忙偕帶夫人偷偷離開東吳。

在東吳丁奉、徐盛、陳武、潘璋、蔣欽、周泰等人馬圍追堵截的危機時刻，孫夫人挺身而出，喝退衆將，使劉備安然脫離險境。最終，諸葛亮巧設埋伏，大敗吳軍，致使東吳「賠了夫人又折兵」。

錦囊妙計通常被人們用以形容高深莫測的謀略。錦囊是古人用緞錦織成的，用以封藏詩稿或機密文件；錦囊妙計主要指人們依據事態的變化發展，將預先制定好的行動方案、計畫、對策等決策儲存進去，到一定的時候再取出來觀看。《三國演義》中多次使用了錦囊妙計這一形式，以表示謀略家的決策智慧。諸葛亮送給趙雲的三個錦囊則是其中最引人入勝的一齣好戲，它給我們這樣幾點啓示：

第一，對事態的發展預見得愈高明，決策也就愈精確，計謀運用也就越有效。諸葛亮有先見之明，凡事處處占據了主動地位。古人云：「凡事預則立，不預則廢。」對於一名指揮者，先見之明至關重要。

第二，預見未來是謀略家、決策者的基本能力。在激烈的謀略競爭中，每個人都必須充分發揮預見力，爭取算敵在先、高敵一籌、掌握事態發展的主動權。

第三，必須對事態作出全面、客觀的分析，才能準確、有效地把握事態的發展。諸葛亮的未卜先知，並不是坐在府中幻想和空想所能達到的，而是基於對客觀事物實事求是的分析。

〈縱橫古今〉⑤

優游戰後嬰兒潮

在競爭激烈的當今世界，充分發揮預見能力，是掌握主動的關鍵。

第二次世界大戰後，美國出現了一個生育高峰，從一九四六年到一九六四年，出生了七千萬人。在這一時期，商人們全面分析，認爲兒童食品和兒童服裝定能暢銷，結果，生產大量兒童食品和兒童服裝投入市場之後，獲得了極大的利潤。

近幾年，這些機智的商人們又在打這批戰後出生兒童的算盤。他們分析，這批兒童現在的年齡是在二十歲到三十歲之間，他們已結婚並成爲工廠、企業、機關的主力，收入可觀，年薪在一萬三千至二萬美元之間，如果將這批人的收入加在一起，一年即有四千多億美元。商人們根據這種分析情況，便制定產品生產計畫，向市場投入大量家庭用品，又一次獲得了經營的成功。

可見，無論是在哪個領域，只要存在智謀的較量，存在決策謀略，就必須充分發揮預見能力，正確預測事態的發展變化，以保證自己立於不敗之地。

6 把握樞機，諸葛亮一著活全盤

面對一張力量相互牽制難解的關係網，諸葛亮穩坐相府，把握全局，制其一點，疏通各個關節，令曹操首尾難以相顧。

曹操謀殺馬騰之後，又趁周瑜新死之際，欲進兵東吳，消滅孫權。正在此時，探馬急報，劉備已在調撥軍馬，建造器械，準備進攻西川。曹操聞此大驚，這一消息使他在決策的關鍵時刻猶豫起來：如果進攻孫權，就會給劉備留下擴充地盤、增長勢力的空檔，劉備攻取西川，「則羽翼成矣」，再圖就困難了；如果討伐劉備，又將失去攻打東吳的好機會。

就在他舉棋不定、左右為難的時候，謀士陳群獻上妙計說：如今劉備、孫權結為唇齒相依的關係，倘若劉備欲取西川，丞相可命上將提兵，會合肥之衆，直接進攻江南，這樣，孫權必然求救於劉備；而劉備意在西川，必定無心救援孫權。因此，江東可得，荆州可平，以後再慢慢圖謀西川，「天下定矣」。

曹操聽了這個主意，心中豁然開朗，原來，劉備進兵西川，正好是奪取江南的良機。

面對曹軍的強大攻勢，孫權驚慌失措，即刻命魯肅遣人前往荊州告急求援。劉備集團對此束手無策，左右爲難：若不救援江東，孫劉聯盟徹底瓦解，難免被曹操分別擊破；如果救援江東，便意味著要放棄攻取西川的良機。棋子怎樣落？確實是個難以決斷的問題。

但是，剛由南郡趕回荊州的諸葛亮，看畢魯肅的來信，輕搖羽扇，泰然自若地說：「不消動江南之兵，也不必動荊州之兵，自使曹操不敢正覷東南。」諸葛亮胸有成竹的原因在於，他料定曹操誅殺馬騰之後，其子馬超必定心懷切齒之恨，只要劉備修書前往遊說馬超，讓他興兵入關，「則曹操又何暇下江南乎？」

劉備依計行事。果然不出諸葛亮所料，馬超親率二十萬西涼兵馬憤怒地殺向關內，連下長安、潼關二城。曹操大驚，急忙率軍西向，掉轉頭去對付馬超。

東吳求援於荊州，確實給劉備統治集團出了一道難題，如果將自己的思路陷於三家的利益得失之中，這道難題無論如何也不可能找到最佳答案。但是，諸葛亮的一封書信，卻令曹操捉襟見肘。這其中有一個戰局平衡的奧妙。

在多極力量構成並列態勢的戰場上，各方力量處於相互牽制之中，似乎大家都無法向前邁一步。處於這種情況，最關鍵的是善於利用矛盾，將對手推至矛盾的焦點上，孤立對手，打破對方力量的協調，以贏得操縱全局的主動權。

諸葛亮透過聯絡馬超，將曹操置於矛盾的束縛中，既牽制曹操的南下戰略，免除東吳面臨的危機，又保證了劉備進取西川戰略方針的順利實施。諸葛亮把握樞機，將本來處於主動地位的曹操置於被動不利的地位，一著救活了全盤。

〈縱橫古今〉⑥

以夷制夷

《舊唐書》記述了這樣一個戰例：

公元七六五年，吐蕃、回紇、党項、羌渾、奴剌、山賊任敷、鄭庭、郝德、劉開元等，三十餘萬兵馬進犯，唐京師大震。朝廷急召郭子儀誓師。郭子儀清醒地認識到，自己兵力單薄，戰必不勝。

決策中，郭子儀迅速地把握了問題的關鍵，他自忖彼等多係自己舊部，且又素結以恩信，度彼等必不忍以刃相向。於是，郭子儀親率數騎直奔回紇營寨，回紇諸酋長見他紛紛下馬羅拜。郭子儀不卑不亢，泰然自若，對回紇諸酋長陳說利害，並責其負約。諸酋長謝過，郭子儀當即與他們暢飲，並饋錦彩結歡，重新誓好如初。

郭子儀利用回紇與吐蕃之間的矛盾，爭取與回紇結盟，孤立吐蕃。吐蕃勢孤，只好退兵。唐朝的危機也隨之解除。

任何人處理任何事，都應該把握樞機，利用矛盾，尋找最簡單、最有效的方法解決問題。

7 極目遠放，龐統獻策據西川

龐統獻策與劉備定策，體現了龐統的多謀與劉備的善斷，兩者的最佳結合，成爲歷史上決策的典範。劉備基業的確立正始於此。

劉備應劉璋之請，進駐葭萌關，抗拒張魯，穩定了西川局勢。此時，劉備還沒有一個穩固的根據地。當他向劉璋借軍馬錢糧，要撤回荆州時，受到了劉璋的刁難。於是二劉在利益上的矛盾轉化爲公開的軍事對抗。在這種形勢下，如何行動？龐統爲劉備獻上了三策，讓他自己選擇。

上策：乘劉璋尚未準備之機，迅速選用精兵，日夜兼程，直接襲取成都。

中策：「佯以回荆州爲名」，誘出拒守涪關的蜀中名將楊懷、高沛、然後「就送行處，擒而殺之」，奪下關隘，先取涪城，再取成都。

下策：由西川退兵，還白帝，立即回荆州，日後，「徐圖進取」。

如果沉吟不去，將會陷入困境，不可救拔。

劉備評價比較，認爲：上策太急促，下策過於遲緩，中策「不遲不疾」，比較適宜。於是，依中策而行，輕而易舉奪下了涪水關，然後下雒城、取綿竹，直搗成都。在此，龐統提出了三個可行的行動方案，加上「沉吟不去」，實際上是可供選擇的四個方案。龐統多謀，劉備善斷，兩者的最佳組合，選定了最佳的決策。

就龐統獻上的三策來講，其本意當然是希望劉備採取上策實施突襲，直搗敵方心臟，達到速戰速決的目的。但是，劉備卻採取了中策。如果單從軍事角度來看，上策的利要多一些，兵法言：出其不意，攻敵不備，此乃千古兵家取勝之要決。劉備與劉璋的矛盾雖然已經公開化、正面化，但是，此刻劉璋絕想不到劉備會以迅雷不及掩耳之勢搗取他的老巢。因此，直取成都，是勢在必得之事。而一旦攻占了這個西川劉璋軍事集團的統治中心，便控制了蜀地全局。

然而，劉備從政治上著眼，深知上策過急，直取成都不利於樹立他的政治威望。至於下策，返回荆州，徐圖進取，既勞師又費時，自然是劉備所不取的。

按說中策是一個逐步進取、步步爲營、穩紮穩打的策略，順利無誤地達到目的，應該是不成問題的。遺憾的是劉備雖有正確的政治主見，在作戰上卻考慮不周全。他採取中策，但沒能控制龐統的驕傲急躁情緒，輕敵冒進，終於導致了落鳳坡的悲劇。……儘管最終達到了理想的目標，畢竟還是付出一定的代價。

龐統獻策據西川這件事說明：謀畫大事，必須善於從各個角度觀察問題，根據各種具體情況，提供各種方案，做到既把握全局，又不疏漏重要細節；而作爲決策者，又必須具備重要的審視能力，要善於選優，當謀士把幾種方案都擺在面前的時候，究竟選擇哪一種合適，不能僅從方案本身去評定，應該結合戰略目標和全面局勢綜合考慮。

龐統爲劉備獻上的三策，主要是針對軍事鬥爭中的利弊得失比較而言。劉備是決策者，選擇何策，應該首先著眼於政治目的。政治是全局，是長遠目標，失去了這一目標，就等於失去了方向。軍事指揮者一定要具備政治頭腦，如果眼光只局限在軍事上，便會限制自己的視野，既看不到大局，又看不清事情的發展趨勢，這樣，常會導致因小失大。

劉備要以自己這個「明主」去取代劉璋那個「闇主」，不僅需要一個師出有名的藉口，而且還需要表現出仁義之師的高姿態，這樣，才有利於收服民心，減輕外界的輿論壓力。所以，行動不能操之過急，否則必誤大局。

〈縱橫古今〉⑦

預約美好前景

任何決策都不能忽視方案的設計與確定，尤其是對於那些處於十字路口的決策者來說，這一點尤爲重要。軍事上如此，政治上如此，其他領域同樣如此。

一九四九年，包玉剛到達香港以後，他父親執意讓他從事地產生意。但包玉剛認爲，樓宇是坐地收租，容易被他人奪去，航運業則是世界性的業務，其資產可隨時轉移他國，不怕政治影響；而且船務涉及的範圍很廣，經濟、政治、科技、貿易、財務、保險無所不包，是一項前景可觀、大有作爲的事業。

經過多方思考與抉擇，包玉剛毅然決定轉營航運業，由一條舊貨船起家，經過不懈努力，終於登上了「世界船王」的寶座。

切記，多謀與善斷是走向成功的兩大法寶。

8 以計代戰，諸葛亮安居平五路

風雲突變，大兵壓境，諸葛亮安居相府，鎮定自若，針對五路強敵，對症下藥，一反常規，分兵拒敵，以計代戰，以巧破千兵，其中奧妙，令人回味無窮。

劉備在白帝城一命歸天的消息傳到魏國後，魏主曹丕依照司馬懿之計，準備用五路大軍四面夾擊，令諸葛亮首尾不能相顧。

五路大軍的情況是：以金帛賄賂遼東鮮卑國國王軻比能，令其起遼西羌兵十萬，先從旱路取西平關；收買南蠻王孟獲，令起兵十萬，攻打益州、永昌、牂牁、越嶲四郡，以擊西川之南；與吳修好，許以割地，令孫權起兵十萬，進攻西川峽口，逕取涪城；令降將孟達起上庸兵十萬，西攻漢中；最後，命大將軍曹眞爲大都督，提兵十萬，由京兆逕出陽平關取西川。共大兵五十萬，五路並進。

風雲突變，蜀國面臨著十分危險的形勢。剛剛登基的後主劉禪聽到這一消息，嚇得面無人色，急忙請諸葛亮入朝議事。殊料，諸葛亮竟一連三日染病不出，成都衆官見此情景，都手足無措。後主劉禪只得親率群臣前往丞相府求救。

來到府前，劉禪下車步行，獨進第三重門，卻見「孔明獨倚竹杖，在小池邊觀魚」。當他提起曹兵五路大軍殺來，邊境告急時，孔明哈哈大笑道：「五路兵至，臣安得不知？臣非觀魚，有所思也。」他胸有成竹地接著說，番王軻比能、蠻王孟獲、反將孟達、魏將曹真，「此四路兵，臣已皆退去了也」；而孫權一路，也已有了退兵之計，但必須找一個能言善辯的人出使，「因未得人，故熟思之」。

劉禪聞此，一顆久懸的心方才放下。

諸葛亮安居成都，鎮定自若，一連數日不出相府，暗中卻在加緊調兵遣將，根據五路大軍的不同弱點對症下藥，巧妙地、不動聲色地粉碎了曹丕五路大軍的圍攻，眞可謂「以計代戰一當萬」。

處於內線作戰的形勢下，面對多路敵人的同時進攻，有勇有謀的將帥多是在全局的劣勢裡集中兵力，爭取局部的優勢，以機動作戰的運作方式，各個殲滅敵人，諸如努爾哈赤、拿破崙等。但是，諸葛亮安居平五路，卻採取了分兵應敵，其中的奧妙在於他掌握了全局，擊中各路敵軍的不同弱點，以計代戰，以巧破千兵。

西番、南蠻、東吳、孟達及曹魏五家，雖然組成了軍事聯盟，但是，由於他們各自的利益不同，其居心也不一，因此，他們的同盟也只是一盤散沙。諸葛亮清醒地看到了這一點，於是因敵用謀，分別採取了不同的對策。

對於西番兵馬，諸葛亮洞悉到，馬超隨其父久居西涼，羌人素以「超爲神威天將軍」，對其十分敬仰。於是，暗地裡派人急令馬超進駐西平關，設伏四路奇兵，每日交替。西番兵見了馬超，不敢自退。

對於南蠻一路，諸葛亮深知蠻兵「惟憑勇力，其心多疑」，便派魏延率領一軍，「左出右入，右出左入」，結果，孟獲起兵進攻四郡，皆被魏延使用疑兵計殺回洞去。

對於反將孟達，諸葛亮得悉他與李嚴曾有生死之交，只須李嚴修書一封送交孟達，上庸兵行至半途，便「忽然染病不能行」，孟達也必然推病不出。

對於進犯陽平關的曹眞，諸葛亮根據「此地險峻，可以保守」的地形情況，遣大將趙雲率一軍守關據隘，堅守不出，最後，使魏兵屯兵於斜谷道，無功而歸。

對於孫權一路，諸葛亮料定孫權必然難忘曹丕曾發三路軍乘虛襲吳之恨，「未必便動」，因此，只需一位能言善辯之士出使東吳，曉以利害，便可使東吳主動退出這一軍事聯盟了。

果然如諸葛亮所料，孫權接到曹丕的出兵命令書以後，雖然勉強應允，但是，並未發兵，只在一旁觀望。他見四路兵潰，並在諸葛亮使者的說辯之下，反而與西蜀結成了盟友。

由此可見，在殘酷的戰爭中，不僅應該知己，更重要的還要深入地知彼，正確的軍事決策多來源於對敵情的準確判斷。諸葛亮對曹丕的五路大軍瞭如指掌，所以才能眞正達到運籌帷幄、決勝千里的軍事藝術境界。

諸葛亮安居平五路的故事，充分說明，作出決策必須具有求實精神，必須籌畫周全。一般說來，面對多路進攻，最忌諱分兵拒敵，分散力量，而諸葛亮因對敵方的實情有深透的了解，所以即使分散應敵，犯了兵家之大忌，但他的退敵之策是周全而萬無一失的。尤其他在分兵拒敵的同時，還派出關興、張苞各引精兵三萬，屯守緊要地點，作爲戰略預備隊，救應各路，充分顯示了他對作戰部署的周密設計。

〈縱橫古今〉⑧

談笑擒叛王

元世祖忽必烈也是一位以計取爲上的代表人物，這一指導思想貫穿於他的軍事實踐活動的始終。

諸王納顏叛亂時，西北諸王「多欲從之」，忽必烈即遣大臣遊說於實力強大的諸王納牙之前，致使納牙不與納顏聯手，「於是諸王之謀乃解，帝遂議親討之」。只用一臣出外遊說便瓦解了諸王聯盟的陰謀，使納顏陷入孤立無援的境地，忽必烈僅此一招便可節省成千上萬的軍隊。

隨之，忽必烈親征納顏。忽必烈的部隊大多散布在中原、西北等地，大舉調兵既費時日，又容易打草驚蛇。於是忽必烈從當地養鷹人和獵戶中徵發騎兵，並嚴密封鎖進軍沿途要道，不使叛王察知忽必烈的實力。然後潛師急進，只二十五天就突然出現在納顏面前。

納顏大驚，倉卒以十萬大軍迎戰。兩軍對壘，納顏見忽必烈在涼傘底下悠然自得，正與部將飲酒談笑，頓生疑心，以為忽必烈的大軍就在後面。叛軍軍心浮動，不敢發動進攻。當夜，漢將李庭突發騎兵，叛軍驚散，納顏兵敗被俘。其實，忽必烈根本沒有大軍，只是迫不得已，才以計代戰。

9 先算多算，諸葛亮三出祁山

「凡事預則立，不預則廢。」諸葛亮與司馬懿的智鬥，具體地展示了風雲變幻的戰場上，先算者贏、多算者勝的兵法原則。

諸葛亮取陳倉，奪散關，第三次兵出祁山。魏國由司馬懿率十萬兵馬出長安抗擊蜀軍。司馬懿一到前線，就從魏軍守將郭淮、孫禮那裡了解到，諸葛亮出祁山以來，一直未曾出兵對陣。這一情況引起了司馬懿的懷疑，他認爲蜀兵千里進擊，利在速成；今來此卻遲遲不戰，必定有詐。於是，他立即查問隴西諸郡的情況，發覺只有武都、陰平二郡未曾回報消息，斷定蜀軍明示之按兵不動，其實暗中在攻打武都、陰平二郡。

司馬懿眉頭一皺，計上心來，他一面差人與諸葛亮交戰，一面暗派郭淮、孫禮抄小路急救武都、陰平，企圖襲蜀兵之後。郭淮與孫禮行至路中還在議論：孔明雖然高明，但此計足以顯示司馬懿的過人之智。

殊不知強中更有強中手，郭、孫二人剛行至半路，就落入了蜀軍陷阱之中。早在途中恭候的諸葛亮，端坐在四輪車上，笑著對郭淮和孫禮說：「司馬懿之計，安能瞞得過吾？他每日令人在前交戰，卻教汝等襲吾軍後，武都、陰平吾已取了。」說罷，驅兵前後夾擊，大敗魏兵。

司馬懿不愧為反應靈敏之人，他一計不成，又生一計。他根據武都、陰平剛被奪取的情況，斷定諸葛亮此刻必定在二郡安撫百姓，不會在營中。於是，令張郃、戴陵二將領精兵一萬，分左右二路繞道於蜀兵營後，自己則率軍正面布陣，企圖前後夾擊，奪取蜀寨。

張、戴二將依計而行，各率一軍繞至蜀營後，半夜三更，兩軍相會，迅速向蜀寨襲來。但是，行不到三十里，只見數百輛草車橫截去路，張、戴二將急欲退軍，忽然滿山火光齊明，鼓角大震，伏兵四起，魏軍陷入重圍。諸葛亮在祁山上大聲叫道：「司馬懿料我前往武都、陰平撫民，不在營中，故令你們二將來劫營，正中我的計啊！」結果，魏兵又被打得大敗。

諸葛亮算在對手之前，使善謀的司馬懿處處被動挨打，究其原因，其中的奧妙在於：

一、諸葛亮能夠從自己用兵的「破綻」中預料對手的對策，並再設破敵的新策。司馬懿一到祁山前線，就從諸葛亮駐守不攻的態勢中，判斷出諸葛亮必有所謀。而諸葛亮的高明處也正在於他早就料到自己的反常之舉，雖能瞞過郭淮、孫禮，但絕不可能瞞過司馬懿。因此，他派兵打武都、陰平的同時，又部署了伏擊打援的戰鬥。

二、諸葛亮對雙方的行動時間計算準確。他令姜維、王平速戰速決，襲奪武、陰二城，然後回師合擊增援的魏軍。在這當中，諸葛亮不僅算出了自己軍隊攻關奪隘所花的時間，而且也算出了對手作出反應、採取行動及到達自己預定戰場的時間。由此，引出了一場前後夾擊的精彩戰局，人們不禁為諸葛亮的精妙算計拍案叫絕。

三、打破常規，算敵之所算。在古代的戰爭中，當攻取一地之後，攻方主將一般都要進行一番安撫。這似乎成為一條不成文的慣例。司馬懿也正是按照這一常規，判斷諸葛亮必不在營，而諸葛亮卻根據這個慣例，先算出了司馬懿所要採取的行動，一改慣例，暗設機關，使魏軍的劫寨以失敗告終。

在蜀、魏祁山之戰中，諸葛亮與司馬懿的智謀對抗達到了出神入化的地步。司馬懿雖然老謀深算，精於運籌，但是，諸葛亮先算、多算、算在敵先，處處制敵於自己的掌握之中。

〈縱橫古今〉⑨

與敵人同心

第二次世界大戰中，美軍獲悉一支日本艦隊集結在南太平洋的新不列顛島，準備越過俾斯麥海，駛往新幾內亞。美國西南太平洋空軍司令肯尼將軍，奉命攔截轟炸這支日本艦隊。

從新不列顛島到新幾內亞有南北兩條航線，航程都是三天。美軍從氣象預報得知，近三天內，北路航線是陰雨天氣，南路航線天氣晴朗。在此情況下，日本艦隊會選擇哪條航線？為此，美軍必須派出偵察機進行搜索，力爭盡早發現日本艦隊。

美軍全面地分析了搜索方案：

一、搜索力量主要集中在北路，日本艦隊也走北路。北路的天氣雖差，能見度低，但因搜索力量集中，有可能在一天內發現日本艦隊，從而爭取到兩天的轟炸時間。

二、搜索力量主要集中在北路，日本艦隊走南路。南路雖然天氣很好，便於搜索，但因主要力量集中在北路，只有很少的飛機在南路。這樣，要發現日本艦隊也需要花費一天時間，轟炸時間還是兩天。

三、搜索力量主要集中在南路，日本艦隊走北路。這就意味著，北路只有很少的飛機在很差的天氣中搜索日本艦隊，要發現目標得花費兩天時間，轟炸時間只剩下一天了。

四、搜索力量主要集中南路，日本艦隊也走南路。這樣，飛機多，氣象好，很快就能發現日本艦隊，轟炸時間可爭取到三天。

從美方來說，第四種情況最有利，就日本艦隊來看，走北路最適宜。但是，戰爭不是一廂情願所能達到目標的，雙方都想趨利避害，善料敵者，應以敵之利來確定自己的對策。於是，肯尼將軍決定把主要搜索力量集中在北路航線上。結果，俾斯麥海戰確實在預期的地點發生了。

決勝之策，在於運籌；高敵之著，以計為先。《孫子兵法》中講：「未戰而廟算勝者，得算多也；未戰而廟算不勝者，得算少也。」歷史上的無數戰例證明：多算勝少算，先算勝後算。

10 老謀深算，司馬懿平定遼東

不打無準備之仗，不打無把握之仗。司馬懿「雄略內斷，英猷外決」，遠襲遼東，深謀遠慮，相機而動，果斷決策，確保自己立於不敗之地。

魏、蜀祁山交兵剛剛偃旗息鼓，魏主曹睿對文臣武將論功行賞，加官晉爵，並大興土木，準備過一陣太平日子。就在這時，北方傳來了遼東公孫淵謀反的消息。

曹睿大驚，召集文武，商議平反之策。他問司馬懿：「公孫淵可能用什麼策略對付魏兵？」

司馬懿分析：「公孫淵棄城退走是上策；依托遼河抗拒魏軍，是中策；固守襄平，他就只能當俘虜了。」

魏主問：「這三者他可能選擇哪一種呢？」

司馬懿說：「他看我孤軍遠征，必先在遼河拒險防守，然後退守襄平。」

魏主又問：「這次遠征需要多少時間？」

司馬懿說：「去時一百天，作戰一百天，回來一百天，休整六十天。一年時間足夠了。」

魏主最後問道：「倘若吳、蜀來犯怎麼辦？」

司馬懿回答說：「我已定下守禦之策，大可不必擔憂。」

當司馬懿引軍到達遼東後，公孫淵果然派部將屯拒遼河沿岸，圍塹二十餘里，十分嚴密，企圖依托良好的陣地，持久堅守，拖垮遠來的魏軍。但是，司馬懿是一位老謀深算的將帥，他總結祁山魏、蜀作戰的經驗，吸取諸葛亮採用平推法的教訓，不與敵軍正面相持對抗，而是繞過敵人防禦的「硬殼」，向敵人防禦的縱深穿插。

當司馬懿得知敵人的部署情況時，笑著說：「賊不與我戰，欲老我兵耳。我料賊衆大半在此，其巢穴空虛，不若棄卻此處，逕奔襄平；賊必往救，卻於中途擊之，必獲全功。」於是，率軍從水路向襄平進發。

遼河守軍探知這一消息，大驚，急忙拔寨隨後而起，回援襄平。魏軍在遼河之濱巧設伏兵，殲援兵於途中，掌握了平定遼東的主動權。

此時，暴雨連日，遼河水淹沒了魏軍營帳。有的官兵提出高處移營，司馬懿嚴令禁止；爲防燕軍逃跑，他主動示弱。遼東兵馬不知是計，依仗地利和雨天，堅守襄平。結果，雨停水退之後，魏軍已包圍了襄平，並將之迅速攻破。司馬懿按照原定計畫，按時班師回朝。

平定遼東之役，是司馬懿軍事生涯最輝煌的一頁。從謀略運籌、軍事指揮藝術上看，戰前他就正確地分析了敵我形勢，有了完整的作戰方案：兩軍對陣，又能審時度勢，聲東擊西，集中兵力圍打援軍；繼之示敵以弱，爲其強攻選擇時機；最後，一舉攻占襄平，平定遼東叛亂。唐太宗李世民曾對司馬懿的軍事指揮藝術給予高度讚譽：

觀其雄略內斷，英猷外決，殄公孫子百日，擒孟達於盈旬，自以兵動若神，謀無再計矣。

姜太公說：「先謀後事者昌，先事後謀者亡。」重視先計後戰，是中國兵法的重要特點。古代兵家對「先計」的總要求是「先勝」，即要有正確的戰略戰術，周密而切合實際的作戰計畫和準備，不打無準備之仗，不打無把握之仗。從司馬懿遠襲遼東，我們可以體會到，「先計」必須做到下列幾點：

1.要綜觀全局，深謀遠慮。軍事指揮者應具備戰略家的頭腦，胸有成竹，在運籌決策中不被一葉障目，不計一時得失。計謀要周密，計畫要符合戰爭運作的可能發展。

2.要果斷決策。戰場情況複雜多變，戰機稍縱即逝，決策應及時果斷。

3.要計出萬全。要有在幾種情況下各不相同的處理方案，只有這樣，才可臨陣不亂，確保自己立於不敗之地。

在遼東戰場上，司馬懿的決策果斷而準確，其中攻其必救、相機應變的許多具體戰法頗有價值，爲歷代兵家所讚賞和運用。

〈縱橫古今〉⑩

聲東而擊西

一八五八年，清軍利用太平天國內訌之機，再次重建江南、江北大營，圍困太平天國都城天京。

爲了打破清軍的包圍，太平天國幹王洪仁玕與忠王李秀成共同制定了一個巧妙運用攻其必救謀略的計策：太平軍先進攻清軍糧餉重地杭州，迫使敵人分兵自救，然後再乘虛回攻江南大營，以解天京之圍。於是，李秀成兵分五路奇襲浙江，攻占杭州。

清軍江南大營統帥和春得知杭州失守，急忙分出近一半的兵力讓總兵張良玉統領援浙。李秀成見和春中計，便在杭州城上虛設疑兵，暗中卻來了個金蟬脫殼，退出杭州。張良玉疑有伏兵，遲遲不敢貿然進城。而李秀成撤出杭州城後，日夜兼程，馳奔天京。

當清軍尚未弄清李秀成的去向時，太平軍各路兵馬已雲集天京四周，並向江南大營發起了進攻。天京城內的太平軍從內響應，內外夾擊，殲敵萬餘。和春見勢不妙，率部潰逃，太平軍乘勝追擊，先後攻占丹陽、常州、無錫和蘇州，和春兵敗自殺。

清軍經營三年之久的江南大營被徹底摧毀。

貳 用人篇

■篇題要□

「夫爭天下者，必先爭人。」大爭之世，人才是第一要素。然而，識人難，用人更難。怎樣識人？怎樣用人？這是歷朝歷代都在孜孜探求的問題，欲成大事者，無不注重用人方略。但是，有成者也有敗者。「不忠不孝不要緊，只要有才便可以。」究竟如何識人、用人、待人？三國故事可以爲你提供難得的啓示。

11 禮賢下士，劉備三顧茅廬

「邦之興，由得人也；邦之亡，由失人也。」賢士的求得，與事業的命運休戚相關。劉備深諳此道，三顧茅廬，「任賢如事師」，終於求得曠世奇才諸葛亮，留下了一段「鞠躬盡瘁，死而後已」的千古佳話。

劉備被曹操大敗於汝南之後，寄身劉表，駐守新野小縣，兵不滿千，將領僅關羽、張飛、趙雲。

當初，謀士徐庶託名單福，故作狂歌於市，往投劉備，劉備拜他爲軍師，新野一戰大敗曹仁，小露才華。曹操爲得徐庶，將徐母騙至許昌，僞造家書一封，召徐庶去曹營。徐庶不得已，和劉備走馬泣別。臨去，徐庶向劉備推薦南陽隆中諸葛亮，稱此人「有經天緯地之才，蓋天下第一人也」，若得此人相輔，何愁天下不定！

徐庶走馬薦諸葛以後，水鏡先生又大讚諸葛亮獨觀大略，可比興周之姜子牙、旺漢之張子房。對如此大賢，劉備自不能放過。

劉備帶著關羽、張飛前往隆中謁見諸葛亮。來到莊前，親叩柴門，童子卻稟報：先生外出了。劉備悵惘不已，只得怏怏而歸。

回到新野，劉備派人到臥龍崗打聽諸葛亮的消息，當得知諸葛亮已回，準備再往造訪。張飛不滿說：「此一村夫，使人喚來便了。」劉備說：「豈不聞孟子云：『欲見賢而不以其道，猶欲其入而閉之門也。』孔明當世大賢，豈可召乎！」

時值隆冬，行不數里，忽然朔風凜凜，瑞雪霏霏。張飛請劉備暫回新野以避風寒。劉備卻說：「吾正欲孔明知我殷勤之意。」當劉備一行頂風冒雪來到諸葛亮宅前，諸葛亮又外出了。劉備只好留下便條，約好日期，策馬而返。

光陰荏苒，又臨新春。劉備擇定吉日，齋戒三日，薰沐更衣，第三次到臥龍崗拜訪諸葛亮。行前，關羽也表示不滿，認爲其禮太過，諸葛亮是徒有虛名，故不敢相見。劉備責備道：「不然，昔齊桓公欲見東郭野人，五反而方得一面。況吾欲見大賢耶？」

劉備一行策馬前往，離草廬半里之外，劉備便下馬步行。來到門前，聽童子說諸葛亮晝寢未醒，便在階下侍立。諸葛亮見劉備如此誠心，忙整衣冠出迎，並向劉備闡述了統一中國之大計，即名傳千古的〈隆中對〉。劉備懇求諸葛亮出山相助，諸葛亮慨然應允。

劉備自得諸葛亮後，如魚得水，由漂泊不定到占據西蜀，形成與曹操、孫權抗衡的鼎足之勢，事業上得以不斷發展。

劉備請諸葛亮出山時，已經四十七歲，諸葛亮才二十七歲，但當劉備得知諸葛亮的才識後，卻能三顧茅廬，誠懇求賢，眞可謂禮賢下士了。然而，「不是虛心豈得賢？」人都有受人尊重的需要，尤其是賢達之士。古代士大夫的最高理想，常常不是爲一王一帝，而是爲「王者之師」，受人尊重是他們的強烈精神需求。馬逢伯樂而嘶，人遇知己而死，正是圖報知遇之恩。因此，對待賢能只有做到心誠、禮敬、意專，才能使得起、用得住，讓其心甘情願，充分發揮才智。三國時代的傑出統治者，都很注意禮賢下士，待如上賓。

劉備懇切求賢，收到了百倍的效果。他得到諸葛亮後，「以師禮事之」，認爲「我得孔明；猶魚之得水也」，頃刻不可相離。臨死託孤，劉備甚至讓兒子「以父事丞相」。這些所做所爲，使諸葛亮感銘腑肺，「雖肝腦塗地，安能報知遇之恩也。」諸葛亮對劉蜀政權忠心耿耿，其「鞠躬盡瘁，死而後已」的精神，傳誦千古，感人淚下。其實，首先還是由於劉備的愛才、尊才和善於用才。劉備與諸葛亮，可謂君臣相得，珠聯璧合。

歷史上，禮賢下士、任人唯賢的統御者，事業上無不取得成功。「蕭何月下追韓信」的故事便被人們傳爲千古美談。

〈縱橫古今〉⑪

君臣相得益彰

元朝末年，朱元璋南征北戰，正處於事業發展的關鍵時期。當他聽說劉基的過人才智之後，毫不遲疑，派出使者携帶重幣邀請劉基出山。

由於飽嘗仕途坎坷，劉基不願輕易應請，朱元璋想到當年劉備三顧茅廬，方求得曠世奇才，便不厭其煩地多方延請。其部下處州總制孫炎聽說要請劉基出來做官，連連搖頭，說道：此人甚有才學，可不一定好使，他以前做過元朝的官，後來雖說辭官回鄉，可對我們紅巾軍素懷怨恨，他還寫詩罵過我們。

朱元璋聽了，笑道：過去的事情不必多慮，常言說，疑人人疑，信人人信。我想用他，就得先信任他。於是，孫炎按朱元璋的旨意，派人給劉基送了一封長信。劉基看後，深爲朱元璋的誠意所感動，並料定朱元璋是一位有志之士，因而拿定主意，擇日啓程。

懷才抱略的劉基得遇知音，幸遇伯樂。從此，他在明朝開國創業的軍事舞台上，導演了一幕幕威武雄壯的劇目。對於朱元璋建立明朝，劉基可謂「功蓋天下」。

中國古代，禮賢下士的動人情態多姿多彩，在競爭日烈的現代社會，人們難道不應該學到更多攝取人心的智慧、精神和力量嗎⁉

12 不信流言，曹操重賞于禁

「海納百川，有容乃大。」寬容與信任是容才、護才的前提。在安全的心理狀態下，將才的效能才能發揮到極限。曹操不為流言所動，重賞于禁，成為愛護人才的伯樂。

曹操在南陽敗於張繡，潰退途中，夏侯惇所領導的青州兵乘機劫掠民家；而大將于禁在混亂時刻果斷命令本部軍隊沿途剿殺青州兵，以安撫鄉民。青州兵懾於于禁的軍威，當面不敢頂撞，背後卻伺機報復。迎上曹操後，皆哭著拜倒在地，聲言于禁造反，趕殺青州軍馬。曹操一聽，十分吃驚，整理部隊，迎了上去。

于禁見曹操帶諸將到來，沒有急於分辨，而是穩住陣腳，安營立寨。他認為「分辨事小，退敵事大」，張繡兵馬追到，若無準備，必不能拒敵。果然，剛安營完畢，張繡兩路大軍殺到，于禁一馬當先出寨迎敵，擊退來兵，並追殺一百多里，反敗為勝。

曹操收軍點將後，于禁入見，向曹操詳細稟明「青州之兵，肆行劫掠，大失民望，某故殺之」的情況。曹操問：爲什麼不先稟告我，而先安營立寨。于禁回答：不立營寨，無以退敵，分辨事小，退敵事大。曹操聽後，很是感動，稱讚道：「將軍在匆忙之中，能整兵堅壘，任謗任勞，使反敗爲勝，雖古之名將，何以如茲！」於是，賜給于禁金器一副，封益壽亭侯，並訓斥夏侯惇治兵不嚴之過。

夏侯惇率領的青州兵是曹操的嫡系部隊，他們自恃這一特殊的地位，爲所欲爲，搶掠民財。但是，于禁從大局出發，爲曹操的事業著想，將這些青州兵繩之以法，以安撫百姓。這充分顯示了于禁是一個具有長遠政治眼光的將才。同時，于禁能夠臨危不亂、有條不紊，「任謗任勞」，使潰逃的曹軍反敗爲勝，也體現了一名將才的膽略和氣度。

對於于禁的這些上乘表現，治軍才能，曹操看在眼中，喜在心裡。曹操在聽到于禁的流言蜚語後，雖然心有驚慮，但是並未貿然採信，而是十分鎮定地問明情況，賞罰分明，確實值得人們引以爲訓。

一名將才，常常在形勢危急的關頭挺身而出，遇事則首當其衝。因而，這種人最易招致各種各樣的非議。古往今來，不知有多少幹才跌落和葬身於流言蜚語的惡浪之中，正所謂「翻車倒蓋猶堪出，未似是非唇舌危」。因此，作爲一名統帥，不輕信流言常是容才、護才的前提。

容才、護才是激勵人才的重要手段。統帥的寬容品質能給予部下良好的心理影響，使部下感到親切與溫暖，獲得心理上的安全感，從而放開手腳，全身投入事業之中。古語曰：「水至清則無魚，人至察則無徒。」一名統帥，只有具備「海納百川，有容乃大」的恢宏氣度，才能調動一切資源，最大限度地發揮將才的效能。

曹操不僅容忍了于禁對他的嫡系部隊的戮殺，而且對這一正當行爲予以肯定與保護，這種不爲流言所動、賞罰分明、勇於扶助將才的舉動，贏得了全軍將士的敬服，堪稱一代楷模。

〈縱橫古今〉⑫

刺史的忠告

唐代宗時，當朝著名副大元帥郭子儀之子郭晞統領一支唐軍駐紮邠州。其部下放蕩不羈，胡作非爲，百姓怨聲四起。邠州節度使白孝德畏其權勢，不敢按軍法處置。事情傳到治軍嚴明、剛正不阿的涇州刺史段秀實耳中，他毅然辭去刺史，到白孝德府中當一名專管軍紀的官員。

上任不久，一位老婦哭訴郭晞部隊的士兵又在爲非作歹。段秀實聞訊，趕到現場查處，當場將十數個士卒全部斬首，懸掛示衆。段秀實斬殺郭晞部卒的消息很快被添油加醋地傳到郭晞耳中，他當即命令捉拿段秀實。

誰知段秀實竟主動來到郭晞營地，郭晞怒不可遏，口出狂言。但是，段秀實並不計較個人恩怨，語重心長地說：郭副大元帥功勳滿天下，郭將軍身為大元帥之子，應當珍惜乃父清名。你部隊軍紀鬆散，士卒為暴，百姓怨怒，若長此下去，郭副大元帥的功名還能保留幾分？

聽了段秀實的話，郭晞深受感動，連忙下跪，叩頭拜謝道：多虧你用惠理開導於我，使我猛醒，挽救了我，也挽救了我所統領的士卒。他淚水汪汪，喝令士卒：今後若再有為害百姓者，定斬不饒。

時至掌燈時分，郭晞挽留段秀實留宿營中。當夜，郭晞悔恨不已，徹夜不眠。次日天亮，郭晞護送段秀實回府，向白孝德請求恕罪。自此，邠州軍民相安無事，路不拾遺。

段秀實後來成為唐朝名將。

切記：「海納百川，有容乃大」，這種容才、護才的恢宏氣度，是成功的關鍵。

13 匹夫之勇，呂布拒陳宮三策

「良禽擇木而棲，賢臣擇主而事。」陳宮雖足智多謀，通曉古今，然錯投呂布帳下，終使苦心運籌的妙策付諸東流。這是中國古代人才的一大悲劇。

呂布受陳登之害，夜失三城之後，被迫退到了下邳這一彈丸之地，面對曹操大兵壓境，陳宮為了挽救危局，向呂布連獻三策：

當曹操得徐州，領兵來攻下邳時，陳宮獻上了第一策：「今操兵方來，可乘其寨柵未定，以逸擊勞，無不勝者。」他建議呂布乘敵立足未穩，迅速給予敵人當頭一擊，這確實是在被動中爭取主動的有效一招。然而，呂布卻認為：「吾方屢敗，不可輕出。待其來攻而後擊之，皆落泗水矣。」

呂布自恃糧草充足，且有泗水之險，可安心坐守。這種消極拒敵態度的結果是，「過數日，曹兵下寨已定。」呂布喪失了最有利的出擊時機。

當曹操與呂布在下邳城下對峙，陳宮又獻上了第二策：「曹操遠來，勢不能久。將軍可以步騎出屯於外，宮將餘衆閉守於內；操若攻將軍，宮引兵擊其背；若來攻城，將軍爲救於後；不過旬日，操軍食盡，可一鼓而破，此乃犄角之勢也。」

呂布聽了陳宮的計策後，表示：「公言極是。」然而他一回到家中，妻子嚴氏便委屈地說：「君委全城，捐妻子，孤軍遠出，倘一旦有變，妾豈得爲將軍之妻乎？」呂布眷戀妻室，躊躇不決，三日不出，儘管陳宮一再從旁提醒，但呂布卻說：「吾思遠出不如堅守。」再次拒絕了陳宮的建議。

陳宮不甘心就此陷於兵敗城失的慘境，他愼重地分析了形勢，又向呂布獻上了第三策：「近聞操軍糧少，遣人往許都去取，早晚將至。將軍可引精兵往斷其糧道，此計大妙。」但是呂布仍是抵擋不住嚴氏和貂蟬的眼淚，顧慮重重，最後表示：「操軍糧至者，詐也。操多詭計，吾未敢動。」

陳宮連獻三策，在當時的形勢下，應該說都是對症下藥的良方，但是，呂布都拒而不納，陳宮只得長嘆：「吾等死無葬身之地矣！」

陳宮自從投靠呂布之後，爲呂布獻上了許多良謀妙計。呂布從其言則勝，不從其言則敗，這一點在《三國演義》中已有記述。但是，呂布倚仗著「方天畫戟」、「赤兔馬」和「誰敢近我」

的匹夫之勇，終使陳宮苦心運籌的妙策付諸東流，這不能不說是一個悲劇。

呂布缺乏剛毅果斷的素質，常常優柔寡斷，反覆無常，受制於敵。陳宮對呂布可謂赤膽忠心，可是，呂布妻子的一番胡言亂語，卻使呂布對陳宮產生了疑心，居然又改變了分兵守城的決心。後來，呂布在曹操面前求生不得而被絞死，陳宮卻不理睬曹操的愛才之意而昂首就義，反倒形成了一個鮮明的對照。

由此，我們可以得到「良禽擇木而棲，賢臣擇主而事」的啓示。韓非子曾指出：「下君盡己之能，中君盡人之能，上君盡人之智。」其意思是說：只會用自己的力量的人，是下等君子；能用別人力量的人，是普通君子；而善於激發部下智慧的人，才算得上高明君子。

呂布是一個有勇無謀的武夫，根本算不上高明的君子，所以，任何一位有遠見卓識、戰略目光的謀士，投入他的帳下都是一個錯誤。但是，聰明一世、通曉古今的陳宮卻未能擇主而事，至死，才忿忿說：「恨此人不從吾言！若從吾言，未必被擒也。」

在中國歷史上，謀士都是依附於主人的，以自己的智力活動，爲主人出謀獻策。謀略是否被接受、運用完全取決於主人的意志。那些獨斷專橫、優柔寡斷、缺乏遠見的主人往往輕易地將謀士的計謀置之不理或斷然拒絕，這實是謀士之大不幸。

良禽擇木而居

隋朝末年，天下大亂，群雄紛爭。魏徵不斷地分析天下形勢，提出卓有遠見的見解。最初，魏徵在瓦崗軍首領李密帳中聽用，他向李密提出了十項建議，但李密「雖奇之，而不能用」。

在王世充於洛口攻打李密的時候，魏徵又向李密長史鄭頲建議：魏公雖驟勝，而驍將銳卒死傷過多；又軍無府庫，有功不賞，戰士情緒低落。此二者決難應敵。不如深溝高壘，曠日持久，不過旬月，敵人糧盡，可不戰而退，然後，我軍追而擊之，必定獲勝。況且東都糧盡，王世充已山窮水盡，意欲死戰。窮寇不可與之交鋒，望能慎重，不與交戰。

然而，鄭頲對魏徵的建議，未加思考，便輕率地拒絕道：「此老生之常談耳！」魏徵憤然回答：「此乃奇謀深策，何謂常談？」拂衣離開了鄭頲。

魏徵與陳宮有著同樣的遭遇，但是，他最後卻明智地選擇了開明的主人，做出更為輝煌的業績。

14 多謀少決，袁紹官渡敗北

大凡不用賢良者，必用奴才；不納忠言者，必信諂言。袁紹最大的失誤就在於他不能用人，輕視人才，雖然帳下謀士如雲，仍避免不了滅亡。正所謂得士者昌，失士者亡。

在十八路諸侯伐董卓時，袁紹這位「四世三公」的名門望族之後被各家奉爲盟主，盛極一時，四方志士紛紛來投。在天下混戰中，袁紹奪取冀州、擊敗公孫瓚等，呑併青州、幽州和幷州，擁有數十萬大軍，帳下謀士如雲、戰將如林。然而，官渡一戰，虎視天下的袁紹卻被曹操擊敗。曹操第二次征討張繡失敗後，曾收到袁紹一封居高臨下的脅迫信。此時，謀士郭嘉對曹操分析了曹操的「十勝」和袁紹的「十敗」，切中袁紹的要害。在袁紹的「十敗」中，最關鍵的是「多謀少斷」而不能用才。

袁紹手下謀士如雲，「智囊」雲集，這是一個極爲有利的條件，但一到決策的時候，衆謀士各抒己見，袁紹便不分良莠，不知取捨，左右徘徊，優柔寡斷。

當劉備殺掉曹將車冑，重新奪取徐州後，曾約袁紹共同伐曹。謀士田豐、沮授認為，袁紹「兵起連年，百姓疲弊，倉廩無積，不可復興大軍」，主張暫緩興兵；而審配、郭圖卻認為「興兵討曹賊，易如反掌」，主張馬上出兵。結果，四人爭論不休，袁紹則「躊躇不決」。後來，由於許攸、荀諶主張立即出兵，袁紹才下定決心。

在白馬之戰中，袁紹聽說一員赤臉長鬚使大刀的勇將斬了他的大將顏良，大怒，謀士沮授建議乘機除去劉備，袁紹指著劉備道：「汝弟斬吾大將，汝必通謀，留爾何用！」說著要斬劉備。但當他聽了劉備的解釋後，又改變了主意，反而責怪沮授：「誤聽汝言，險殺好人。」

接著，關羽又誅殺了大將文醜，郭圖、審配再次勸袁紹早除後患，袁紹令推出斬之。劉備又辯解：曹操欲借公之手除去劉備，故派關羽誅殺二將。聽了劉備的話後，袁紹又回過來責備郭圖、審配等人。足見袁紹多謀少決，出爾反爾。

袁紹第一次興兵討曹失策後，退軍河北。這時，曹操乘機興兵征伐劉備，許都空虛。田豐極力勸袁紹再度起兵，攻打許都。袁紹卻以兒子有病，「心中恍惚，恐有不利」為由，拒不採納田豐的正確建議，氣得田豐以杖擊地，跺腳長嘆：「遭此難遇之時，乃以嬰兒之病，失此機會！大事去矣，可痛惜哉！」

官渡大戰之前，許攸抓著曹軍的一個信使，搜出曹操給荀彧的催糧書信，他即刻向袁紹建議

：曹軍糧盡，可乘機掩襲許昌，兩路共擊，「操可擒也。」袁紹卻認為「曹操詭計極多，此書乃誘敵之計也」，拒不發兵。

就這樣，袁紹總是像一隻出洞的老鼠，東張西望，猶豫不決，喪失了許多本來可以取得戰略性勝利的有利戰機。

無論軍事家、政治家還是其他管理者，謀而不決，等於無謀。與「多謀少決」相聯繫的，必然是輕視人才，不善於使用人才。曾幾何時，在袁紹身邊聚集了一大群「智囊」，可謂當時社會的精英，如荀彧、郭嘉、田豐、許攸、沮授等，都是一代聲名顯著的謀士。但是，由於袁紹「多謀少決」，「外寬內忌」，沒有重視和採納他們的良策，致使許多人心灰意冷，最終走上了棄袁投曹的道路。

即使有幾位忠心耿耿的追隨者，到頭來也都成了袁紹的刀下鬼。隨著田豐、沮授的入獄，許攸等人才的外流，在軍事力量的天秤上，袁紹失去了最關鍵的砝碼。

大凡拒用賢良者，必用奴才；不聞忠言，必信諂言。這是千古不變的道理。袁紹不用良才，多謀少決，給一些小人留下了投機鑽營、禍亂軍政的空間。

例如，當袁紹得悉烏巢糧草被劫，便錯誤地判斷曹魏大營空虛，決定偷襲曹營。部將張郃等極力勸阻，認為曹操多謀，外出必有內備。然而，奸謀郭圖再三請求偷劫曹營。當張郃、高覽攻打曹營失敗後，郭圖害怕追究自己的責任，竟在袁紹面前說：「二人素有降曹之意，今遣擊寨，故不肯用力，以致損折士足。」後又讓人報張、高二人：「主公將殺汝矣。」逼得二人領本部兵馬投奔曹操。

對於一個統帥來說，克敵制勝並不一定需要本人如何勇猛超群、謀略過人，關鍵是要善使良才、重視良謀。然而，袁紹最大的失策就在於他不能用人、不納善言。曹操平定河北時，曾喟然長嘆：「河北義士，何其如此之多也！可惜袁氏不能用！若能用，則吾安敢正眼覷此地哉！」

〈縱橫古今〉⑭

師心自用誤大事

歷史上沒有完全的袁紹第二，但是，身具類似缺陷、犯有同樣錯誤者，卻大有人在。

北宋時期，宋方主將徐禧率軍駐守陝西米脂，哨兵來報，西夏兵馬已迫近永樂城。徐禧決定留沈括守米脂，自率主力北援永樂。

徐禧喜歡談論兵法，未把西夏放在眼裡。宋兵開進永樂城後，徐禧與諸將登城觀看，這時，西夏前軍剛至，後軍還沒到來，大將高無能建議趁機出擊，認爲西夏前軍多精銳，後軍多老弱，如果趁西夏前軍剛到，尚未擺開陣勢的時機，將其擊敗，就能振奮自己的士氣，打擊對方的威風，西夏主力來到，也就容易對付了。孰料徐禧非但不聽，反而捋著鬍子說：我軍不攻擊沒有列好陣勢的隊伍。

待西夏精銳列好陣勢，宋兵的三次衝鋒均被擊回，西夏騎兵趁機反擊，北宋前軍敗退，踐踏後軍。部將曲珍見勢不利，軍心動搖，認爲不宜再戰，建議收兵入城，據險扼守，同時派奇兵繞道西山，襲擊敵後。徐禧不聽，反而斥責說：身爲大將，怎能遇敵不戰，先想撤退。結果宋軍接戰又敗，傷亡慘重。西夏軍趁機包圍永樂城。

永樂城防禦設備不完善，糧食不足，水源斷絕，外無援兵，曲珍建議突圍，徐禧不聽，責問曲珍：你已打了敗仗，還放棄城池嗎？最後，北宋軍及役夫二十萬全部被殲。

徐禧雖然信心十足、勇於決斷，但是，他的決斷是錯誤的，因此，確切地說他是剛愎自用，不重視部將的正確計謀。後人評論徐禧不懂戰術，筆者以爲這不是關鍵。徐禧不納善言，錯過了一次又一次戰機，最終釀成悲劇。在這一點上，徐禧與袁紹有共通之處。

15 得失之間，劉備佯怒擲阿斗

「無由撫慰忠臣心，故把親兒擲馬前。」劉備陣前擲阿斗，是一極高明的姿態，他永遠地獲得了趙雲的心。「受人滴水，報之湧泉」，將才也不例外。

曹操率領大軍追趕劉備。劉備領著十多萬百姓、三千軍馬向江陵進發。趙雲負責保護劉備家小。夜戰之中，趙雲與劉備的兩位夫人和兒子阿斗失散。趙雲便闖入曹軍中尋找，他找到了甘夫人，把她送過長坂坡，交給張飛。然後，又返入陣中尋找糜夫人和阿斗。

亂軍之中，趙雲單騎闖陣，危機重重，他殺了曹營中若干戰將，終於在一堵被火燒壞的土牆旁的枯井邊，找到了糜夫人和阿斗。糜夫人已負重傷，不肯占用趙雲的戰馬，便將阿斗託付給趙雲。她聽見曹軍兵馬已殺奔過來，怕連累趙雲和阿斗，翻身投井而死。

趙雲將土牆堆翻，掩埋了枯井，然後，將阿斗護在懷中，一路殺出，眞可謂虎口脫生。當見到劉備時，趙雲雙手遞上了正在酣睡的阿斗，喜曰：「幸得公子無恙！」劉備接過阿斗，扔於地上，罵道：「爲汝這孺子，幾損我一員大將！」趙雲連忙抱起阿斗，感動不已，泣拜曰：「雲雖肝腦塗地，不能報也！」

趙雲百萬軍中救出阿斗，劉備當衆把愛子擲於地上，做了樣子給衆將士看。劉備不疼愛阿斗嗎？非也！他幾十歲到身，方得此一根嫡苗，捧著心疼猶恐未及。但其時形勢險峻，需要上下一心，衝出曹操的圍追堵截，他不能因一個小孩而讓軍心渙散，更想以此激發大將的情感。後人有詩曰：

曹操軍中飛虎出，
趙雲懷內小龍眠。
無由撫慰忠臣心，
故把親兒擲馬前。

說的就是劉備此刻的心態。

試想，當時的劉備惦著夫人和阿斗的安全，好不容易盼到趙雲飛馳而至，如果他撇開惶恐不安，同樣是兒女失散、家破人亡的部屬而不顧，衝上前去抱著阿斗親吻不停，衆人看了能不心灰意冷嗎？這支軍隊能不潰散嗎？如此，劉備欲求父子全命，其結果只會是適得其反。

關心、愛護是人的精神需求，它可以溝通心靈，增進感情，可以激勵人奮進，挖掘人的潛力。將才是血肉之軀，也需要物質的保障，需要切實的安全，需要情的溫暖和愛的撫慰。趙雲為救阿斗，在長坂坡前幾進幾出，殺得血滿征袍。當劉備做出愛部將勝過愛親子的表演後，趙雲感激涕零。劉備這一招收到了撫慰人心、凝情聚力的良好效果，從此，趙雲更死心塌地地報答劉備的知遇之恩。

〈縱橫古今〉⑮

蝗蟲與人心

據《貞觀政要》記載：

貞觀二年，京師大旱，蝗蟲大起。唐太宗入種植園看禾苗，見了蝗蟲，便拾取幾隻咒罵道：人把稻穀當作生命看待，而你們卻無情地吞噬了糧食，這是殘害老百姓。老百姓如果有過錯，責任全在我一個人。蝗蟲你如果有靈氣，只應當吃我的心，不要殘害老百姓。

說罷，就將蝗蟲吞下肚去。左右的人急忙勸阻，紛紛說：不要吃，恐怕鬧出病來。唐太宗說

：我只希望能夠將災難轉移到自己身上，還怕什麼疾病呢!?於是，他就把蝗蟲吞吃了。

當然，唐太宗吞吃幾隻蝗蟲，並不能消除老百姓遭受的蝗災。但他做出的這個姿態，宣傳出來，足可以感動全國的老百姓，認爲唐太宗是把老百姓看得比自己的健康還重要的賢明君主。

康太宗吞蝗蟲與劉備擲子所採取的計謀是一致的，所取得的效果也基本相同。「一枝一葉總關情」，統御者的一舉一動，一言一行，都影響上下之間情感的交流。劉備的憤怒一擲，既使趙雲死而無怨，又編織了與將士之間千絲萬縷的感情聯繫，激發他們的盡心盡力。

現代管理者借鑑《三國演義》中的用人謀略，必須注重以情感人、以情催人。

16 深謀遠慮，魯肅慧眼薦龐統

非賢莫能舉賢，舉賢者更賢。魯肅慧眼識英才，惜才如金，超凡脫俗，舉薦賢能，既體現了高尚的品格，又反映出遠大的戰略目光。

「伏龍、鳳雛，兩人得一，可安天下。」鳳雛者，龐統也。《三國演義》中，龐統是一位頗有才識卻未能充分顯露的謀略家。赤壁大戰中，他向曹操獻上連環計，爲孫、劉聯軍火燒曹船創造了條件。但此後的一段時間，這位賢士在江東卻未遇知音。

周瑜臨死之前，特意寫信給孫權，推薦魯肅繼任大都督。魯肅卻力薦龐統，他對孫權說：「此人上通天文，下曉地利；謀略不減於管、樂，樞機可並於孫、吳，往日周公瑾多用其言，孔明亦深服其智。」

可惜一貫珍惜人才的孫權，這次卻犯了以貌取人的錯誤，他見龐統「濃眉掀鼻，黑面短鬢，形容古怪」，已心中不喜；又聞龐統出言不遜，輕視他平生最寵信的周瑜，更得出了「狂士也，用之何益」的結論，輕易地將龐統拒之門外。

後來，魯肅寫信將這位有匡世之才的鳳雛先生推薦給了劉備。無疑，魯肅是一位愛惜人才、舉賢薦能的眞正伯樂。然而魯肅的舉動，或許會使有些人無法理解，放著高官厚祿不要，卻主動讓位，物色了一個才學、見識超過自己的人代替自己，可謂「愚」到極點。但正是在這種「愚」中，我們見到了魯肅的「忠」與「公」，見到了魯肅的寬闊胸懷，見到了魯肅愛惜人才、舉薦賢能的高尙品德。

從魯肅舉薦賢能的事件中，我們還能看到諸葛亮的好品德。諸葛亮曾言：「忠益者莫大於進人。」他對此身體力行。龐統與諸葛亮齊名，但是，諸葛亮不僅未心存忌恨，反而積極、主動地爲龐統施展才華創造條件，一心一意地將他拉過來爲劉備所用。

諸葛亮到柴桑口爲周瑜弔喪，在江邊偶遇龐統，諸葛亮留下了一封書信，道：孫權一定不會重用先生，若不如意，可來荊州共扶劉備。後來，他又在劉備面前盛讚龐統：「士元非百里之才，胸中之學，勝亮十倍。」

諸葛亮的這一言行，顯示了他的完美品德，無不激起後人對他的高山仰止之情。相形之下，龐統在死前對諸葛亮的猜忌，便顯得猥瑣、狹隘和渺小。

舉才務重用

歷史上類似魯肅、諸葛亮無私薦賢的人不乏其例。

唐代，一個風和日麗的午後，武則天召狄仁傑進宮，問道：我想物色一個賢臣，委以重任，不知有否？狄仁傑反問：陛下委他擔任何職？武則天答道：我想求一個精通文韜武略的將相。狄仁傑略作思考，欣然薦曰：荊州長史張柬之，其人雖老，眞宰相才也。且久不遇，若用之，必盡節於國家。

武則天遂高興地接納了狄仁傑的建議，任命張柬之爲洛州司馬。

過了一段時間，武則天又向狄仁傑求賢。狄仁傑非常詫異地問道：臣以前推薦的張柬之，陛下至今尚未重用，現在爲何另求賢才？武則天笑答：張柬之早被重用，他的確盡心盡職，是個良臣。狄仁傑又說：臣薦他爲相，可是陛下只任他爲洛州司馬，這不能叫重用。武則天深感狄仁傑言之有理，不久即下令進張柬之爲秋官侍郎，後又召爲宰相。

張柬之出任宰相之後，充分發揮自己的聰明才智，沉著有謀，能斷大事，爲武則天出了很多好的主張，對唐王朝有過多方面的建樹。因此，唐中宗即位後，對張柬之大加進官封爵。當時人們讚揚張柬之的時候，都不會忘記狄仁傑的推薦之功。

舉薦賢能，是爲國爲民的事。只有「公天下之心，然後能舉天下之賢」。魯肅、諸葛亮以及狄仁傑等傑出人物的事蹟向人們揭示了這樣一個高層次的觀點：非賢莫能舉賢，舉賢者更賢。

這裡，還有一個值得一提的問題：在三國分爭、各爲其主的形勢下，魯肅居然向劉備舉薦賢才。這其中有魯肅惜才如寶的因素，同時，也體現出了魯肅長遠的戰略眼光。

對於龐統的去留，魯肅首先是竭力勸說龐統「且耐心」留在東吳，以待後用。如果此行難見成效，那麼，寧可將人才薦與盟友，而絕不讓他落入曹魏敵手。萬一龐統眞心投曹，魯肅是否會用強制的辨法限制龐統，就很難說了。

足見，魯肅愛惜人才，是與他的整體意識、戰略意圖緊密聯繫在一起的。就這一點來說，魯肅比起時刻不忘將諸葛亮置之死地的周瑜，確實高明許多。

17 寬仁愛士，劉備盛情待張松

只有尊重人才，才能征服人才。劉備在對待張松的問題上，表現出了與曹操截然不同的態度，既感化了賢士張松，又獲得了寶貴的西川地圖。

劉璋得知漢中張魯欲興兵取川，心中大為焦慮，急忙召集衆官商議對策。別駕張松自告奮勇，攜帶珠寶錦綺，並暗藏所畫的西川地理圖本，前往許都，欲連結曹操，以阻止張魯對西川的企圖。

但是，曹操這時剛戰勝馬超，傲睨得志，一見張松「生得額钁頭長，鼻偃齒露，身短不滿五尺」，已有了五分不喜，加之張松語言頂撞，曹操平素那禮賢下士的風度便消失得無影無踪。在參觀教場點軍、曹操大談他的八面威風時，張松又毫不留情地揭了曹操的短處，大加戲弄，曹操盛怒，將其「亂棒打出」。

張松受辱後，心中暗思：我本欲獻西川州郡給曹操，誰料竟如此待人；耳聞劉備仁義遠播，不如從那邊回去，「試看此人如何？」結果，劉備在對待張松的態度上，與曹操形成了鮮明的對照。

張松剛至郢州界口，便受到大將趙子龍熱情接待，給張松的第一印象便是「人言劉玄德寬仁受客，今果如此」。來到荊州界首的館驛時，雖已很晚，但又見關羽領人馬早在門前恭候。當來到荊州城下時，劉備「引著伏龍、鳳雛，親自來接」。這使得剛在許都飽受曹操欺辱的張松受寵若驚。

劉備見到張松後，殷勤備至，一連留張松飲宴三日，只談友情，不談其他。三日後張松辭去，劉備在十里長亭設宴送行。席間，劉備難捨難分，潸然淚下。張松感動萬分，披肝瀝膽，竟主動示意劉備速取西川，並表示願做內應。最後，拿出西川地圖，投靠了劉備。

劉備待張松，可謂出神入化。奪取西川是劉備的既定方針。但是，「蜀道之難，難於上青天」。欲取西川，必先獲取西川地理圖本，以便詳細了解西川的複雜情況。正當劉備準備進兵西川時，益州別駕張松來了。

劉備歡迎張松的規格是很高的。他獲取地圖的方式十分精妙。劉備內心急欲求圖，卻始終強壓這種心情，「只說閒話，並不提起西川之事」。張松以言挑之，劉備仍然不露聲色，只談友情。劉備越推託，越是只講「信義仁德」，張松則越感動，越傾向於讓他取西川。直至張松辭去，劉備設宴送行，也只是訴別情，掉眼淚。如此這般，把張松感動得五體投地。瓜熟蒂落，水到渠成，張松終於獻上了寶貴的地圖。

對此，如果單從政治角度來分析，劉備待張松的表演，給人一種十足僞君子的感覺。但是，在當時的鬥爭環境中，以及特定的軍事外交需要，劉備的舉動卻是一種高明的謀略，其中，揭示了盛待人才的重要性。

根據諸葛亮的戰略設計，劉備第一步是向力量薄弱的西川進軍，站穩腳跟，占據一角，然後再圖中原。奪取西川，地形圖十分重要，但是，收服西川人才更爲重要。所謂「得士者昌，失士者亡」。但是，中國歷史上那些胸懷韜略的高士，都有一種「吃軟不吃硬」的清高架式，只有順著摸，他才買你的帳，才會敬你，效力於你。

我們可以設想，倘若劉備見到張松後，就迫不及待地表現出對西川地圖的急切心情，那麼，劉備在張松心目中的形象便會黯然失色，陡然渺小起來，決不可能出現「如此寬仁愛士」的高大形象，自然，西川地圖就不會輕而易舉地由張松主動獻上。即使劉備依靠強力逼出了地圖，但是，張松這張活地圖是無論如何難爲劉備所用的。

〈縱橫古今〉⑰

賢士興邦

余玠是南宋兵部侍郎，著名大將軍，他精通韜略，在出任四川安撫制置使，執掌四川軍政大權期間，設置招賢館，廣納賢才，傳爲佳話。

余玠到任不久，在帥府左側杜頭的門頭掛上嵌有「招賢館」金色大字的橫匾，牆壁上貼著招賢榜文，希望四川遠近的良才賢士獻計獻策，報效國家。

余玠設招賢館的消息傳遍巴山蜀水。一天，一位儒生裝扮的賢士來到招賢館。余玠心喜，經詢問知其爲四川舉人陽枋。這位當地有名的賢達，看到余玠開誠布公，禮賢下士，才從鄉間趕赴重慶拜見余玠。

見面後，陽枋針對時弊，直言不諱，期盼余玠言行一致，勿失人心。余玠當即表示：余某竭誠求賢，實爲治國安邦之策，決不葉公好龍，口是心非，棄賢不用。陽枋爲余玠求賢的一片誠心和發自肺腑的話語所感動，遂將自己思慮多年的治蜀之計奉獻出來。余玠見陽枋不凡，隨即委以官職，留府參政謀軍。

陽枋得官的消息不脛而走，許多賢士聞訊，紛紛來投。對於來者，余玠不論其門第、相貌、服飾，一視同仁，熱情接待。凡是良策佳計，給予重獎；是官者，加官晉級；非官者，委以官階；暫時非用之策，也以厚禮酬謝。如此，余玠以禮待賢、惜才如命的美名很快傳揚各地。

一日，余玠待賢的事蹟傳到因不滿朝廷腐敗而長期隱居貴州深山的播州賢士冉璡、冉璞兄弟耳中，兄弟倆精通文韜武略，盛名巴蜀，他們得知余玠力主抗敵、嚴懲貪官、整軍束武、設館招賢的眞情後，決定出山。

余玠素聞冉氏大名，盛情接待。然而，冉氏兄弟住進深宅大院卻久久一言不語。余玠感到奇怪，便設宴招待，以探眞情。席上，余玠表示招待不周之後，接著說：四川是抵擋蒙古精騎的第一道防線、大宋江山的屏障，地位非同一般。臣奉命守蜀，難駕時局，期盼賢士早日賜教守蜀之計、禦敵之策。聞此，冉氏兄弟越感責任重大，但仍未開口。

又過多日，余玠再次接見冉氏兄弟。冉璡內疚地說：因事關重大，我兄弟不敢妄言。時至今日，斗膽相見，略表愚意。他們終於獻出了重要計策：防守巴蜀的關鍵在於遷徙合州城。合州上通嘉陵、涪、渠三江，下達長江，是抵禦蒙古精騎的天然屏障，而合州之東的釣魚台又是防守蜀口的要地，若徙城至此，再委任得力將領，積粟固守，將勝過雄兵十萬，巴蜀不難守矣。聽此高論，余玠大喜，當即表示要奏請朝廷，委以重任。

數年後，冉氏兄弟統率十萬軍民修築了釣魚等十餘城，形成堅固的山城防禦體系。余玠依托這一堅固防線，指揮蜀軍，多次擊敗蒙古軍的進攻，確保邊關十餘年無警，使衰敗的南宋朝廷出現一線生機。

18 擇人任事，曹操千里操勝局

「夫大將受任，必先料人，知其材力之勇怯、藝能之精粗，所使人各當其分，此軍之善政也。」曹操巧妙組合將才，取長補短，在千里之外的戰場取得了最佳的整體效應。

孫權攻下皖城之後，乘勝驅大軍直逼合肥。曹魏守將張遼、李典、樂進由於平時「皆素不睦」，在討論破敵的決策時，意見不一，形勢異常緊張，合肥危在旦夕。關鍵時刻，曹操忽然遣薛悌送來了一個木匣，上面寫著：「賊來乃發」。在木匣的來書中，曹操對合肥的防禦做了具體的安排，指出：「若孫權至，張、李二將軍出戰，樂將軍守城。」由此，引出了三將軍齊心協力守合肥、張遼威震逍遙津的精彩劇幕。

拆開木匣後，張遼堅決執行曹操以攻爲守的指令，表示自己親自出擊，與來敵「決一死戰」，展示了寬闊的胸懷和豪邁的氣概。李典素與張遼不和，對於張遼提出的建議，起初「默然不答」，後爲張遼的行爲所感動，立即表示「願聽指揮」，反映了公而忘私、勇棄前嫌、豪爽直率的性格。樂進是個中間人物，態度模稜兩可，對張、李二人都不敢得罪，並有些怯戰。

由於張遼的模範行為，使三人的隔閡冰消瓦解，危急關頭戮力同心，將不可一世的吳軍打得七零八落，一戰令「江南人人害怕，聞張遼大名，小兒也不敢夜啼」。

在這裡，有兩處強烈襯托出曹操辨才用人的高超藝術。

其一，曹操飽讀兵書，按理說，深知「將在外，君命有所不受」的用兵思想。也就是說，曹操遠在漢中，不必對合肥的作戰安排得如此具體。但曹操是一個統御能力極強的統帥，他不僅了解張遼、李典、樂進平時互有隔閡，而且對這三位將軍的作戰能力和性格修養都瞭如指掌。他預料，大敵當前之際，三將定難形成統一的決策，更無法協同作戰，發揮各自的特長。一只木匣送去，所有問題都迎刃而解。充分體現了曹操因人成事、決勝千里之外的能力。

其二，既然三個將軍平素不和，那麼，曹操為什麼讓他們三人同守合肥呢？後世有個叫孫盛的人對此做過很好的解釋，他認為：

> 夫兵，詭道也。至於合淝之守，懸弱無援，專任勇者，則好戰生患；專任弱者，則懼心難保。且彼眾我寡，眾者必貪惰；我以致命之師，擊貪惰之卒，其勢必勝。

可見，曹操一開始就匠心獨運，巧用張、李、樂三人，利用他們的性格取長補短，甚至有意利用他們的不和，防止一人說話大家附和，貿然決策。危機時刻的一道指令，便促成他們形成一體，組成最佳的指揮、戰守結構。

擇人任勢是將帥重要的組織指揮藝術。《武經總要》上講：「夫大將受任，必先料人，知其材力之勇怯、藝能之精粗，所使人各當其分，此軍之善政也。」將帥不僅要善於擺兵布陣，還應深知部下用兵作戰、爲人處事、性格修養等各方面的特徵。只有這樣，才能根據不同的情況，靈活、恰當地調兵遣將，正確地使用將才。否則，「喬太守亂點鴛鴦譜」的做法，必然導致調遣失度、用兵失利。

人是活的戰鬥力，有很大的可變性。在不同的境地，其能量的發揮差別很大。擇人任勢，可組合最佳的整體效應。統兵作戰，不「擇人」，則不知如何用兵；不「擇人」，則不知將之優劣。知敵之情，方能正確「任勢」，知將之優劣，方知布置之妥當否。因而，擇人任勢是求得全勝的大謀略，是統御藝術不可忽視的問題。

〈縱橫古今〉⑱

知人善任有卓見

譚綸是明代著名將領，「終始兵事垂三十年，積首功二萬一千五百」，他之所以取得如此奇功大勛，按史書記載，是「善用俞（大猷）、戚（繼光）而建大勛」。充分體現了他的將將才能。明嘉靖年間，東南沿海倭患劇烈，明廷特命譚綸為福建巡撫，總督福建軍務。赴任途中，譚綸思慮，要打敗倭寇，關鍵是用將，即「為官者擇人也」，只要因地擇材、因才授事，就無不勝之理。於是，譚綸將馳騁東南沿海抗倭戰場上的名臣宿將逐一分析，量才錄用。

譚綸第一個想到的戰將是戚繼光。戚繼光抗倭數年，屢敗倭寇，顯露出足智多謀、驍勇善戰的特點。所部軍紀嚴明，被譽為「戚家軍」。譚綸深感戚繼光「忠誠懋著，文武兼資，貌雖不愈中人，才則可勝十萬南北將官，號為節制之師」。因此上奏朝廷，薦拔戚繼光為福建總兵。

譚綸想到的另一員戰將是俞大猷。他深知俞大猷自幼喜讀兵書，熟悉兵法，渾厚老成，足智多謀，轉戰江浙閩抗倭戰場，每戰先計，屢摧大敵，所部武藝精熟，軍紀嚴明，號稱「俞家軍」。因此，譚綸急遣信使赴福建，令俞大猷抓緊時間整治營內，疏浚河道，扼守海口，斷敵退路，待機圍殲。

結果，平海衛大戰中，譚綸以俞大猷為右軍，協同中軍戚繼光和左路大軍劉顯配合作戰，大殲倭敵。

人材各有長短。用人如用器，貴在用其長而避其短，巧妙地加以組合。兵戰如此，現代競爭何獨不然?日本的松下幸之助說過:

人才的組合正是人類微妙之處。如果是機器，一加一必定等於二。但是人的組合如果得當的話，一加一往往會變成三甚至五，反之，可能變成零甚至得到負效果。

管理者應該在這個微妙神奇的地方孜孜以求。

19 唯才是舉，孫權重用陸遜

「高者未必賢，下者未必愚」；「莫將家世論人才」。孫權不重資歷、門第，重用陸遜，取得了巨大成功，是用人唯才的一次壯舉。

關羽敗走麥城，被擒遇害。劉備為報結義兄弟之仇，拒絕孫權的求和方案，發誓要消滅東吳，統率七十多萬人馬殺奔過來。

坐守江東的孫權非常驚慌，舉止失常。這時闞澤出班上奏：「現有擎天之柱，如何不用耶？」孫權急問何人。闞澤道：過去東吳的大事全靠周瑜，後來魯肅繼任；魯肅去世後，取決於呂蒙；現在呂蒙雖已過世，還有陸遜在荊州。他雖是一個儒生，但確有雄才大略，且不在周瑜之下。前次大敗關羽，皆得力於陸遜，若能重用，必破蜀軍，「如或有失，臣願與同罪。」

但是，闞澤的力薦遭到了張昭、顧雍、步騭等重臣的反對，認為：「陸遜乃一書生耳，非劉備敵手」；「陸遜年幼望輕，恐諸公不服」；「遜才堪治郡耳，若託以大事，非其宜也」。見此情景，闞澤大呼：「若不用陸伯言，則東吳休矣！臣願以全家保之！」

這時，孫權表示他一向認爲陸遜是奇才，「孤意已決，卿等勿言。」一錘定音。

孫權當即令召陸遜，拜爲大都督。陸遜頗有顧慮地問：「倘文武不服，何如？」孫權取下佩劍說，如有不聽號令者，「先斬後奏」。接著，孫權叫人連夜趕築高台，大會百官，請陸遜登台，正式任命他爲大都督，右護軍鎮西將軍，加封爲婁侯，授予他寶劍、印信，命令他統領六郡八十一州加上荆楚各路軍馬，並囑託：國內的事，我負責；外面的事，由你來管。

結果，陸遜不負重託，不僅阻擋了劉備的攻勢，而且火燒劉備七百里大營，使得劉備從此一蹶不振。

陸遜是位沒沒無聞的讀書人、白白淨淨的美男子，在這個年輕人身上，見不到任何特殊的英雄氣概。然而，闞澤卻能以身家性命保舉陸遜，他了解陸遜確有傑出的才智與謀略，且不在周瑜等人之下，雖然還是一個無名小輩，但是堪爲擎天大柱。這種唯才是舉的精神，實在值得人們欽佩。不過，這裡更令人拍案叫好的是孫權重用人才的舉動。

孫權曾將年輕有爲的周瑜倚爲股肱，又「納魯肅於凡品」；「拔呂蒙於行陣」。現在，又破格任用「年幼望輕」的陸遜，充分體現了孫權用人不重資歷、只重才智的氣魄。此次選用統帥，幾乎關係著孫吳的存亡，所以，對於東吳上下來說，這是極其重要的一步棋。當陸遜這位既無名望又無資歷的小將被推舉出來後，無怪張昭等重臣衆口一詞，一致反對。

然而，孫權認定陸遜是一難得的將才，幾乎未有絲毫猶豫，當機立斷，力排衆議，對這個文弱書生晉官封爵，不僅讓他統帥東吳六郡八十一州的諸路軍馬，而且還賜予寶劍，先斬後奏，以調遣他的前輩們。這確是用人惟才的一次壯舉。

古人曾經指出：「資格爲用人之害。」資格、名望等軟刀子，不知虐殺了古往今來多少有用之才。「以年勞而得第，因媒勢而出身」，即用人上只看資歷、只看過去的勞績、倚仗特權晉官升爵的現象，在我國古代是一種代代相傳的濾過性病毒。但是，身爲封建君王的孫權，卻能摒除相沿千年的陳腐觀念，不重資歷，不看外表，充分顯示了孫權的超人見識與果敢氣魄。

〈縱橫古今〉⑲

破格擢良才

宋代著名文學家范仲淹不僅因寫有「先天下之憂而憂，後天下之樂而樂」的名言爲後人崇敬，而且深知兵略，治軍有道，多謀善斷，唯才是舉，爲兵家所佩服。

宋仁宗年間，范仲淹出任經略使，鎮守西北邊地慶州。此地與西夏鄰近，經常遭到西夏軍襲擾，由於缺乏良將，外患始終難以消除。面對此種局面，范仲淹甚爲擔憂，常常茶飯不香，睡眠不安。

一天，部將尹洙求見，進門見經略使悶悶不樂，便說：「良將來也，良將來也！」范仲淹先是驚喜，後見別無他人，便疑惑地問：「尹君何出此言？」尹洙說，轄縣保安有位軍士叫狄青，精於騎射，勇猛過人，曾多次主動率兵退敵，豈非良將之材？聞此，范仲淹迫不及待地詢問起狄青的詳情。

狄青本是京城禁軍中的一名普通士兵，因力大膽壯、武藝高強，被提爲小軍官。自隨軍到保安後，見西夏軍騷擾頻繁，就主動要求擔任前鋒出戰。每次上陣，狄青散髮披肩，面戴銅具，扮成凶神模樣，馳突敵陣，使西夏軍畏懼喪膽。

范仲淹立即派人召見狄青，見他確是勇將之材，欣喜異常，當即命其在身邊輔佐統兵，並許以上報朝廷任爲副將。狄青推辭說：願爲主公效力，但我出身低微，不敢擔此重任。范仲淹堅定地回答：現在正是要你出力之時，不必推辭！

西夏軍聞知狄青得到重用，再也不敢輕易出兵慶州。後來，狄青因戰功升爲掌握全國軍事大權的樞密使。

不論是一個社會、一個政權，還是一支軍隊、一個組織，用人唯才，就會消除僵化和凝固，就會充滿朝氣勃勃的生命力，就會不斷地走向成功。孫權重用陸遜的範例，再次揭示了這個道理。

20 無端猜忌，諸葛亮功敗垂成

疑人不用，用人不疑。歷代兵家都主張「將能而君不御」，然而後主劉禪卻犯了兵家大忌，聽信讒言，無端猜忌，斷送了諸葛亮北伐作戰的大好時機。

諸葛亮在第四次兵出祁山的戰鬥中，經過與司馬懿一番鬥智鬥法，贏得了戰場上的主動權。然而恰在此時，司馬懿用了一個「反間計」，使不明事理的劉禪遣使賚詔，星夜宣諸葛亮回蜀，喪失了北伐作戰的大好時機。

當諸葛亮在祁山前線連勝魏軍時，永安城的李嚴派都尉苟安解送糧草。這位都尉嗜酒成性，延誤了運糧期限，被諸葛亮重杖八十棍。苟安被責，懷恨在心，連夜引親隨五、六騎，逕奔魏軍投降。

正因連敗而苦惱的司馬懿見苟安來投，心中大喜，眉頭一皺，頓生一計。他讓苟安回到成都，大肆散布謠言，說「孔明自倚大功，早晚必將篡國」。宦官聞知大驚，迅即入奏內帝，無知的劉禪後主聽信了他們的讒言，立即召諸葛亮回師。

諸葛亮接到詔書後，不禁仰天長嘆：「主上年幼，必有佞臣在側！吾正欲建功，何故取回？我如不回，是欺主矣。若奉命而退，日後再難得此機會也。」諸葛亮深知這一回師意味著什麼，但他是一位封建社會中的忠良之臣，最後還是忍痛撤軍。

諸葛亮的第四次兵出祁山，可謂功敗垂成，其關鍵就在於後主劉禪的無端猜忌。這個事件從反面揭示了「將在外，君不疑者勝」這樣一個用兵、用人的法則，說明了將帥與君主之間的合作關係。

作爲君主，應當充分信任統兵在外的將領，不能亂加干涉。《孫子兵法・謀攻篇》中五種知勝之道的一種，便是「將能而君不御者勝」。爲了取得戰爭全勝，孫武認爲有兩個必備的重要條件：一是明君，一是賢將。他指出了君主在軍事上瞎指揮的三種表現，其中之一就是：不知三軍之不可以退，而謂之退，是謂縻軍。

作爲君主，應該特別注意與將帥在思想上協調一致，應該信任、配合、支持在外指揮作戰的將領，不能亂加干涉、掣肘、猜忌，這一點極爲重要。

《資治通鑑・周紀》曾提醒世人，如果用人多疑，則「上不信下，下不信上，上下離心，以至於敗」。但是，要做到信人並不容易，尤其是對於那些昏庸的君主，在不明眞相的情況下，極易輕信來自各方的流言蜚語，特別是妒能者的誣諂進讒和忌恨者的謠言蠱惑，以致懷疑賢能、毀滅賢能，此種悲劇古今擢髮難數。像諸葛亮這種爲劉蜀政權「鞠躬盡瘁，死而後已」的忠良之臣，本不應受到任何的猜忌，但是，劉禪卻無端聽信讒言，犯下了令人痛心的錯誤。

在同樣的問題上，先主劉備卻比這位後主強過百倍。長坂坡前，趙雲因在混戰中丟了劉備家小，便返身殺回敵陣尋找。糜芳不知其情，告訴劉備說趙雲投了曹操，張飛也幫腔說趙雲反投曹操，以圖富貴。但劉備不爲其言所動，堅信「子龍此去，必有事故。吾料子龍必不棄我也」。

還有一事，劉備伐吳時，有人向他報告：「老將黃忠引五六人投東吳去了。」劉備聽後笑著說：「黃漢升非反叛之人也。」這些都是多麼可貴的信任，如此一來，將帥們焉有不盡心盡力之理！選人要明，既用則信，敢於授權，放手使用，是調動將帥積極性、充分發揮其才能、並取得重大勝利的重要因素。

〈縱橫古今〉⑳

陣前殺將

在戰爭史上，由於君主對前方將帥疑心，而箝制軍隊的作戰行動，導致己方失敗的事例屢見不鮮。

南宋時期，岳飛在郾城、朱仙鎮大破金兵，正欲乘勝驅兵「直搗黃龍府」，卻因內奸秦檜作祟，宋高宗連下十二道金牌調岳飛回師，結果，岳飛率領將士們浴血奮戰換來的抗金成果全部付諸東流，白白地失去了進兵的大好時機。

無怪岳飛回朝路經南陽臥龍崗時，徹夜難寐，揮淚疾書諸葛亮的前、後〈出師表〉，以表達自己與諸葛亮心心相印、息息相通的忠君思想，以及相同境遇下壯志難酬的悲憤心情。

由此可見，帝王賢明與否，對將帥的作戰成效具有重要的作用。君主只有信任將帥，授予全權，才能充分發揮將帥的聰明智慧；否則，猜忌過重，只會束縛將帥的行動，導致戰爭的失敗。

歷史的教訓深刻而有價值，我們應該從中領悟哪些道理呢？

參 統御篇

■篇題要□

古人云：「得人心者王。」人心的向背，是能否成功的關鍵，統御術正是一種不以力而制御人的謀略藝術，古今中外的政治家、戰略家、謀略家，以及各種不同層次的領導者、管理者，無不致力於此。老子曰：「治大國若烹小鮮。」治國如此，治軍、治人無不如此。統御需要智謀，需要手段，《太白陰經》道出了其中的真諦：「激人之心，勵人之氣。發號施令，使之樂聞；興師動衆，使人樂戰；交兵接刃，使人樂死；其在以戰勵戰，以賞勵賞，以士勵士。」三國將帥將在此篇展示統御藝術的典範。

21 焚書免究，曹操忘短貴長

凡是大有作爲、成就事業的人，必有大的度量、大的氣魄、大的胸懷。曹操「焚書」，用人不計舊仇，貴長忘短，成爲千古佳話。

官渡之戰，曹操大敗袁紹，曹軍在清理戰場時，從袁紹丟棄的圖書、車仗、金帛中，翻找檢出書信一束，皆是曹營中人暗地與袁紹相通或投降的書信。

當時，曹操左右的人都建議嚴厲追查這件事，逐一點對姓名，凡是寫了黑信的人都抓起來殺掉。然而，曹操卻不以爲然，他說：「當袁紹極爲強大的時候，連我也不能自保，何況別人呢！」於是，下令將這些密信付之一炬，一概不予追究。從而穩定了軍心。

曹操此時能夠如此冷靜，並命令將證據全部銷毀，他個人不再過問，也從此不許任何人過問，這是何等的寬容大度。這一舉動，出現在一千七百九十多年前的這位政治家身上，實令人敬佩之至。

曹操具有遠大的政治目光。他深知，官渡之戰雖然取得了重大勝利，但是，袁紹還占據著冀、幽、青、幷四大州的大片土地，要平定河北、統一北方，必須在人力、物力上做出更充分的準備。同時，曹操正面的袁紹，背後和側後的劉表、劉備，江東的孫權，都在待機而動。在此急需用人的時刻，只有從大局出發，變消極因素爲積極因素，加強內部團結，才能取得進一步的勝利。此外，在當時特殊的情況下，與袁紹暗中私通的並不只一人，而是有一批人。試想，如果曹操對此事嚴加追究，牽涉面必然很廣，並造成人才的大量流失，使曹操陷於不利的境地。

與此相反，曹操對這些重要信件連看都不看一眼，便全部燒毀，不僅安定了人心，防止了人才損失，而且使那曾經寫信的人心中一塊懸石落地，不再背政治歷史包袱，並勢必加倍佩服曹操的威德，全心全意跟著曹操打天下。這樣，被免去追查的人所激發出來的新能量，一定要比原來強大得多。這等於無形增長了曹操自身的力量。並且，自古燕趙多智士，曹操燒盡書信，定會贏得一個禮賢下士、寬容大度的美名，引起河北等地人才嚮往，其潛在的長遠意義不可估量。

在《三國演義》中，描寫曹操在用人上忘短貴長的例子還有數處。例如，在宛城之戰中，張繡率軍殺死了曹操的長子曹昂、侄子曹安民和大將典韋，曹操自己的右臂也在亂軍中被流矢所傷。後來，張繡聽從賈詡的勸告投靠了曹操，受到曹操的盛情歡迎。曹操不僅沒有報殺子之仇，而且還同張繡結成兒女親家，並拜爲揚武將軍。張繡對此感激不盡，他在後來的作戰中，爲曹操統一北方立下了汗馬功勞。

任何統帥都應該具備政治家的眼光和器量。曹操在某些方面比較殘暴，卻在使用人才方面始終表現出政治家的風範；儘管曹操多疑好疑，但是用人從不計較舊仇。曹操在對待人才的問題上，表現出來的是胸懷，是器量，他的舉動絲毫沒有兩面派的痕跡，沒有秋後算帳、待「狡兔死」再「獵犬烹」的企圖。這確實值得後人稱道。

〈縱橫古今〉㉑

政治家的度量

漢光武帝劉秀在攻克邯鄲、平定王朗之亂後，也曾繳獲郡縣吏民同王朗往來文書「數千章」，劉秀不屑一顧，讓屬下全部燒毀，說：「令反側於自安。」結果人心即刻安定下來。

現代社會尤其需要責長忘短、用人不疑的政治家氣魄。據《尼克森回憶錄》載，季辛吉原本是洛克菲勒的密友，在洛克菲勒與尼克森兩次競爭共和黨總統候選人提名的角逐中，季辛吉都是全力支持洛克菲勒，公開反對尼克森的。

可是，尼克森當選總統之後，不計前嫌，仍然委以重任，聘用季辛吉爲權勢炙手的國家安全顧問，成爲尼克森外交決策的高級智囊。

一個軍事指揮者如果心胸狹窄、鼠目寸光，爲了區區小事，不能容人；發現部下有違背或與自己不一致的地方，便揪著小辮不放，使出整人的權術，這種鷄腸小肚之徒的行爲，是絕不能成大事的。

在競爭日益激烈的今天，經營管理者都不應該忘記歷史給予我們的啓示。美國著名的現代管理學家杜拉克在論述成功的管理者應該如何用人時曾指出：「若要所用的人沒有短處，其結果，至多只是一個平平凡凡的組織者。所謂『樣樣都是』，必然一無是處。才幹越高的人，其缺點也往往越突出。有高峰必有深谷，誰也不可能十項全能。」「一位經營管理者如果僅能見人之短而非著眼於展其長，則這樣的經營者本身就是一位弱者。」

22 嚴於律己，曹操割髮自刑

「朕躬有罪，無以萬方；萬方有罪，罪在朕躬。」身爲統帥，不能不表現出自律的精神——自律而後律人。曹操割髮代首，雖是象徵性治罪，仍不失爲從嚴治軍的有力舉措。

曹操大敗袁術，攻下壽春城之後，正在商議進兵追趕，忽報張繡連結劉表，屯兵宛城，欲侵犯許都。曹操掉轉馬頭，又興兵討伐張繡。

軍行途中，只見春麥已熟，百姓因見兵來，都逃離家園，躲避兵災，不敢割麥。爲此，曹操下了一道手諭：

吾奉天子明詔，出兵討逆，與民除害。方今麥熟之時，不得已而起兵，大小將校，凡過麥田，但有踐踏者，並皆斬首。軍法甚嚴，爾民勿得驚疑。

百姓聽到消息，無不歡天喜地，紛紛回來收割麥子。官兵們來到麥田，果然個個下馬，以手扶麥而過，無人膽敢踐踏。曹操正乘馬而行，田中忽然驚起一隻鳩鳥，坐騎受驚，迅速竄入了麥田，踐壞了一大片。曹操立即叫來行軍主簿，要他擬定自己踐麥之罪。主簿為難地說：怎麼可以對丞相治罪？曹操卻說：「吾自制法，吾自犯之，何以服衆？」當即抽出所佩之劍便要自刎。衆將急忙救住。

謀士郭嘉引經據典地為曹操開脫，他說：「古者《春秋》之義：法不加於尊。丞相總統大軍，豈可自戕？」曹操沉吟良久，自我解脫地說：「既《春秋》有『法不加於尊』之義，吾姑免死。」他又拿起劍割下自己的一束頭髮，擲於地上說：「割髮權代首。」並讓手下將頭髮傳示三軍：「丞相踐麥，本當斬首號令，今割髮以代。」

於是，三軍無不悚然，個個遵守軍令。

大凡古人用兵，兵馬未動，糧秣先行。兵員來自百姓，養兵的糧食同樣來自百姓。軍隊能否生存，有無戰鬥力，主要取決於民心的向背。曹操深明此理，下令官兵過麥田，一律下馬扶麥而行，踐踏麥穀者斬首！官兵們戰戰兢兢，無一違令。

可是，事出不巧，曹操自己卻因馬驚而踏壞了麥田，該怎麼辦？自己制定的軍令自己首先破壞，非但失信於百姓，而且影響統帥在全軍中的威信，影響全軍上下的集中統一。雖說曹操的這一過錯可以用「法不加於尊」的古代刑律來解脫，但是，畢竟已經在將士心中留下了一個問號，所以，曹操必須以事實來抹去這個問號。

曹操堅持給自己治罪正是出於這種考慮。然而，罪必須治，命卻不可丟，曹操精於統御權術，他在頃刻間便發明了「借髮代首」這麼一個象徵性手法。曹操身為丞相、三軍統領，不能不表現出一點自律精神——自律而後律人。所以，雖說是象徵性的治罪，但對從嚴治軍仍不失為一個明智、有說服力的舉措。

曹操的這一權術，對部下歸心起了極大的作用，一是認為曹操以身作則、嚴守軍法；二是知道不能違抗命令。這大大提高了部隊的戰鬥力。

曹操的「借髮代首」純屬一種權謀，但是，從現象上看並沒有什麼不可告人的地方。在特殊情況、特殊環境中，恰當地使用此術，以獲得將士之心、百姓之情，提高部隊的紀律性與戰鬥力，未嘗不是積極有效的舉動。

沒有紀律的軍隊，是不堪一擊的。但是，軍隊的紀律並非只靠嚴刑酷法來實現。將帥本人嚴守軍法、嚴於律己，往往能夠得到更好的治軍效果。古往今來的軍事家無不重視它的作用。古代軍事家講，重罰對上，重賞對下，統帥對自己施之以法，必能嚴肅軍紀，使廣大將士認識在軍紀面前無尊卑，從而增強遵守約束的自覺性。

〈縱橫古今〉㉒

將士一體

清朝初年，鄭成功手下的都督甘輝率部進駐福建湄州島。一天，監營何茂探知有一個士兵抓去了一位老婦人的鷄，他立即向甘輝報告。甘輝聽後，下令迅速追查此事，結果查明是一名炊事兵幹的。他當即命令將違紀者處斬，並對該部所屬軍官各綑責四十軍棍，以嚴肅軍紀。

處死抓鷄的士兵後，甘輝心中難以平靜。鄭成功曾說：「爲將不能束兵，所司何事？」所以甘輝認爲士兵違紀擾民，根本原因在於將領統馭失律，故該連罪自己。他立即召集諸將，要大家爲其議罪，並提出處罰意見。

最初諸將都認爲僅此一隻鷄的小事，沒有必要連罪都督。但是甘輝態度十分堅決，衆將領由衷敬佩，一致認爲：都督如此嚴以責己，眞乃全軍的楷模。

甘輝受棍責的那天，將士聚集校場，氣氛嚴肅。他首先反省自己統馭失律的責任，而後當衆脫衣伏地，令行刑手舉棍重打。行刑手陳勝不忍下手，輕起輕落，遭到了甘輝的厲聲喝斥。陳勝無奈，便緊閉雙眼，下狠心重打二十軍棍。此時，全場數萬將士鴉雀無聲，打在甘輝的身上，疼在衆將士的心上。不少將士失聲慟哭，有過錯的將士都默默深省。

從此，甘輝師行所到無犯，深受百姓的擁戴。甘輝自責，成爲佳話流傳。

23 賞不逾時，曹操厚賞諫者

「軍無財，士不來；軍無賞，士不往。」賞虛設，則勞臣怨；賞無度，雖費財而無恩。曹操從大局出發，虛懷若谷，厚賞上諫將領，治軍卓有成效，是行賞治軍的典範。

曹操打敗袁紹之後，準備北伐烏桓和遼東。當召集衆將決策之時，有些將領提出，孤軍深入，作戰不利，反對這一次進兵。但是，曹操沒有採納反對意見。北伐途中，曹軍經歷了極大的困難。先因道路有敵軍長守，加之陰雨連綿，道路泥濘難行，不得不改道另行，鑿山填谷；接著，又因斷絕水源、糧食，不得不殺掉數千匹戰馬充飢。每到一處，都歷盡了艱險。當到了距烏桓軍駐地還有二百餘里的地方時，曹軍與敵軍主力突然遭遇，情形十分危急。曹操親自到陣前指揮督戰，才化險爲夷，一戰獲勝。

曹軍凱旋歸來後，在慶功大會上，曹操問衆將：出發前有哪些人勸我不要北伐？當時，曾勸諫過曹操不要出征的那些將領十分恐懼，紛紛跪下請罪。曹操哈哈大笑，非但沒有治罪各將，反而每人賜以重賞。曹操說：這次北伐，我軍差一點全軍覆沒，僥倖取勝的冒險行為只偶一為之。其實，當初你們的意見是正確的。曹操行賞有此獨見，受賞者無不感嘆，旁觀者無不信服。從此，部下獻計獻策的積極性更高了。

曹操是一位非常強調論功行賞的將帥，他帶兵出戰，每次攻破敵方的城池，都把掠獲來的貴重財物，全部拿來賞給有功的將士。而對沒有功勞的將士，從不濫加獎賞。所以，每次作戰，將士們都奮勇爭先，建立奇功。

獎勵戰功，是歷代兵家非常重視的治軍手段，獎勵大概分為物質獎、榮譽獎和官爵獎等類型，其目的都是為了安慰將士，激勵鬥志，激發士氣，提高部隊的作戰情緒和戰鬥力量。

但是，不論實行哪一種獎賞，只有做得適時、適地，恰如其分，名副其實，才能達到最終目的。否則，賞之過濫，賞之過實，甚至無功受祿，無勞受賞，那麼，獎賞這一方式便偏離了正常的軌道，違背了初衷，不僅得不到應有效果，反而會助長不正的軍風，成為一種瓦解部隊士氣、消蝕軍隊戰鬥力的腐蝕劑。正所謂「賞虛設，則勞臣怨；賞無度，雖費財而無恩」。

賞以懋庸，名以彰行。賞乖其庸，則忠實之效廢；名浮於行，則濆冒之弊興；一足以撓國權，一足以亂風俗。授受之際，豈容易哉！

以上是古人對獎賞所作的評價。意思是說，獎賞是用來勉勵立功者的，榮譽是用以表揚好行爲的。獎賞與功績不相當，就喪失了激發忠勇將士奮力報效國家的作用；榮譽與行爲不相稱，就會發生失職冒功的弊病；一則削弱國家的威信，一則敗壞社會風氣。因此，恰當地實施獎賞，可不是容易的事！

有人認爲，欲成大事者，必先學會賞罰之道。確有其道理！要使人效力，就必須讓他有內在的動力。古代名家大將們大都精通此道。

〈縱橫古今〉㉓

賞罰的藝術

唐代吐蕃松贊干布是我國古代藏族一位傑出的軍事家，他在建軍、治軍以及戰略戰術等方面，均有不少創建。

松贊干布治軍的一條重要原則，就是「英勇善戰者受到鼓勵」，從而極大地調動了戰士作戰的積極性，勇武爲榮的風尙得到進一步發揚。他在軍事建制中，每部均設有判官一人，專門記錄將士的功過，並直接向中央彙報，贊普以此作爲對將士獎勵和處分的依據。

松贊干布本人對士卒更是厚加優撫，不吝賞賜。所以，當時的吐蕃人皆以英勇戰死而大感榮幸，如果幾代都爲國事殉職，便可列爲「早門」，受到王朝的特別優待。反之，如果戰士在戰場上怯懦畏縮，則「垂狐尾於首示辱，不得列於人」。

可見，松贊干布是一個深諳賞罰之道的統帥，獎賞有術，王朝上下無人不受其影響。

人往高處走，水往低處流。追求物質獎勵和榮譽鼓勵是每一位將士的普遍心理。

24 樹立威信，諸葛亮重視授權

「夫兵權者，三軍之司令，主權之威勢。」「若將失權，不操其權，亦如魚龍脫於江湖，欲求游洋之勢，奔濤戲浪，何可得也。」諸葛亮言而必行，初次用兵即重視授權。

諸葛亮受劉備「三顧」之恩，出山擔任了劉備的軍師。諸葛亮初出茅廬，博望坡一戰首次用兵。諸葛亮料定關羽和張飛等大將會對自己不信任，所以，當劉備請他商議作戰事宜的時候，便直截了當地提出：「恐關、張二人不肯聽吾號令，主公若欲亮行兵，乞假劍印。」

劉備理解諸葛亮初來的顧慮，便將劍印交付給他。諸葛亮得到劍印之後，立即聚集衆將，行使調兵遣將的大權。首先，他強調：「各須依計而行，勿使有失。」關羽、張飛卻在下面你一言我一語地冷嘲熱諷，此時，諸葛亮亮出了劍印：「劍印在此，違令者斬！」

當遣派諸將已畢，關、張二人冷笑而去，他們極不相信諸葛亮的才能，但是，有劍印在手，他們不得不聽從諸葛亮的調遣。

其時，曹操差遣夏侯惇率領十萬人馬殺奔新野，劉備只有數千人馬，要與曹操十萬大軍對陣，無異鷄蛋碰石頭，諸葛亮卻指揮這數千人打敗了曹軍。劉備大軍處於劣勢，靠什麼去取勝呢？對於諸葛亮來說，除諳熟謀略、依實行兵外，還有知己知彼的情報，敢於求勝的信心，更重要的是有著「主人」對自己的信任。劉備對他完全信賴，但是，關羽和張飛卻極不信服，於是，諸葛亮向劉備要了劍印，以此來調動全軍。

劍印，是劉備授權給諸葛亮的標誌。諸葛亮要得到劍印這一著很重要，他初出茅廬，缺少劍印，號令沒有人聽，指揮就會失去實效。他知道關、張二人對他存有偏見，曾發牢騷說：「孔明年幼，有甚才學？兄長待之太過！又未見他眞實效驗！」所以，諸葛亮是否眞有才幹，那要讓事實來證明。

但是，諸葛亮才幹再高，若無劍印作爲保證，也難以顯示出來。關、張二人習慣於只聽「大哥」的話，假如劉備不授權，諸葛亮是很難調動他們的。最後，關、張雖心存不服，無奈而去，他們畢竟還是聽從了諸葛亮的調遣。博望坡一戰大捷，使年輕的軍師威信大增，一直不服氣的關羽、張飛心悅誠服地讚嘆：「孔明眞英傑也！」

周瑜在東吳也有類似情況。孫權在決計同曹操交戰以後，拔出佩劍砍下面前奏案一角說：「諸官將有再言降操者，與此案同！」說完即將此劍賜予了大都督周瑜，並說：「如文武官將有不聽號令者，即以此劍誅之。」

陸遜受任大都督、統帥六郡八十一州諸路軍馬抗拒劉備時，擔心文武衆官不服，孫權同樣是取下佩劍，授予先斬後奏的指揮大權。這種統軍方法的相似性，說明了一個道理：軍權是將帥統御、指揮部衆不可缺少的武器。

授劍並不能表明授權的具體內容，但是，它卻能使掌劍者的命令具有威嚴和法規的性能。諸葛亮曾說過：「夫兵權者，乃三軍之司令，主將之威勢。」掌握軍權，而能在全軍運用自如，是確立將帥威信的關鍵。將帥只有掌握威嚴的權力，才能統帥部下官兵。否則，就會像脫離江水的魚一樣，雖想游入江中之心，奈何力不從心。

身為將帥，必須時刻處在決策和指揮的頂端位置，才能積極主動地行使自己的職權，保證部隊行動的迅速和協調，取得戰爭的主動和優勢。

〈縱橫古今〉㉔

寶劍與權威

在元朝統一中國期間，大將張弘範的重視授權也給了我們同樣的啓示。

當元兵推進到揚州的時候，元朝漢將張弘範在此地選調了兩萬名蒙古軍和漢軍，準備水、陸並進，追擊逃向閩、廣的南宋餘部。張弘範統軍作戰近二十年，馳騁沙場，屢立戰功，可謂「常勝將軍」。究其取勝之道，主要是軍紀森嚴，不徇私情，使將士們始終保持高昂鬥志。

這次出師，張弘範被任命爲蒙古漢軍都元帥，與以往出戰不同的是，還要指揮數千名蒙古軍。他在領受任務時就考慮到：以前率軍征戰，部下都是漢人，且一起奮戰多年，故能將士齊心，號令統一；這次有蒙古軍參戰，他們性烈氣傲，運動迅速，作爲一名漢將，怎樣使其與漢軍一樣聽從指揮呢？他思慮再三後，決定親赴皇宮，求見忽必烈。

張弘範稟報了作戰的準備情況後，便面帶難色地奏道：以往，無漢人統領蒙古軍之先例，臣是漢人，現奉命節度諸軍，恐難勝任，乞請皇上任命蒙古信臣爲主帥。忽必烈聽到此言，明白張弘範的心思，便勸其大膽統軍，並面賜錦衣、玉帶，以示鼓勵。

但張弘範推辭說：謝皇上厚恩！恕我直言，今臣奉命遠征，錦衣、玉帶隨我何用？若陛下賜我劍甲，則臣可仗此威儀，管束那些不聽命的將士。忽必烈聽後十分讚賞，當即從武庫取出尙方寶劍授予張弘範，說：此劍就作爲你的副帥，有不從命者，以此便宜處之。

張弘範受命後日夜兼程趕回揚州，召集蒙、漢將領，宣布忽必烈的命令，並提出幾條具體要求。諸將紛紛表示願聽號令，幾個原本傲慢的蒙古將領，此時也起身作揖，服從調遣。於是，張弘範當即下令按部署分頭率師出發。

由於權威得到了保證，這支數萬人馬的蒙漢部隊始終能保持行動上的高度一致，爲元王朝統一全國立下了汗馬功勞。

25 威之以法，諸葛亮審勢治蜀

「寬猛相濟，政是以和。」諸葛亮審時度勢，因時因地借鑑前人的統御經驗，以法治蜀，以嚴濟寬，以猛糾弛，成效卓著。正所謂「不審勢即寬嚴皆誤，後來治蜀要深思」。

劉備奪取益州後，重賞各文官武將，一一加官定爵，然後，大餉軍士，賑濟百姓，蜀中「軍民大悅」。

爲了實現西川的長治久安，劉備委託諸葛亮擬定「治國條例」。在如何治蜀的問題上，諸葛亮與法正卻產生了分歧。諸葛亮堅持以法治蜀，在擬定的治國條例中「刑法頗重」。對此，法正諫道：過去漢高祖約法三章，百姓感恩戴德，希望軍師「寬刑省法，以慰民望」。

然而諸葛亮並未因此而寬刑省法，他對法正說：你只知其一，不知其二：秦朝的刑罰暴虐，萬民痛恨，所以漢高祖採用寬大政策；如今劉璋昏闇軟弱，「德政不舉，威刑不肅」，君臣關係逐漸破壞。用高官表示寵愛，官高到了極限，就會變得殘忍；用恩德表示寵愛，一旦恩德不繼，就會過河拆橋。弊端百出的原因，正在於此。「吾今威之以法，法行則知恩；限之以爵，爵加則知榮；恩榮並濟，上下有節。爲治之道，於斯著矣。」

諸葛亮對漢高祖的治國經驗和當時西川的現狀作了精闢的分析，法正聽後心服口服。諸葛亮堅持以嚴濟寬，以猛糾弛，有條不紊地治理西川。從此軍民相安無事，四十一州地區，皆分兵鎮撫，十分安定。慘遭戰爭破壞的西川，在社會秩序安定下來之後，生產得到迅速恢復和發展。

諸葛亮與法正對治蜀方針的兩種見解爲我們提供了啓示，無論是制定軍事方針和策略，還是制定治國安邦的政治方針和策略，都必須從實際出發。即使有成功的歷史經驗可以借鑑，如果不依據現狀而照例套用，也必定是要碰壁的。

法正只知其一，未知其二，他只看到歷史經驗的一面，而沒有研究客觀現實的需求，結果提出了一個削足適履的主張。歷史上有許多法正式的軍事家和政治家，習慣於從歷史經驗中尋求借鑑，按照以往的成功之路去走，這本是無可非議的，但他們忽略了一點，即隨著時間的推移、客觀環境的改變，對歷史的借鑑也應據情變通。

古人云，時移則勢異，勢異則情變，情變則法不同。漢高祖治國寬仁，是因爲吸取了秦朝刑苛法嚴導致覆亡的教訓；而西川在劉璋的長期治理下，「德政不舉，威刑不肅」，政權上下鬆懈無度，積弊叢生；針對這樣一種情況，單純強調漢高祖的寬大政策將無法取得理想的治理效果，必須以法治蜀，做到以嚴濟寬、以猛糾弛。諸葛亮的這一思想是最符合蜀地現狀的治理方案。事實證明，以法治蜀是成功的。清代代理四川鹽茶使趙藩敬在光緒二十八年（公元一九〇二年）冬遊成都武侯祠時，曾寫下了一副著名的對聯：

能攻心則反側自消，從古知兵非好戰；
不審勢即寬嚴皆誤，後來治蜀要深思。

這副對聯是對諸葛亮入川後平定西南和治理益州的經驗總結，其下聯所概括的諸葛亮決定治蜀大計的事蹟，對後人啓示頗深。一個國家，一支軍隊，乃至社會團體，無不勵精才能圖治。但是，統御屬衆，過嚴過寬都不好。孔子曾說過：

善哉！政寬則民慢，慢則糾之以猛。猛則民殘，殘則施之以寬。寬以濟猛，猛以濟寬，政是以和。

政策寬大，人民就會輕慢，糾正輕慢要改用嚴厲政策；嚴厲政策難免要殺人，殺了許多人以後，可以再施行寬大。這樣寬猛相濟的政策才是最適當的。諸葛亮正是靈活運用了這一寬猛相濟的統御謀略。

〈縱橫古今〉㉕

嚴法不足以止盜

歷史上，唐太宗李世民也是一位活用這種統御謀略的賢明君主。

隋末以來，天下大亂，戰爭頻繁，盜賊橫行。李世民即位後，社會仍不安定。他召集百官商議防止盜賊的辦法，一部分大臣主張嚴厲打擊。李世民問：秦始皇與漢高祖，誰的法更嚴一些？大臣回答：秦始皇的法嚴。李世民又問：誰的天下更安定呢？大臣答道：漢朝更安定。李世民反詰：不是說嚴刑酷法可以防止盜賊嗎？爲什麼秦始皇法嚴反而盜賊多呢？大臣們回答不出。

李世民說：百姓淪爲盜賊，並非法律太寬，而是因爲賦稅繁雜，徭役過重，官吏貪贓枉法。百姓飢寒交迫，無暇顧及廉恥，因此才被迫偷盜搶掠。所以，要防止盜賊，關鍵在於減輕賦稅，少勞民力，選用廉潔官吏，使百姓衣食豐足。這樣，盜賊自然就會減少。

唐太宗實施此法後數年，果然盜賊大爲減少。

唐太宗與諸葛亮一樣，也是通過對現實的考察，審時度勢，正確地借鑑前人的歷史經驗。雖然在寬與猛的側重點上有所不同，但是，目標和手段卻是一致的，都把握了統御謀略的關鍵。治理一個國家、一個地區如此，治理軍隊、指揮打仗更應如此。

26 身先士卒，甘寧百騎劫曹營

軍憑士氣虎憑威。士氣是軍隊戰勝敵人的重要精神因素，軍隊士氣高昂，將士勇猛奮戰，常能獲得以少勝多、以弱制強的奇效。甘寧率百騎勇劫曹營是戰爭史上成功「勵士」的典範。

張遼威震逍遙津後，曹操利用這一時機，親率四十萬大軍從漢中迅速回師，直向孫權屯兵的濡須口殺去。

這時，孫權聚文武商議。血氣方剛的甘寧因和淩統一爭高低，要求只帶百騎，夜襲曹營，挫其銳氣，並賭咒發誓說：「若折一人一騎，也不算功。」孫權答應了他的請求，爲壯行色，將自己帳下的一百精銳馬兵撥給甘寧，並賞酒賜肉。

當百名士卒得知要去襲擊曹操的四十萬大軍營寨，一個個面面相覷，面有難色。甘寧見狀，拍案而起，拔劍在手，怒叱道：「我爲上將，且不惜命，汝等何得遲疑！」衆軍士聽了甘寧這番激昂豪壯的話語，既感動又振奮，皆起拜曰：「願效死力！」

於是，甘寧和眾人把酒肉飲盡吃光。到了深夜，甘寧帶領百人飛馬衝出，大喊一聲，率先殺入敵營，直搗曹操所居的中軍。在甘寧的帶動下，一百鐵騎在曹營內縱橫馳騁，殺得曹兵驚慌失措，自相擾亂，無人敢擋。最後，甘寧果然不折一人一騎，凱旋而還。

俗話說，強將手下無弱兵。甘寧的勵士之法，是靠自己的身先士卒，以自己的無畏氣概來激勵部下的士氣。諸葛亮在《將苑・厲士》中指出：

> 夫用兵之道，尊之以爵，贍之以財，則士無不至矣；接之以禮，厲之以信，則士無不死矣；畜恩不倦，法若畫一，則士無不服矣；先之以身，後之以人，則士無不勇；小善必錄，小功必賞，則士無不勸矣。

這段話的意思是說：治軍的方法，以爵位來尊崇他，以錢財贍養他，士卒就會源源而來；以禮相待，以誠信相勉，士卒就會無不以死相報；不斷施之以恩惠，法令嚴明，士卒就沒有不敬畏服從的；凡事身先士卒，而後要求別人，士卒就沒有不勇敢的；做點好事就一定記下來，有點小功就一定獎賞，士卒就沒有不努力的。諸葛亮提出「先之以身，後之以人」的思想，頗值得人們借鑑。

古語曰：「其身正，不令而行；其身不正，雖令不從。」可見，行動同樣是命令的重要方式。面對曹操四十萬大軍，百名士卒表露出怯戰的情緒，甘寧拔劍怒叱，「我為上將，且不惜命。」首先將自己的生死置於度外；在衝鋒陷陣之時，甘寧又身先士卒，以自己的勇敢行動為部下做出表率，這本身就是鼓舞士卒氣概的一面旗幟。

歷史上，兵家名將激勵士氣的方法豐富多樣，不一而足：項羽的破釜沉舟，韓信的背水列陣，是採用「置之死地而後生」的勵士原則，以激起部隊與敵人決一死戰的拚命鬥志；吳起吮疽，勾踐恤卒，是透過關心體恤士卒，來激勵士卒拚死奮戰的勇氣；拿破崙則是透過激發起軍隊的崇高榮譽感，來鼓舞將士勇往直前，如此等等。甘寧身先士卒的勵士方法，是一種典型而常用的治軍法則。

〈縱橫古今〉㉖

為將之道

公元五七六年，齊軍圍晉州，樓堞都被打壞，城牆只剩下七尺來高，雙方激戰，十分殘酷。周守軍梁士彥慨然自若地對部衆說：「死在今日，吾為爾先。」部下見主將身先士卒，無不以一當十，奮勇爭先，喊殺震天。

公元九一七年，晉將李嗣源率軍救援幽州，沿山間小河向前進發。李嗣源派部將李從珂率三千騎兵爲先鋒，急速馳進。途中，忽遇契丹騎兵萬餘人堵住去路，李從珂將士大驚失色，部隊進退兩難。在此危急時刻，李嗣源帶領百餘騎跑到隊伍前面，勇往直前，反覆三次殺入敵陣，斬契丹酋長一人。晉軍跟隨，奮力強攻，迫使敵軍後退，最後奪得了前進的道路。

將帥只有身先士卒，以身作則，驅使自己的部下才可像大腦指揮四肢一樣，隨心所欲，才能激起部下的高昂士氣。士氣高昂的軍隊，常能以少勝多、以弱制強。

現代社會的競爭與管理，也十分注重率身以勵衆士的方法，以激起部下奮勇搏擊的勇氣。

27 巧用激將，諸葛亮兩激黃忠

請將不如激將。責其弱，能激其勇；斥其愚，能激其智。諸葛亮是精於此道的老手，他利用激將法，將老將黃忠的激情推到極點，充分調動了老黃忠的大智大勇。

在劉備奪取漢中的過程中，諸葛亮曾兩次使用激將法，調動黃忠用智破敵的熱情，使這位年近七旬的老將在此次作戰中立下了赫赫戰功。

諸葛亮第一次激黃忠是在曹軍將領張郃率重兵攻打葭萌關的時候，守關將領抵敵不住，匆匆向成都告急。諸葛亮聚衆將於堂上，說道：今葭萌關緊急，只有從閬中召回張飛，方可擊退張郃。法正說：張飛兵屯緊要之地，不可召回，只有在帳中諸將選一人破敵。諸葛亮笑道：張郃是魏軍名將，非等閑之輩可比，「除非翼德，無人可當」。

忽然，一人厲聲喝道：「軍師爲何輕視衆人呢⁉吾雖不才，願斬張郃首級，獻於麾下。」衆人一看，原來是老將黃忠。諸葛亮漫不經心地說道：「漢升雖勇，爭奈年老，恐非張郃對手。」

匹夫耶！」

黃忠聽了，白髮倒豎：我雖年老，但兩臂尚能開三石之弓，渾身尚有千斤之力，「豈不足敵張郃匹夫耶！」

諸葛亮嘻嘻一笑：「將軍年近七十，如何不老？」黃忠跑步下堂，取下大刀，輪動如飛，並連拽折兩張硬弓。至此，諸葛亮才點頭令黃忠偕副將嚴顏率兵出戰。老將軍黃忠被諸葛亮這一「激」，鬥志振奮，首戰告捷，接著又用驕兵計智奪了曹操在漢中囤積糧草的戰略要地天蕩山。

諸葛亮第二次激黃忠，是在黃忠奪取天蕩山之後。黃忠得勝回來，劉備善言嘉獎，並問他是否還敢取定軍山，老將黃忠慨然應諾，便要領兵前往。諸葛亮卻說：老將軍雖然英勇，但夏侯淵非張郃可比。夏侯淵深通韜略，善曉兵機，頗有將才。今將軍雖勝張郃，未必能勝夏侯淵。我打算派一人去荊州，替關羽回來，方可抵擋夏侯淵。

黃忠被諸葛亮這一激，奮然提出，這次攻打定軍山「不用副將，只將本部三千人去，立斬夏侯淵首級」。諸葛亮又再三不容，但黃忠硬是要去。於是，諸葛亮派法正為監軍協助黃忠。黃忠在法正的協助下，計斬夏侯淵，乘勝奪取了定軍山。

運用激將法激勵士氣，是將帥帶兵打仗的一種有效藝術，它要求在使用的過程中，要針對對象的某一性格特點和所處的客觀情況，靈活運用。老將黃忠是一位不服老的沙場英雄，最怕的就是別人說他老，不再使用他上戰場。當初，入川攻打雒城時，只因魏延說他太老，老黃忠怒不可遏，提刀要與魏延比試武藝。

諸葛亮掌握了黃忠的這一心理特徵，抓住關鍵，把握了「火候」，達到一觸即發的效果，調動了黃忠的大智大勇。當然，諸葛亮並不僅僅把「寶」押在激起的士氣上，他告訴劉備：「此老將不著言語激他，雖去不能成功。他今既去，須人馬前去接應。」可見，諸葛亮在激起部將殺敵勇氣的同時，還注重穩紮穩打，保證萬無一失。

激將法既可用之於己，又可用之於敵。其關鍵在於透過語言和行動，觸傷己方或敵方將士的自尊心，進而引起他們的激情、憤怒或怨恨，並使之昇華為戰鬥熱情，然後，誘導其按照自己的意願和既定目標行事，達到一定的作戰目的。

〈縱橫古今〉㉗

撒手鐗

拿破崙是一位傑出的激將能手，他常用幾句妙語刺激手下官兵，觸動他們的自尊心，激起他們的榮譽感。

在征服義大利的曼圖亞戰役初期，奧軍獲得較大的成功，法軍被迫停止攻勢。這時，拿破崙的兩個屢立戰功的團隊表現出畏敵情緒，並失守陣地。

拿破崙來到這兩團的駐地，將動搖的士兵們集合在一起，用悲傷和憤怒的聲調向法軍訓話，斥責他們不該畏敵如虎，更不該輕易丟掉自己的陣地。說著，他命令身邊的參謀長在這兩個團的軍旗上寫下一句不祥的話：「他們不再屬於義大利方面軍了（當時拿破崙所統領的法軍叫做義大利方面軍）。」

士兵們受到斥責，羞愧難當，哭著懇求拿破崙再考驗一下他們的勇氣，給他們立功贖罪的機會，而不要馬上讓他們蒙受這終身恥辱。果然，在後來的戰鬥中，這兩團的法軍表現非凡，英勇殺敵，爲整個戰役的勝利作了突出貢獻，用實際行動把一切污點從團旗上洗刷乾淨。

每個軍人都具有強烈的自尊心、榮譽感和英雄主義精神。這種心理和精神因素一旦迸發出來，就會變成一股不可阻擋的力量。激將法正是撞擊出這激情之火的燧石。用於己，目的在於振奮部下的激情，增強殺敵力量；用於敵，目的在於刺激敵方將領，使其喪失理智，衝動行事，受制於我。

英國名將魏菲爾評價說：僅僅知道拿破崙在一七九六年戰役的獲勝是憑著「內線作戰」的要

領，那是沒有多大價值的。如果知道他怎樣去振奮一支衣衫襤褸、忍飢挨餓、從事叛變的軍隊，怎樣向那支軍隊灌輸「前進」和「作戰」的精力與動力，那就學到一點東西了！

28 罰不遷列，諸葛亮揮淚斬馬謖

「兵當先嚴紀律，設謀制勝在後。」軍法無私。罰不避親，刑不畏貴，法才具有權威性，令才具有號召力。諸葛亮執法嚴明，為服衆將士，不講私情，揮淚斬馬謖。

司馬懿神速擒得孟達之後，隨即領兵出關與諸葛亮作戰。諸葛亮探得消息後斷定：「司馬懿出關，必取街亭，斷吾咽喉之路。」所以，他慎重地詢問衆將：「誰敢引兵去守街亭？」話音未落，參軍馬謖應聲而出，願意前往。由於事關重大，馬謖立下了軍令狀。臨行前，諸葛亮反覆囑咐，要他慎重。

然而在守街亭的過程中，馬謖高傲自大，我行我素，剛愎自用，拒絕副將王平的諫阻，率兵捨水上山，結果被曹軍斷其水源，掐其糧道，圍困於山上，然後縱火燒山。蜀軍飢渴難熬，軍心渙散，不戰自亂。曹軍乘勢進攻，大敗蜀軍。馬謖失守街亭，戰局驟變，迫使諸葛亮退回漢中。

為了嚴肅軍紀，諸葛亮下令將馬謖革職，並斬首示衆。臨刑之前，馬謖泣曰：丞相待我如親子，我待丞相敬如父。我違背節度，招致兵敗，軍法難容。丞相爲嚴明軍法，將我斬首，以誡後人，我死而無怨。

臨刑時，參軍蔣琬自成都趕來，大叫刀下留人，入見諸葛亮說：今天下未定，殺戮「智謀之臣」，豈不可惜⁉諸葛亮淚流滿面地說：「昔孫武所以能制勝於天下者，用法明也。今四方分爭，兵戈方始，若復廢法，何以討賊耶？合當斬之。」於是，下令處斬，並將首級遍示各營，以告誡諸軍。

馬謖可以算是蜀軍中的一位將才，經常同諸葛亮一起議論軍情大計。在諸葛亮南征時，曾提出「攻心爲上，攻城爲下；心戰爲上，兵戰爲下」的策略，深受諸葛亮賞識。在長期的征戰中，諸葛亮與馬謖結下了深厚的情誼，按照馬謖所說，他們「情同父子」，按照諸葛亮所說，他們「義同兄弟」。這種情誼，非一般人所有。

但是，情只存在於兩人之間，法卻是全國、全軍的一柄利劍。諸葛亮公私分明，他深知軍法面前上下一視同仁、不分親疏厚薄的重要性。正如他所說：「若不明正軍律，何以服衆？」馬謖戰前立下了軍令狀，若違背軍法，免他一死，必不能服衆軍之心，不能引爲衆軍之戒。這樣的軍隊如何同敵人作戰，如何去實現統一天下的大業？

所以，在處決馬謖這件事上，諸葛亮雖然心如刀絞，淚流滿面，卻未曾有絲毫的猶豫。諸葛亮斬馬謖，全軍上下無不為之震驚。可見，將士們都未曾料到諸葛亮會在天下未定之時，毫不留情地處斬與自己情誼匪淺的「智謀之臣」。這更體現出諸葛亮執法如山的氣魄。

古人云：「罰不遷列，欲民速睹為不善之害也。」是說行罰要當場，好讓百姓迅速看到為非作歹的害處。賞與罰，是古今中外將帥治軍的兩個有效手段。罰不遷列，指就地懲罰，迅速執行軍法，及時教育將士。孫臏甚至要求「賞不逾日，罰不還面」，以鞭策警示他人，時過境遷就會失去作用。

軍隊有鐵的紀律，才能令行禁止，充滿戰鬥力，所謂「兵當先嚴紀律，設謀制勝在後」。我國歷史上，宋代的岳家軍、明代的戚家軍和俞家軍，都是由於賞罰嚴明而不畏強敵、勇猛善戰。

〈縱橫古今〉㉘

王叔犯法同庶民

清順治年間，鄭成功率師進攻廣州，將守禦廈門的重任交給叔父鄭芝莞。出發前，鄭成功再三向鄭芝莞囑咐要嚴加戒備，不可疏忽，否則以軍法從事。他還向將士宣諭：「本藩鐵面無情，爾諸勛臣鎮將，各宜努力，凡失職者，本藩賞罰無私，有罪雖親不貸。」可是鄭芝莞對鄭成功的告誡並未放在心上，認爲廈門是一小島，清軍不會重視，且清軍不善水戰，過海不得，因此麻痺大意。

清福建巡撫張學聖，聽聞鄭成功率主力去廣州，即令總兵馬得功乘機襲擊廈門。由於鄭軍毫無心理準備，馬得功僅率數十騎便乘船偷襲成功，清軍輕而易舉攻占廈門。鄭成功聞訊，指揮水陸大軍回援，重新奪回廈門。

鄭成功收復廈門後，即令祭奠陣亡將兵，並在演武廳召集將兵，獎賞有功人員，同時，嚴厲懲罰幾名臨陣脫逃的將領。接著，將鄭芝莞押上廳堂。

鄭芝莞仗著自己是長輩，起初滿不在乎，一旦見此情景，頓時緊張，哀求侄兒看在長輩面上，寬恕罪責。鄭成功叱責道：「我南下時，未敢以地方城池付你，是你自請水陸撥付你提調，有失依軍令，今有何說？」並痛斥：水師未敗，而你先搬物，身已在船欲逃矣。鄭芝莞無言以對。

鄭成功正要下令行刑，鄭鴻逵趕來求情。見此，鄭成功怒從胸中起，責道：軍法如山，非同兒戲，枉法徇私，何以治軍？鄭芝莞玩忽職守，貪生畏敵，致失城池，將士陣亡，罪責難容。鄭成功當即令刀斧手將鄭芝莞斬首。將士們見鄭成功鐵面無私，執法如山，賞罰分明，敬服倍增。

鄭成功執法嚴明、法則其叔的佳話流傳後世。

29 嚴於律己，諸葛亮上表自貶

街亭失守，諸葛亮引罪自咎，上表自貶，體現了一代政治家寬闊的胸懷和嚴於律己的風格，這雖然是一種權術，但是，責任感、事業心和不爲一己之名利的崇高精神，使他的這一舉動成爲人格的榜樣。

諸葛亮斬了馬謖之後，下令將他的頭拿到各軍營展示，然後用線縫接在屍體上，備棺材裝好埋葬，親自寫了一篇祭文。安置其家小後，又寫了一篇表奏交蔣琬上奏後主，要求免除丞相職務，上寫：

臣本庸才，叨竊非據，親秉旄鉞，以勵三軍。不能訓章明法，臨事而懼，至有街亭違命之闕，箕谷不戒之失。咎皆在臣，授任無方。臣明不知人，恤事多闇。《春秋》責帥，臣職是當，請自貶三等，以督厥咎。臣不勝慚愧，俯伏待命！

後主看完表後不以爲然：勝敗是兵家常事，丞相何必自責呢？侍中費禕卻認爲：治理國家的人必以奉公守法爲重，執法不嚴，如何服人？丞相打了敗仗，自己要求降級處分，正是他識大體的舉動。結果，後主同意了諸葛亮的表奏，下詔書將他降爲右將軍，代丞相職務，照舊統率舊軍，詔書由費禕携至漢中。

諸葛亮接到降級詔書後，費禕怕他難爲情，便祝賀說：四川百姓聽說丞相一開始就攻克四個縣城，十分高興。諸葛亮生氣道：得而復失，與沒有得到一樣，你的道賀實在讓我羞愧。

費禕再道：聽說丞相最近收得姜維，皇上非常高興。諸葛亮氣憤說：戰敗而歸，寸土未獲，這是我的大過，得了一個姜維，這對曹魏又有什麼損失呢？

費禕於是再問：丞相統率數十萬雄兵，能否再次攻打曹魏？諸葛亮道：過去屯軍祁山、箕谷時，我軍比敵人多而不能敗敵，反而敗於敵，失誤不在兵的多寡，而在於統兵的主帥。如今必須減兵省將，嚴明賞罰，檢討失敗原因。從今以後，諸位如爲國家長遠利益著想，就請不斷批評我的過失，指責我的缺點。

費禕等人聽此，全都深表折服。

街亭失守，責任盡在馬謖，諸葛亮自咎，其實過在錯用馬謖而已。失守街亭，導致了全局的失敗，馬謖於理該斬。但是，斬與不斷，決定權掌握在諸葛亮手中。

馬謖是一個難得的智謀人才，諸葛亮十分欣賞他的才智，他們兩人之間有著許多的共同處，有著許多的了解與友誼。正因為如此，諸葛亮在馬謖問題上表現出「臨事而懼」、「恤事多闇」。但是，事關重大，軍法難容，諸葛亮不得不斬。所謂上下一視同仁，不分親疏厚薄，必須「訓章明法」。諸葛亮是流著眞情的淚水處斬了馬謖。

諸葛亮內心的傷痛是深重的，他「深恨己之不明」，似乎是他害了馬謖。所以，斬了馬謖之後，諸葛亮立即上表自責。

諸葛亮的自責，一方面出於對自身責任的充分認識和內疚，因此，他無法接受費禕的安慰之辭（只需要認眞反省、聽取部下的批評）；另一方面，也出於團結上下、增強集團凝聚力的謀略。

諸葛亮不僅有著寬闊的胸襟，而且深諳權謀，他知道，欲完成先主的重託，實現北伐的大業，必須具有一個堅強的戰鬥團體；要做到這一點，身為丞相，應以身作則，嚴於律己，有過必責。周武王曾說過：「百姓有過，在予一人。」所以，他被奉為賢明君主，深受百姓愛戴。晉代名士習鑿齒評說這種罪己之術道：

過消而業隆，可謂智矣。若乃諱敗推過，歸咎萬物，常執其功而隱其喪，上下離心，賢遇解體，謬之甚矣！

其大意是：承認過失而使事業興隆，是明智的；如果把責任推給別人，把功勞留給自己，就會造成上下離心、賢才外流，這是很愚蠢的。諸葛亮正是掌握了其中的要旨，上表自責，主動要求降級三等，獲得了朝廷內外、全軍上下的崇敬。

實際上，諸葛亮不但仍然行使著丞相的權力，而且街亭、箕谷之敗並沒有影響諸葛亮的威信，反而爲之提高。所以，這是一種姿態，也是一種權術，但這種權術對於統御者來說，卻是少不得的。只有這樣，才能穩定軍心，防止屬下的不滿。不過，諸葛亮的自責取得了完美的效果，因爲他有寬闊的襟懷和嚴於律己的風格。這與歷史上同樣使用這一權術的一些帝王的「罪己」大爲不同。

〈縱橫古今〉㉙

皇帝們的把戲

宋代，金兵侵宋，徽宗束手無策，爲挽回臣民之心，他聽取大臣宇文虛中的意見，下詔罪己，說自己閉塞言路，總是聽人阿諛奉承，現在希望得到直言進諫。但是，當金兵的威脅稍微減弱時，他又將言路閉塞。

宋高宗也是這樣，下詔罪己，說出自己對經邦大略暗昧不知、缺乏遠見卓識、不能團結賢能、沒掌握好權柄等四種罪過。但他卻沒有任何改正的行爲。當時，有位大臣張守上書道：陛下的兩位前輩徽宗、欽宗尚在金人手中，陛下若眞爲他們著想，應該做些實事，光下罪己詔，沒有實際行動，上天也不見得就會免災於國家。

宋徽宗、宋高宗罪己而不改，實無可取之處。此外，明英宗表面罪己，實殺功臣，明萬曆帝與清順治帝的臨死罪己，都是在玩弄權術，其實質目的昭然若揭。這不僅得不到百姓的支持，反而引起天下人的不滿和共憤。

30 信則不欺，諸葛亮勵士有方

取信於衆，是勝利之寶，聰明的將帥都格外珍視部卒的信任之情。諸葛亮在大軍壓境、危在旦夕的關頭，仍恪守軍規軍約，體恤將士，信蓋天下，衆軍無不以死相報。

諸葛亮在第五次兵出祁山之前，長史楊儀曾向他建議，將軍隊分爲兩部分，以三個月爲期，循環相轉，以此減少糧草需求，保持軍隊銳氣，堅持北伐中原這場曠日持久的戰爭。諸葛亮採納了楊儀的建議，率軍出祁山時，下令分爲兩部，限一百日爲期，到期輪換，違限者按軍法處治。

諸葛亮在隴上裝神巧割小麥之後，接著又挫敗了司馬懿的偷襲行動。隨後，蜀、魏兩軍相持於鹵城一帶。這時，第一批軍隊期限已到，第二批軍隊已啓程出川口，向祁山而來，諸葛亮令前線部隊收拾拔營，返回後方。誰知，命令剛下，探馬飛報：魏將孫禮引雍、涼兩處二十萬人馬來助戰，司馬懿親自點兵欲攻打鹵城。

此刻新軍未到，老兵欲行，敵人即將發起大規模進攻，楊儀勸諸葛亮把原班人馬暫且留下，待新兵到後，再行替換。諸葛亮態度堅決地說：「不可，吾用兵命將，以信爲本，既有言在先，豈可失信？且蜀兵應去者，皆準備歸計，其父母妻子倚扉而望；吾今便有大難，決不留他。」並立即下令：「教應去之兵，當日便行。」

當衆軍聽說這一情況後，群情激憤，都大聲叫道：「丞相如此施恩於衆，我等願且不回，各捨一命，大殺魏兵，以報丞相。」諸葛亮不依，但軍士一致請戰。於是，諸葛亮命部隊出城安營，以逸代勞。當遠道而來、人困馬乏的西涼兵剛想安營歇息，士氣高昂的蜀兵一擁而進，人人奮勇爭先，將雍、涼人馬殺得「屍橫遍野，血流成渠」。

五德（文、武、勇、仁、信）兼備的將帥標準中，「以信爲本」是一條治軍的根本原則，也是諸葛亮治軍的信條。取信於軍，便可收到奇效，這個故事是生動而有價值的。古人說：「信蓋天下，然後能約天下。」這裡的「信」，包含信任、信義、信譽之意。在戰爭中，將帥只有守信用，嚴明紀律，照章辦事，才可取信於軍士。

信任本身就是一種希望，一種無形的力量。在危難的時刻，信任可以激起將士無所畏懼、英勇殺敵的士氣。人的精神與心理具有這樣的特徵，當它受到強烈的感情與情緒的促動時，可以激發出成倍的能量與動力；反之，當它受到打擊和壓抑，往往會變得一蹶不振。

人是有豐富情感的。如果大敵當前之際，諸葛亮逆規章行事，強行驅使軍士出去迎敵，很可能會引起將士們的不滿牴觸情緒。這樣又怎能取得好的戰果呢?諸葛亮堅守信義，激起了部隊主動求戰的高昂情緒，結果一戰而獲全勝。一些不明事理的將帥，隨意破壞自己制定的規章制度，大失人心，部下怨聲載道，也就大大削弱了部隊的戰鬥力。

〈縱橫古今〉㉚

攘外必先安內

古代將帥君王多知「以信為本」、「信則不欺」的無窮法力。

明初燕王朱棣發動「靖難之役」以後，恪守適時休整、打一仗進一步的既定方針，勢不可擋，取得了一連串的重大勝利。但是，持續的勝利使朱棣和他的部將們忘記了自己成功的經驗，一股勁地長驅直入，征戰不休。建文大將盛庸看出燕王將士疲憊不堪，頗有怨氣，便乘機埋伏重兵，殺傷燕王兵卒三、四萬人。這一仗是燕王最大的一次敗仗。

但是，燕王意志剛強，敗而不餒，率餘部返回北平，讓部隊用二個月時間進行休整。他向部下檢討說:「師勤遠征，忘卻了打一仗休整一次的經驗，以致損兵折將，過在主帥，不在部將。

」將士聞燕王如此守信，嚴於責己，皆受感動。

當部隊休整告一段落時，全軍舉行祭奠陣亡將士的盛大儀式，燕王宣讀祭文，頌揚陣亡將士，激勵全軍官兵奮勇殺敵，並重申既定軍約，表示要愛惜將士。燕王當衆脫下戰袍，輕輕放入火中焚燒，以祭亡者，他沉痛地說：「雖其一絲，以識余心！」

衆官兵和亡者父兄子弟見此情景，無不泣涕不止，群情激昂，紛紛表示，要爲亡者報仇。這是一次極有效的戰鬥動員，將士氣推向了高潮。此後，燕王大軍每取得一個重大勝利，都要就地休整，善待士兵，取信於衆。

結果，朱棣依靠這支軍隊奪取了皇權，當上了皇帝，開始了明朝發展的新階段。

可見，「信」是治軍之一寶，用於統兵打仗則定收奇效。當然，古代將帥君王的出發點並不可取，但是，從古爲今用的科學態度出發，我們仍然可以法古人之精神，悟出有價值的新義。例如，在企業管理中，領導者爲求得上下目標一致，相互信任，必須取信於衆；在市場競爭中，經營管理者在追求自身信譽價值的同時，還必須追求產品的信譽價值；在人際交往中，爲使自己有更廣闊的活動舞台，受到人們的尊重，必須恪守信義，等等。

肆 素養篇

■篇題要□

素養是每個人創業、立身、處事的根本。對於高級指揮人員來說，素養尤其重要。古人云：「爲將之道，當先治心。泰山崩於前而色不變，麋鹿興於左而目不瞬，然後可以制利害，可以待敵。」只有居混濁而神志清，處危難而心沉靜，方可做到「運籌於帷幄之中，決勝於千里之外」。三國時代風雲人物的素養各有特色，今人不可不鑑。

31 意志較量，司馬懿「拖」死諸葛亮

意志與毅力是衡量將帥修養的重要因素。戰場上，兩軍對壘，誰能夠經受考驗，堅持到最後，誰就能夠贏得最有利的戰機。司馬懿坦然接受「巾幗婦人之服」，堅持一個「忍」字，最終「拖」垮諸葛亮。

諸葛亮六出祁山，司馬懿屢戰失利。上方谷一戰，幸而天降大雨，司馬懿才免於死難。至此，司馬懿掛出免戰牌，堅守不出。諸葛亮進駐五丈原，雙方形成對峙態勢。

諸葛亮大軍遠道伐魏，每日消耗大量糧草，不宜持久。因此，諸葛亮千方百計引誘司馬懿出戰。但是，司馬懿只是按兵不動。焦慮之中，諸葛亮思得一計，「乃取巾幗並婦人縞素之服，盛於大盒之內，修書一封，遣人送至魏寨」。信中寫道：

仲達既爲大將，統領中原之衆，不思披堅執銳，以決雌雄，乃甘窟守土巢，謹避刀箭，與婦人又何異哉！今遣人送巾幗素衣至，如不出戰，可再拜而受之。倘恥心未泯，猶有男子胸襟

，早與批回，依期赴敵。

老謀深算的司馬懿看完信後，壓住了心頭怒火，反而佯裝笑容，說：「孔明視我婦人耶！」隨即收下禮物，並重待來使。他絲毫不問蜀軍營中的事情，卻裝出一副關心的樣子，問使者：「孔明寢食及事之煩簡若何？」當他聽說諸葛亮「夙興夜寐，罰二十以上皆親覽焉。所啖之食，日不過數升」時，對諸將說道：「孔明食少事煩，其能久乎？」於是更加堅守不出。

蜀魏雙方在渭水一帶相持了百餘日，結果，諸葛亮「星隕五丈原」，蜀軍被迫撤回漢中。司馬懿又一次防禦成功。

很明顯，魏蜀對峙，處於進攻地位的蜀軍利在速戰，而處於防禦地位的魏軍利在持久。所以，在雙方力量與智慧的對抗中，還貫穿著諸葛亮與司馬懿意志與韌性的較量。

司馬懿是一位十分穩重而具有意志力的軍事帥才，他一接到諸葛亮送去的女人頭巾和衣物，並沒有暴跳如雷，而是淡淡地隨便詢問諸葛亮的飲食起居情況，冷靜而理智。當魏將皆知諸葛亮以巾幗女衣羞辱司馬懿，而司馬懿忍辱不戰時，紛紛要求與諸葛亮決一雌雄。司馬懿卻說：「吾非不敢出戰而甘心受辱也。奈天子明詔，令堅守勿動。今若輕出，有違君命矣。」

對此，諸葛亮後來一語點破：「此乃司馬懿安三軍之法也。」司馬懿深知「將在外，君命有所不受」的道理，當年，他剋日擒獲孟達，以快制快，當機立斷，先斬後奏，而這次卻不遠千里去請旨，我們不難看出司馬懿毅力與謀略並存的良苦用心。

相比之下，諸葛亮這次出兵祁山，卻未能有上乘的表現。由於他屢伐中原都沒有獲取成功，所以，心理上背負沉重的包袱；加上他事無巨細，都要親自處理，事務過重，嚴重影響了他的正常生活。精神與事務的雙重壓力，使諸葛亮難以進行正確的謀算。

諸葛亮在進軍五丈原之前，與司馬懿交手多次，深知對手的性格和用兵特點。在當時特定的情況下，對司馬懿這樣一個老謀深算的魏軍統帥，使用「激將法」，無疑是失宜的，給人一種黔驢技窮、無計可施的感覺。

司馬懿一直堅守不出，不僅用法得當，而且體現出他的毅力和修養。頑強的意志和毅力是將帥謀略修養已臻成熟的表現。作爲防禦的一方，要想從被動和持久中走向主動，後發制人，將帥的超人毅力和意志起著至爲關鍵的作用。固守不動本身就是對兩方意志的一個考驗。在某些特定的形勢下，誰能夠堅持到最後一刻，誰就能夠爭取到最有利的戰機。

司馬懿不爲諸葛亮的「激將法」所動，甘受其辱，終使諸葛亮心力交瘁，病故軍中，蜀軍自行撤退。有民諺說：「死諸葛嚇走活仲達。」其實，司馬懿固守不戰之計，大大消耗了蜀軍的力量和諸葛亮的精力，使諸葛亮病體難支。因而可以說：司馬懿「拖」死了諸葛亮。

在中外戰爭史上，像諸葛亮這樣，被逼得企圖以「巾幗婦人之衣」來激怒對方，如此令人難以想像的「絕招」，恐怕是絕無僅有的。後世兵家似乎無人效用此法。然而，司馬懿坦然地接受這種侮辱的象徵物，抱定一個「忍」字，保持戰場上的主動權。這種意志和兵法，被歷代兵家視爲典範。

〈縱橫古今〉㉛

柔韌勝剛強

唐朝初年，割據山西的劉武周派宋金剛進逼新絳，奪取河津，屯兵於河東地區。李世民率唐兵前往征討，與宋金剛相持在新絳一帶。

諸將不斷請戰，李世民卻相持不戰，他認爲：宋金剛孤軍遠來，補給困難，糧秣全靠就地掠奪，速戰對他有利。我們應當堅守，養精蓄銳，以挫宋金剛的銳氣；另外，我軍再分兵進攻汾陽和隰縣，打擊他的心腹要地。這樣，宋金剛必會糧盡計窮，自行逃走。

果然，兩軍相持數月，宋金剛軍中的糧食吃盡，不得已只好逃走。李世民引兵追擊，大敗敵一軍。

堅守不是懦弱，而是爲了保存自己，更有效地打擊敵人。

32 危難之際，劉備哭與曹操笑

將帥的性格與其心理素質密切相關。良好的修養是正確運用謀略的保證。歷代高明兵家的性格表現雖各有不同，但都是爲了振奮士氣，促使上下同舟共濟。劉備的哭與曹操的笑都是一種富有韜略的修養。

在《三國演義》中，劉備的哭與曹操的笑形成了兩種截然不同的性格特徵，給人留下了深刻的印象。

劉備在很多場合都能哭。他與趙雲初次見面分手時，便「執手垂淚，不忍相離」，相惜之情，何其眞摯？爲請諸葛亮出山，他竟哭得「淚沾袍袖，衣襟盡濕」，敬慕之心，何等誠懇？徐庶要走，他送了又送，哭了又哭，感人肺腑。劉備逃離樊城時，在船上望見隨行的兩岸百姓，竟慟哭而「欲投江死」，致使聞此者莫不痛哭。當趙雲從長坂坡出生入死救出阿斗時，劉備哭著說：「爲汝這孺子，幾損我一員大將！」將阿斗摔在地上。當劉備前往東吳成親、身陷險境時，又以淚水感動了孫夫人，使得夫妻雙雙同返荆州。關羽被害，他竟「一日哭絕三五次，三日水漿不進，只是痛哭」，以致「淚濕衣襟，斑斑成血」。

而曹操在危難之際，特別是在軍事行動受到挫折的時候，總是放聲大笑。他在濮陽中計後，渾身燒傷，險些命喪呂布之手。突圍後，曹操不僅沒有頹喪，反而仰面大笑道：「誤中匹夫之計，吾必當報之！」曹操赤壁大敗，損失了幾十萬軍隊，在奔逃的路上，多次陷入諸葛亮的埋伏之中，被打得狼狽不堪。但是，每一次他都仰天大笑，反映了曹操敗而不餒的頑強性格。

劉備的哭與曹操的笑雖是截然相反的兩種性格表現，但是，其目的都是在困難的境況中喚起同情，振奮士氣，激起上下同舟共濟。因此，劉備的哭與曹操的笑，與其說是一種感情的流露，倒不如說是一種富有韜略的修養。

劉備自己表白：「曹以急，吾以寬；操以暴，吾以仁；操以譎，吾以忠；每與曹相反，事乃可成。」為了樹立形象，激勵部下，劉備絲毫不吝惜自己的眼淚。用現代的話說，這是一種感情上的投資。諸葛亮曾在隆中決策中提出：「北讓曹操占天時，南讓孫權占地利，將軍可占人和。」劉備的哭正是為了贏得「人和」而做的鋪墊之一。

曹操的笑頗有特色，他總是在險境中大笑，以此蔑視對手，振奮自己。他仰面大笑，揚鞭大笑，大笑中夾雜著苦笑、狂笑、譏笑，是死裡逃生而又自信，敗軍之將而又藐視敵人的充滿信心、穩定軍心的笑。這充分反映了曹操頑強、進取、敗而不餒的性格。

將帥的性格與其心理素質密切相關，良好的修養是正確施謀用法的必要保證。哭與笑都只是手段，最終目的是要求得上下的齊心協力，樹立自己的形象，激發部下的士氣與鬥志。

〈縱橫古今〉㉜

眞人不露相

中外戰爭史上，兵家們在險惡的環境中所表現出來的振奮士氣、展示自信心的方式，各不相同，很有特色。

一九四〇年五月，戰敗的英國遠征軍二十萬人和盟軍十餘萬人，被德國的坦克部隊圍困在法國的敦克爾克港，陷於只剩海上一條退路的險境。然而，英軍統帥亞歷山大卻鎮定自若，他時而在硝煙瀰漫的海灘上悠然漫步，時而坐在躺椅上環視著周圍的一切，時而又與待渡的官兵湊在一起聊天……

亞歷山大的這種臨危不懼、處變不惶的神情，像給他的部屬打了「強心劑」一樣，使官兵們逐漸克服了驚慌、恐懼、焦躁、憂慮等不良心理影響，對這次大撤退緊張而有秩序地進行，起了一定的作用。

其實，面對咄咄逼來的敵人，退路惡化的態勢，亞歷山大的心中豈能不掀起波瀾，他之所以能夠扼住驚恐焦慮的閘門，維持了心理平衡，靠的是在平時軍事生活中和戰爭實踐中的修養。

33 心胸狹窄，周瑜三遭受氣而亡

「要有孔明的眼力，莫學公瑾的度量。」器量狹小，不能容人，嫉妒盟友，是任何一位高級將帥的大忌。將帥的心理、個性素質與其戰略眼光緊密相關。周瑜不顧整體利益，斤斤計較，忌恨諸葛亮，終於自食惡果。

三國中，吳國都督周瑜年輕有爲，但卻驕傲氣盛。諸葛亮促成東吳與劉備聯合抗曹，處處智出周瑜之上，周瑜妒恨不已，幾次想殺諸葛亮，都未成功。諸葛亮則抓住其弱點，奪氣攻心，演出了三氣周瑜的精彩劇目。

一氣周瑜。周瑜爲奪南郡，與曹軍反覆周旋，損兵折將，而且自己身負箭傷，最後，用假死之計才打敗魏將曹仁。眼看唾手可得的南郡，卻被諸葛亮坐山觀虎鬥地輕易占據；付出了巨大心血與代價換來的勝利，卻被諸葛亮占了便宜，啞巴吃黃連，有苦說不出。一氣之下，周瑜怒目圓睜，箭瘡復發。

二氣周瑜。周瑜看準劉備今後是孫權爭天下的主要對手，便設了一條美人計，讓孫權把妹妹嫁給劉備，誘騙劉備來東吳成親，趁機擒殺。不料，諸葛亮給前往護駕的趙雲連授三計，使美人計弄假成眞，並順利逃過了周瑜的追殺，同時設伏擊敗周瑜。周瑜大敗之時，只聽得諸葛亮安排的軍士齊聲吶喊：「周瑜妙計安天下，賠了夫人又折兵。」周瑜怒氣沖天，眼看要好的箭瘡再度迸發，倒於船上，不省人事。

三氣周瑜。劉備經魯肅作保，借得荊州，約定劉備取了西川之後即歸還東吳。但是劉備遲遲不還荊州，魯肅親往討還，也無濟於事。於是，周瑜心生一計，要魯肅再去荊州見劉備，說是由周瑜去幫劉備打西川，需要取道荊州，然而諸葛亮識破了周瑜「假途伐虢」的計謀，決定將計就計。

當周瑜得意忘形帶兵抵達荊州城下時，突然被劉備的人馬四面包圍。周瑜一見計謀又被諸葛亮識破，氣得七竅生煙，箭瘡再發，大叫一聲，墜於馬下。左右急把周瑜救起。周瑜一氣之下，決定眞的進攻西川。行至巴丘時，諸葛亮給周瑜送去一封信，信中分析：劉璋雖弱，但足以自守；而今勞師遠征，後方空虛，「倘操乘虛而至，江南齏粉矣！」

話在理中，周瑜不得不服。但是，周瑜缺乏聯盟的思想，對諸葛亮的高姿態狹隘地理解，竟又氣得昏倒在地，醒來後，仰天長嘆：「既生瑜，何生亮！」連叫數聲，氣絕而亡，享年三十六歲。

北宋的大文學家蘇軾曾在他著名的〈念奴嬌・赤壁懷古〉中，盛讚周瑜的雄姿英發，大將風度。也有人評說，僅僅指揮赤壁大戰這一功績，也足以使他名垂千古。但是，這樣一位人物，卻有著器量狹小的致命弱點。從周瑜之死，我們應該悟出什麼樣的啓示呢？

作爲一名高級軍事將領，思考問題必須要從大局出發，具有全面、宏觀的戰略思想。周瑜身爲東吳千軍萬馬的統帥，不顧長遠利益，始終斤斤計較一城一池的得失，缺乏積極進取的精神，處處陷於被動。荆州一地，雖然是軍事要地，關係到東吳的切身利益，但是，它也關係到孫、劉兩家聯盟的全局性問題。在這個聯盟還不能拆散的時候，如果僅僅爲此而大打出手，那麼，只會給曹操提供坐收漁人之利的機會。

心胸狹窄、不能容人、嫉妒盟友是高級將帥的致命弱點。具有這種思想、個性的將帥，不僅會嚴重影響他的戰略眼光，而且終有一天會毀了自己。起初，周瑜想讓諸葛亮爲己所用，後來他發現諸葛亮的才能遠勝過自己時，卻又耿耿於懷，難以接受現實，千方百計要除掉諸葛亮。到頭來終食惡果。

《孫子兵法・軍爭篇》明確指出：「三軍可奪氣，將軍可奪心。」憑感情用事，以狹隘之心用兵設謀，必有自食惡果之時。修養不成熟、心理素質不健全的將帥往往容易失去理智。

諸葛亮與周瑜完全相反。周瑜死後，他知道東吳上下對他切齒痛恨。但是，爲了維護孫、劉聯盟的戰略大局，他不顧劉備等人的勸阻，親自前往東吳弔孝，以眞情實意消除東吳對他的激憤情緒。東吳衆將親眼見到諸葛亮祭奠時的哀慟情景，不禁嘆曰：「人盡道公瑾因與孔明不睦，今觀其祭奠之情，人皆虛言也。」

爲了整體利益，諸葛亮冒著生命危險，挽救了孫、劉聯盟的危機。故而有言道：「要有孔明的眼力，莫學公瑾的度量。」這確實值得我們引以爲鑑。

〈縱橫古今〉㉝

量小者常敗

戰國時期，孫臏與龐涓的故事也給了我們同樣的啓示。孫臏自幼酷愛兵書，深諳謀略。器量狹小的龐涓非常嫉妒他，將他迫害成殘廢。孫臏心胸開闊，不因遭受厄運而氣餒，他佯裝瘋癲，逃脫險境，爾後在齊國被重用。

孫臏在與龐涓的軍事角逐中，大智若愚，大勇若怯。而好大喜功的龐涓早已利令智昏，一步步走進孫臏布下的陷阱，最終在馬陵道兵敗身亡。孫臏的成功，除了他的兵法謀略以外，他的心胸開闊、度量宏大也是致勝的重要因素。

唐朝李淵之所以能奪取天下，多出於秦王李世民的功勞與智慧，因此人心多歸向李世民。李建成是嫡長子，被立爲太子，但是他嫉妒李世民的才幹，常危不自安，千方百計要害死李世民。投毒、誣陷、刺殺，無所不用其極。

李世民度量非凡，一忍再忍，並一次次挫敗了李建成等人的詭計。但是，李建成氣焰囂張，步步緊逼。李世民選擇了恰當的時機，在玄武門設伏，射殺了李建成，鏟除了他的黨羽。此即歷史上著名的「玄武門之變」。

由此可見，心胸狹窄是人的致命弱點，它終會把自己引向毀滅。

34 斤斤計較，龐統命殞落鳳坡

「將能清，能靜，能平，能整，能受諫，能聽訟，能納人，能採言，能知國俗，能圖山川，能表險灘，能制軍權。」度量修養是將帥理智的修養，是滋生謀略的沃土。龐統斤斤計較名利，一葉障目，最終失算而被算計。

「一鳳並一龍，相將到蜀中。才到半路裡，鳳死落坡東。風送雨，雨隨風，隆漢興時蜀道通，蜀道通時只有龍。」這是羅貫中藉一首童謠，表達對龐統死於落鳳坡的惋惜之情。

龐統是一位與諸葛亮齊名的人物，自從投到劉備帳下，深受倚重。劉備入西川，龐統進獻三策，成爲劉備占據西川的指導思想。然後，龐統以軍師的身分，輔佐劉備入川。

在進兵雒城的途中，龐統執意從小路進兵。當他行至「兩山逼窄，樹木叢雜」之處，心中驚疑，勒住坐騎問，「此處是何地？」軍內的新降蜀兵說：「此處地名落鳳坡。」龐統大驚道：「吾道號鳳雛，此處名落鳳坡，不利於吾。」急忙令軍隊後撤。但是，爲時已晚，龐統中了蜀軍張任的埋伏，被亂箭射死。

龐統的死確實令人惋惜和遺憾。但是，人們不禁要問，三國時期這個與諸葛亮聲名相當的謀略家，何以剛剛率兵出征，便命喪途中，而且是被名不見經傳的張任所敗？

羅貫中在《三國演義》中，將龐統之死歸於天命，以「落鳳坡」的地名，暗示鳳雛在此必然「墜地」，這是臆造，是一種主觀的解釋。撇開書中的這些主觀因素，客觀分析龐統之死，我們可以得到一些頗有價值的啓迪。

從戰術上看，龐統這位蓋世奇才在進兵雒城的過程中是不應該失算的。落鳳坡一帶地勢險要，道路狹窄，樹木叢生，是理想的伏擊地帶。所以，對龐統來說，應當早就料到敵人在這裡設伏的可能性，完全可以將計就計，實行反伏擊；至少可以避開敵人的伏擊圈。更何況諸葛亮曾書信告誡劉備、龐統萬萬謹愼，不可操之過急。

從素質上說，龐統的心理、思想都不具備大將的風範。龐統初到劉備帳下，急於建功立業，以便使龍鳳並駕齊驅，這種心理是可以理解的。但是，他把名利看得過重，爲了與諸葛亮較量，他總是對諸葛亮存有一種偏見。當諸葛亮致信提醒他不要貿然進兵時，他卻誤解爲「孔明怕我取了西川，成了功，故意將此書相阻耳」。

所以，當劉備用諸葛亮來信勸說龐統不要急於進兵時，他卻把這封信說成是諸葛亮「不欲令統獨成大功」，用「此言以疑主公之心」，這眞是以小人之心度君子之腹，心思不放在用兵打仗上，卻斤斤計較個人的名利得失。正由於此，他放鬆了對敵人的警惕，進兵時，沒有對敵情和地理等條件做深入細緻的分析，以至於身陷絕境。

《三略》中曾講：「將能清，能靜，能平，能整，能受諫，能聽訟，能納人，能採言，能知國俗，能圖山川，能表險灘，能制軍權。」要做到這些「能」，光有聰明才智是遠遠不夠的，必須要有良好的修養，尤其需要寬闊的胸懷、眼觀全局的概念和審時度勢的能力。

度量是理智的基礎，是孕育謀略的沃土。豁達大度的人往往能夠站得高、看得遠，行動有理、有利、有節。

〈縱橫古今〉㉞

唯小人難養也

清朝初年，南明小王朝桂王政權在清軍的攻擊下，節節敗退，被逼進西南角隅。這時，以李定國、孫可望爲首的張獻忠大西軍餘部，主動提出願和桂王政權聯合抗清。桂王走投無路，被迫接受了大西軍的建議。

不久，大西軍發動了大規模的反攻。孫可望留守大本營，李定國率主力兵出湖廣。李定國進入湖廣後，連克湖南數地，又轉攻廣西，下全州，破桂林，清定南王孔有德兵敗自殺。李定國又回師北上，取長沙，兵鋒達江西吉安。

大西軍的節節勝利，使清廷大為震驚，急派敬謹親王尼堪率精兵十萬迎戰。雙方會戰衡州城下，李定國大破清軍，擊斃尼堪。這樣，李定國出兵不數月，收復湘、桂，大破清軍數十萬，「兩蹶名王，天下震動」。

但是，李定國在抗清戰場上的巨大戰功，引起了孫可望的妒忌。為了樹立自己的威望，爭功奪利，孫可望擅自破壞原定的作戰部署，錯誤地率領留守軍隊開上第一線，並欲加害李定國。

李定國為了顧全大局，退回廣西，轉戰廣東。孫可望在寶慶遇清兵大敗，惱羞成怒，轉攻李定國。這種倒行逆施的舉動，引起了大西軍將士的義憤，孫可望日暮途窮，最後投降了清軍。他並將知道的密情盡皆供出，使大西軍全線崩潰。

由於孫可望的嫉妒與狹隘之心，斤斤計較名利功勞，致使大好抗清形勢毀於一旦。

35 愼重行事，曹操勝而不動

「凡與敵戰，須備持重。」持重是修養的表現，若非素質良好、膽識超群的將帥，決不會從順利與勝利中看到潛伏的危機，從而果斷改變自己的行動。曹操審時度勢，雖勝不動，知難而退，充分體現出良好的將帥素養。

曹操攻下張魯老巢南鄭之後，謀士們紛紛進言，勸曹操乘勝進兵，直取益州。主簿司馬懿認爲：「劉備以詐力取劉璋，蜀人尙未歸心。今主公已得漢中，益州震動。可速進兵攻之，勢必瓦解。智者貴於乘時，時不可失也。」謀士劉曄也說：「司馬仲達之言是也。若少遲緩，諸葛亮明於治國而爲相，關、張等勇冠三軍而爲將，蜀民旣定，據守關隘，不可犯矣。」

但曹操卻認爲，奪取益州的時機並不成熟，而且「士卒遠涉勞苦，且宜存恤」，所以，一直按兵不動。

按照司馬懿、劉曄等人的分析，當時的形勢似乎對曹操進兵西川十分有利。但是，全面考察之後，我們不難發現，劉備雖然剛剛占據西川，但力量十分強盛，士氣高昂。劉備與孫權之間，儘管矛盾日趨尖銳，如果曹操把腳伸得過長，那麼，其後方必然空虛，坐山觀虎鬥、坐等漁人之利的孫權，決不會放過這種進攻良機。

況且荊州還有關羽的重兵把守，曹操不能不考慮腹背受敵的嚴重後果，而採取愼重的態度。事實上，後來形勢的發展與曹操顧慮的一樣：孫權親率大軍進攻合肥。當曹操撤兵救合肥之時，已是有些被動了。如果當初曹操採納了謀士們的建議，進攻西川，此時很可能會陷於欲進不成、欲退不能的兩難困境。

曹操作爲一個軍事統帥，在勝利之時，能夠保持冷眼靜觀的態度，不爲擊敗敵人之後那種激情所動，見好即收，知難而退，這確是十分可貴的。在戰爭中，縱觀時局，見可而進，牢牢把握每一次機會，固然是大家風範；然而，審時度勢，知難而退，同樣也是偉人之舉。

從大局出發，全方位地思考問題，不爲勝利沖昏頭腦，審愼持重，見不可即止，這本身就是良好素養的表現。老成持重，對於一般人來說，常常是不可多得的優點；對於一員將帥而言，持重尤爲重要。《百戰奇略・重戰》說：

凡與敵戰，須備持重，見利則動，不見利則止，愼不可輕舉也。若此，則必不陷於死地。

法曰：「不動如山。」

當然，持重絕不只是謹慎而緩慢，而是分析判斷，把握大局，「見利而動」。在複雜的鬥爭中，若非素養良好、膽識超群的將帥，決不會從順利和勝利中看到潛伏的危機，從而果斷改變自己的行動。

〈縱橫古今〉㉟

避強趨弱

一九三一年七月，鄂豫皖紅軍軍委給紅四軍規定了攻英山，出潛山，相機奪取安慶，以威脅南京的作戰方向和作戰任務。八月初，紅四軍攻占英山，殲敵一個多團。初戰的勝利，使當時任鄂豫皖紅軍軍委主席的張國燾頭腦更加發熱。他急令紅四軍「乘英山之勝抵安慶」。

這時，徐向前等紅四軍首長全面分析情況，認為馬上出擊潛山、奪占安慶，將會遇到許多不利條件。比如：要通過四百里的非紅區、遠離根據地、後勤保障困難、兵力不足一個師的紅四軍沿途要同兩倍以上的敵方正規軍和大量的「清匪團」作戰等，因此，奪占安慶毫無勝利的希望。相反的，如果紅四軍改變原來的計畫，及時南下到被敵人疏忽的蘄春、黃梅、廣濟地區作戰，不但制勝的條件很多，且能調動和牽制江南部分敵人，以配合中央革命根據地的反「圍剿」作戰。

基於這一正確的情況分析，紅四軍首長當機立斷，放棄奪取安慶的計畫，實行南下作戰，果然連戰連勝，達到了預想的作戰目的。

36 鋒芒畢露，楊修聰明誤己

「察見淵魚者不祥，智料隱匿者有殃。」立身處世，不可太露鋒芒、表現自己、好逞才能、不知檢束。一個人有無素養，不僅在於他有無韜略，而且還在於他會不會做人。楊修聰明反被聰明誤，實在是太不值得。

曹操敗北，屯兵於斜谷界口，日子久了，很想打出去，但口外有馬超扼守；若是收兵回許都，又怕被蜀兵取笑，心中猶豫不決。

恰好庖官送雞湯進來。曹操見碗中有雞肋，感觸頗深。正沉吟間，夏侯惇入帳，問今晚口令，曹操隨口說：「雞肋！雞肋！」於是，夏侯惇傳令下去。行軍主簿楊修見傳「雞肋」口令，便教隨行軍士各自收拾行裝，準備歸去。

夏侯惇聽說此事，大驚，請楊修到帳中詢問究竟，楊修說：「以今夜號令，便知魏王不日將退兵歸也：雞肋者，食之無肉，棄之有味。今進不能勝，退恐人笑，在此無益，不如早歸；來日魏王必班師矣。故先收拾行裝，免得臨行慌亂。」

夏侯惇聽了，頗覺有理，也跟著收拾行裝。於是寨中諸將，無不準備歸去。

當夜曹操心煩意亂，難以入眠，於是手提鋼斧，繞寨獨行。望見夏侯惇寨內軍士都在收拾東西，曹操驚詫不已，急忙回帳召夏侯惇追問原由。夏侯惇告知，主簿楊修已猜知大王有歸去之意。曹操喚楊修來問，楊修便將雞肋之意說了。曹操大怒道：「汝怎敢造言，亂我軍心！」喝令刀斧手推出斬首，將首級號令於轅門之外。

楊修爲人恃才自負，屢犯曹操之忌。曹操曾營造一所花園。竣工後，曹操觀看，不置可否，只取筆在門上寫一「活」字。人人都不解其意，楊修說：「『門』內添『活』字，乃『闊』字也。丞相嫌園門闊耳。」於是再築圍牆，改造完畢，又請曹操前往觀看。曹操大喜，問是誰解此意，左右回答是楊修。曹操嘴上雖讚美幾句，心裡卻很不舒服。

又有一天，塞北送來一盒酥，曹操在盒子上寫了「一盒酥」三字。正巧楊修進來，看了盒子上的字，竟取來湯匙與衆人分而食之。曹操問是何故，楊修說：「盒上明書『一人一口酥』，豈敢違丞相之命乎？」曹操聽了，雖然面帶笑容，可心中十分厭惡。

曹操深怕有人暗中謀害自己，謊稱自己在夢裡好殺人，告誡侍從在他睡著時切勿靠近他，並因此而故意殺死了一個替他拾被子的侍從。當埋葬這名侍者時，楊修喟然嘆道：「丞相非在夢中，君乃在夢中耳！」曹操聽了之後，心裡愈加厭惡楊修。

此後，在曹丕與曹植的明爭暗鬥中，楊修經常暗助曹植，出謀畫策，以使曹植討得曹操的歡喜，曹操知道後，大為惱怒：「匹夫安敢欺我耶！」此時已有殺修之心。所以，今借惑亂軍心之罪殺楊修，自非偶然。楊修死時僅三十四歲。

曹操殺楊修後不久，便撤兵回到許昌。

俗話說得好：「聰明反被聰明誤。」應該肯定，楊修是一個絕頂聰明的人。問題在於他被聰明所誤。處處都要露一手，所謂「恃才放曠」，不顧及別人受不受得了，不考慮別人討不討厭，而這個「別人」又是恃才傲物的曹操。於是，針尖對麥芒，楊修終成為一個悲劇角色。

楊修智慧超人，卻因過於自負，不給曹操留一點面子，而喪失性命。這是聰明者應該記取的一條教訓。曹操的「雞肋」、「一盒酥」、門中的「活」字等，都是一種普通的智力測驗、一種文字遊戲。他的出發點不是眞為了給大家出題測試，而是要賣弄自己的超人才智，因此，他主觀上並不希望有誰能夠點破。在這種情況下，哪怕猜著了，也只能含而不露，甚至還要以某種意義上的「愚笨」去襯托上司的「才智」。

但是，楊修卻毫不隱諱地點破了曹操的迷局，甚至給人一種與曹操較勁的感覺。如果僅限於「活」與「闊」的遊戲之內，倒還無大礙，曹操縱然想除掉楊修，也無由下手。可楊修卻在曹操失漢中退守斜谷、左右為難之際，將曹操的「雞肋」之痛公之於衆，讓曹操抓住了一個很好的殺人藉口。可見，楊修是自招殺身之禍。事實證明，楊修的猜測並沒有錯，曹操不久便撤兵回到許昌。他唯一的錯就錯在鋒芒畢露。

楊修鋒芒外露，好逞才能，不知檢束。但他因此而賠上自己的性命，未免太可惜了。楊修聰明反被聰明誤的故事告訴我們：立身處事，必須具備良好的素養；處處想到表現自己、放任自己，無視他人的自尊心和心理承受能力，鋒芒畢露，咄咄逼人，必然會招來忌恨的眼光，引火燒身。中國有句俗話，「槍打出頭鳥」，過於逞能，必有危險。

〈縱橫古今〉㊱

孺子假寐

「察見淵魚者不祥，智料隱匿者有殃。」

大書法家王羲之小時很受大將軍王敦喜愛，常讓他在自己的帳子裡睡覺。一次王敦先起床，接著錢風入門來，兩人屏退旁人，密商謀反，卻忘了還有小孩在帳中睡覺。

王羲之當時已醒，聽到他們謀反的事，知道自己醒著這事一旦被王敦發覺，一定會殺人滅口。他急中生智，裝成熟睡的樣子。當王敦發覺還有小孩在帳中，驚恐說：非殺他不可了。但打開被子一看，王羲之熟睡未醒，這才保住了性命。

37 目空一切，關羽自釀悲劇

「禍莫大於輕敵。」輕敵的結果，一是無謀，一是無備，這些都是兵家大忌。犯此大忌，勇猛又有何用!?關羽目空一切，終於落得敗走麥城的悲劇。歷史上有項羽，又有關羽，如果現代還有步後塵者，就連「二羽」也不如了。

關羽敗走麥城的悲劇給歷代兵家留下了許多值得思考的問題。從他走向敗亡的幾個關鍵點上，我們不難看出這位常勝將軍的素質缺陷。

當曹操致書東吳、約孫權攻取荊州之時，孫權感覺到對形勢把握不準，想摸清底細之後再做決定。所以，他一方面好言打發了曹操的使者，另一方面派諸葛瑾去荊州替他的兒子說親，借此探聽關羽的虛實。

然而，當諸葛瑾提出要關羽的女兒許配孫權之子、使「兩家結好，並力破曹」時，關羽盛氣凌人：「吾虎女安肯嫁犬子乎！」一句話將諸葛瑾堵住。結果，孫權最後下定決心，聯合曹操襲取荊州。關羽陷入兩面作戰的不利態勢。

呂蒙佯病，託疾辭職，孫權拜陸遜為偏將軍、右都督，代呂蒙守陸口。陸遜上任後，「具名馬、異錦、酒禮等物」，遣使赴樊城見關羽。關羽卻指著來使說：「仲謀見識短淺，用此孺子為將！」接著仰面大笑，流露出輕視的表情。於是，他放鬆了對東吳的戒備，將荊州大半兵力調赴樊城，準備進攻魏兵。結果，呂蒙率兵乘虛而入，輕易地襲取了荊州。

當關羽敗退麥城，東吳繼續用攻心戰術瓦解蜀軍，造成部隊減員，戰鬥力日漸消弱。然而，關羽在這種被動不利的局面中，不設法鞏固隊伍、穩定軍心，仍然只憑自己的一身勇氣力抗硬拚。直到他率數騎突圍，部將王甫提醒他「小路有埋伏，可走大路」時，這位將軍還驕橫地說：「雖有埋伏，吾何懼哉！」結果，誤入東吳的埋伏，苦戰一夜，雖闖過幾道難關，最後還是被吳兵生擒活拿。

關羽自出世以來，馳騁疆場，身經百戰。從「酒尚溫時斬華雄」到「過五關斬六將」，再到「關雲長放水淹七軍」，可謂名副其實的常勝將軍，沒有眞正嘗過打敗仗的滋味。然而，他敗走麥城，卻留下了一件終生憾事。

事實上，關羽由屢勝而生驕心，目空一切由來已久。如劉備平定益州後，封馬超為平西將軍，關羽見馬超歸附不久就做大將，心中憤然，竟要入川與馬超比試高低，經諸葛亮婉言勸慰，方得化解。又如，劉備稱漢中王後，封關羽、張飛、趙雲、馬超和黃忠為五虎大將。當劉備派前部費詩為使送印給關羽時，關羽聽說黃忠與自己並列，不禁大怒說：「大丈夫誓不跟老兵同列！」不肯受印。經費詩勸解，關羽才接下封印。

由此可見，關羽的心胸並不十分寬闊，而是傲氣逼人。他輕視同僚，也輕視敵人，自以為手中的青龍偃月刀所向無敵，看不到他人的力量所在。

兵法說：「禍莫大於輕敵。」輕敵則會失去戒備之心，並使自己變得無謀。在敗走麥城的前後一段時期內，關羽完全失去智與謀，只剩下了勇。歷史證明，一個將領被勝利沖昏頭腦時，不僅會麻痺輕敵，而且不能審時度勢，忘卻戰略目標。

早在諸葛亮入川之時，曾就關羽性格中「剛而自矜」的弱點，為他提出了鎮守荊州的八字方針，即「北拒曹操，東和孫權」，並再三叮囑。最初，關羽較為謹慎，時常注視敵方動向。但後來，他把這一切忘得一乾二淨，憑意氣、性格、感覺去孤立地對待每一個問題，結果陷入處處被動的境地。

評價一名將帥的軍事素養，並不能只簡單地看他打了幾次勝仗，而要看他是否有戰略眼光，是否能正確地認識對手，對待對手能否從大局出發，爭取戰場上的主動。關羽目中無人，不顧大局，我行我素，終於引火燒身，把自己推向了悲劇的下場。不管什麼人，只要他目空一切，就無智謀可言，就必然走向敗亡。

在中外戰爭史上，自以爲是、目空一切、不顧大局的將帥大有人在，我們應從他們身上記取教訓。

〈縱橫古今〉㊲

入甕之鱉

明初，成祖朱棣命淇國公丘福爲征虜大將軍，領十萬精兵進攻韃靼。臨行前，朱棣慮其輕敵，告誡說：「兵事須愼重，自開平以北雖不見敵，應時時如臨敵。毋失機，毋輕犯，毋爲所紿，一舉未捷，俟再舉，爾舉愼之。」

明軍經開平出塞，丘福率千餘騎先行，到達臚朐河南岸時，與韃靼游兵相遇，將其擊敗。丘福乘勝渡河，又俘獲韃靼尙書一名。丘福向其詢問其主所在地，韃靼尙書詭稱其主北逃不過三十里。丘福信以爲眞，決定率先頭部隊「疾馳擒之」。

諸將皆不贊同丘福的這一決議，建議待各軍集中，偵知虛實後再進。丘福自以爲得勢，不顧大局，率部直襲韃靼營。連戰兩日，韃靼軍總是佯退敗走，更助長了丘福的輕敵心理，他目空一切，一心要擒韃靼主，遂孤軍猛進。

這時，部將提醒他，這是敵人的示弱引誘之計，進必不利，「如退則爲敵所乘，不如結營固守，……各軍畢至，可進可退。現在尤其要防敵設伏，斷我退路」。但是，丘福仍然一意孤行，並下令：「不從命者斬！」又率騎先馳，諸將不得不率部同行。

不久，韃靼大軍突然襲來，包圍了丘福所率的先頭部隊，丘福猝不及防，孤立無援，與部將皆被俘而死。丘福所率先頭部隊被殲之後，明軍後續部隊皆不戰而還。

38 怒而興師，劉備報仇失大局

「主不可怒而興師，將不可慍而致戰。」戰爭關係國家存亡，應持愼重態度。固執己見，意氣用事，一意孤行，必然造成悲劇。劉備報仇心切，不聽勸諫，怒而興師，不僅造成戰略失誤，而且釀成猇亭悲劇，確實值得人們深思。

關羽敗走麥城，被東吳擒殺，劉備痛不欲生，念念不忘結義兄弟之仇，剛一稱帝，便決心親自「起傾國之兵」，討伐孫權，爲關羽報仇。

對於劉備的興兵，蜀國的文臣武將紛紛勸諫。趙雲諫曰：「國賊乃曹操，非孫權也。」他建議劉備早圖關中，討伐曹丕，「若捨魏以伐吳，兵勢一交，豈能驟解」，並明確指出：「漢賊之仇，公也；兄弟之仇，私也。願以天下爲重。」

諸葛亮也引百官到劉備操演兵馬的教場上勸諫：「陛下初登寶位，若欲北討漢賊，以伸大義於天下，方可親統六師；若只欲伐吳，命一上將統軍伐之可也。」

學士秦宓在劉備臨行前冒死上奏：「陛下捨萬乘之軀，而徇小義，古人所不取也。」正値劉備欲斬秦宓時，諸葛亮再一次上表，救秦宓而勸劉備。但是，劉備始終固執己見，不改初衷，擲表於地說：「朕意已決，無得再諫！」

當諸葛瑾作爲東吳使者，表示東吳「願送歸夫人，縛還降將，並將荊州仍舊交還，永結盟好共滅曹丕，以正篡逆之罪」，並指出劉備「捨大義而就小義」的行爲實不足取，劉備仍然置若罔聞。

他把所有人士的勸諫都置之一旁，只記私仇，堅持親率大軍伐吳的錯誤決策，結果，使蜀軍繼荊襄之敗後，又出現了猇亭悲劇。

曹操病死之後，曹丕乘機將漢獻帝趕下台，篡奪了帝位，遭到天下志士的強烈反對。號稱「皇叔」的劉備，爲了「嗣武二祖，躬行天罰」，受到群臣的擁戴，也在成都隨之稱帝。這時，形勢對劉備極爲有利。

倘若劉備利用這個時機，出兵伐魏，不僅師出有名，順應民意，爭取政治上的主動，而且可以促使吳、蜀兩家重歸於好，再次結成聯盟。然而，劉備全無戰略眼光，一意孤行，像一頭瞎眼的火牛，只會往前衝，不知停蹄，也不會轉彎，最後，只落得自取失敗、白帝託孤的下場。

劉備執意進攻東吳的原因，首先是他入川以後取得了一系列的軍事勝利，隨之又在群臣的擁戴下稱帝，於是，他開始變得昏淺、執拗，誰是敵人，誰是朋友，當前與今後的方向是什麼，他都不清楚。其次，兄弟私仇、個人憤恨在胸中燃燒，爲了報仇，他喪失理智，失去冷靜，不與人謀。在這種狀態下，劉備不可能從戰略全局去觀察分析形勢，也不可能根據具體情況制定正確的策略。

「主不可以怒而興師，將不可以慍而致戰。」在戰略決策的重大問題上，將帥必須加以愼重研究，切不可因一時的怒火而興師出戰。宋代蘇軾在〈留侯論〉中，對這個問題也作過了精闢的論述：

匹夫見辱，拔劍而起，挺身而鬥，此不足勇也。天下大勇者，猝然臨之而不驚，無故加之而不怒，此其所挾持者甚大，而其志甚遠也。

在戰爭中，因受敵人侮辱，或雙方結下深仇，盛怒之下，不顧利益得失，不顧全大局，猝然行動，這算不上眞正的英雄。明智的將帥，必會以大局爲重，個人得失與恩怨絲毫影響不了他的決策。

大凡情緒失控的將帥，在軍事上的直接表現爲干擾決策。所以，控制情緒是將帥戰勝自我的第一要件，每個將帥都應該具備憑理性而不是憑感性行動的高素質。軍事上如此，政治、外交上也是如此。在當代國際政治和外交中，就有不少範例。

〈縱横古今〉㊳

榮辱不計於心

在一九五四年日內瓦召開的國際會議上，周恩來看見杜勒斯的時候，他曾自然而然地伸著手向華盛頓的代表走去，杜勒斯卻突然轉身離開。周恩來受到怠慢，中國受到了侮辱。雖然這種羞辱，中國人不會忘懷，但當時的周恩來依然保持著特有的風度。

而一九七一年七月九日，季辛吉「在北京西郊賓館門口迎接他，特別熱情地伸出手」，「直到一九七二年二月二十一日，美國總統尼克森在首都機場主動伸出手」，周恩來的舉止始終文雅莊重、神情泰然自若。他那外弛內張的風度和鋼鐵般的自制力，舉世矚目，不愧爲一代楷模。

39 堅守待機，陸遜出兵先讓步

「盡敵陽節，盈我陰節而奪之。」用謀鬥智，把敵人的銳氣挫損殆盡，把我方的實力積蓄到最充盈的程度，再伺機消滅敵人。陸遜出兵，堅守不戰，在敵方與己方的譏笑嘲諷中，穩如大山，終於促成敵我優劣形勢的轉化。

劉備為報關羽之仇，不顧諸葛亮、趙雲的苦苦勸諫，親率七十五萬大軍伐吳。初戰階段，蜀軍勢如破竹，奪峽口，攻秭歸，直至彝陵、猇亭，深入吳地五六百里，使江南之人盡皆膽寒，日夜號哭。

危機之時，孫權的謀士闞澤推出「儒生」陸遜，吳主孫權力排眾議，任用年輕的陸遜擔任東吳兵馬大都督。陸遜上任後，認眞分析敵我雙方的各方面情況，決定採取牢守避戰、持重待機的策略，他認為：

劉備舉兵東下，連勝十餘陣，銳氣正盛；今只乘高守險，不可輕出，出則不利。……今彼馳騁於平原廣野之間，正自得志；我堅守不出，彼求戰不得，必移屯於山林之間。

於是，陸遜「自春歷夏」，與劉備相持達半年之久。蜀軍將士欲戰不能，鬥志鬆懈，隨著天氣炎熱加劇，劉備便將營寨移於山林之中。陸遜看到蜀軍戰線綿亙數百里，首尾難以相顧，犯了兵家大忌。於是，突然發起反攻，火燒連營，迫使劉備敗走白帝城。

《唐太宗李衞公問對》一書中講：「後則用陰，先則用陽。盡敵陽節，盈我陰節而奪之，此兵家陰陽之妙也。」後發制人要善用潛力，先發制人則用銳氣；把敵方的銳氣挫損殆盡，把我方的潛力積蓄到最充盈的程度，然後消滅敵人。這是兵家運用陰陽轉換的奧妙所在。陸遜正是成功運用了這一兵法原則，擊敗了劉備的七十五萬大軍。

陸遜受命之時，東吳方面處於極度劣勢，劉備大軍則長驅直入，連戰連勝，頗似當年曹操大軍進逼赤壁。若陸遜率吳軍全力迎敵，無異於雞蛋碰石頭。但是陸遜堅守不戰，爲「盡敵陽節，盈我陰節」創造條件。他令吳兵乘高守險，不許出戰。任蜀軍在陣前「辱罵百端」，甚至「解衣卸甲，赤身裸體，或睡或坐」，陸遜只令「塞耳休聽」，視而不見，促使劉備的蜀軍向驕傲、焦躁、疲怠、鬆懈、輕敵的方面轉化。

實施後發制人的計謀，主帥必須有成熟的謀略、性格、心理等方面的修養。因爲，長期堅守不出或實行表面上的退卻，在敵人的屢屢挑戰與辱罵之下，必會影響到自己將士的自尊心。

陸遜文雅懦弱，年紀輕輕，但是，吳主卻在國家危難之際，委以大任。所以，吳國將士（尤其是前線將士）對他都拭目以待，也寄予厚望。希望他能振奮士氣，出奇兵，設奇策，與蜀軍決一雌雄，挽回敗局。但是，陸遜接任後，採取了堅守不出的策略，不痛不癢，不進不退。這對那些缺乏軍事遠見的將領和廣大士兵來說，確是難以理解的。

當時，吳軍內部對陸遜的這一舉動，「皆笑其懦」，有些老將甚至感嘆：「命此孺子爲將，東吳休矣！」陸遜心如磐石，穩如泰山，對來自內部的譏笑諷刺、不滿和憂慮置之不理，堅定不移、有條不紊地實施既定策略，並耐心地撫慰將士。這種素養是一般將領所難以企及的。試想，有幾人能夠做到在同僚的冷嘲熱諷和敵人的笑罵聲中，堅守半年，穩如山林呢⁉

當然，陸遜的守是爲了更有利的攻。當戰爭的形勢轉向有利於東吳方面時，被雙方都譏笑爲孺子、怯懦的一介書生陸遜，一反常態，動如猛虎，抓住反攻的大好時機，雷厲風行，調兵遣將，突施火攻，以摧枯拉朽之勢，一舉擊敗劉備。

一個有修養的將帥，在冷靜、客觀地分析了敵我雙方的優與劣、利與害之後，一般都能較好地處理進與退、動與靜的關係，在被動中求得主動。

待敵先衰

隋末，群雄並起，各霸一方，相互角逐。占據長安的李淵於公元六一八年稱帝，建立大唐，隨即令次子秦王李世民率兵征討占據金城（今蘭州）的西秦霸王薛舉父子。

這時，薛舉也正率兵向東發展勢力。雙方交鋒以後，爭奪激烈，李世民的軍隊在陝西高墌城被薛舉大敗，李世民返回長安。在薛舉正欲乘勝攻取長安時，突然患病去世，薛仁杲繼承西秦霸王。於是，李世民再度出兵，進至高墌城，衆將紛紛建議：薛舉已死，薛仁杲新立，其內部不穩，應乘機大進。

李世民耐心解釋說：我軍新敗，士氣不振，薛軍取勝後，有輕視我軍的情緒，現在正是他糧食充足、士氣旺盛之時，進行決戰對我實屬不利。因此，應該堅守待機，等他久困兵疲、糧運不濟，再發起進攻，便可一舉成功，大獲全勝。爲了制止將領們輕率出戰，李世民下令：如再有請戰者，按軍法問斬！

薛仁杲見李世民堅守不出，便迫不及待，每日派人到陣前叫罵挑戰。李世民穩坐軍帳，置之不理。兩軍相持兩個月後，形勢逐漸發生了變化。薛軍糧草不濟，將領一個個愁眉不展，士兵因糧食一減再減，又不時遭長官毒打，逃跑之事不時發生。

在這種情況下，李世民認爲大舉反攻的時機已到，即令大將龐玉領兵從正面進攻，自己親率精兵繞到薛軍背後。薛軍大敗，四處逃散，李世民大軍乘機包圍薛仁杲據守的高墌城。薛仁杲見大勢已去，便率軍出城投降。

40 韜光養晦，司馬懿忍辱裝病

「靜不露機，雲雷屯也。」「善戰者之勝也，無智名，無勇功。」要成大事，必須要有忍辱負重的氣魄，能屈能伸，藏鋒於內。只有平靜，才能爆發。司馬懿裝聾扮癡，以老就老，迷惑對手，一舉制敵。

曹魏明帝死後，遺詔由曹爽與司馬懿共同輔佐曹芳執政，曹爽用明升暗降之術，奪去了司馬懿的大權。於是司馬懿明裝生病，暗備反撲。曹爽見司馬懿已是風燭殘年，便放鬆了警惕，經常與何晏、鄧颺等人去打獵，其弟曹羲提醒他，小心被人暗算。

但是曹爽不聽，斥責說：「兵權在吾手中，何懼之有！」曹爽一貫獨攬大權，確實不了解司馬懿的底細。這時，正好魏主任命李勝爲荊州刺史，便叫李勝去向司馬懿辭行，藉以探聽虛實。

司馬懿聽說李勝要來辭行，便對兩個兒子說：「此乃曹爽使來探吾病之虛實也。」便摘掉帽子，披散頭髮，上床抱著一床被子坐著，又叫兩個女僕攙扶著，才請李勝進來。

李勝到床前行禮說：「一向不見太傅，誰想如此病重。今天子命某爲荊州刺史，特來拜辭。

」司馬懿假裝回答說：「幷州近朔方，好為之備。」李勝連忙說：「除荊州刺史，非『幷州』也。」司馬懿笑道：「你方從幷州來？」李勝回答：「漢上荊州耳。」司馬懿大笑：「你從荊州來也！」

李勝問太傅何以病成這樣，身邊人說：「太傅耳聾。」於是，李勝要了筆和紙，寫給司馬懿看。司馬懿看了笑著說：「吾病得耳聾了。此去保重。」說完，用手指嘴。女僕餵水，司馬懿用嘴就湯，「湯流滿襟，乃作哽噎之聲」，他說：「吾今衰老病篤，死在旦夕矣。二子不肖，望君教之。君若見大將軍，千萬看覷二子！」說罷，倒在床上，「聲嘶氣喘」。

李勝拜別了司馬懿，回去見到曹爽，將情況細說了一遍。曹爽大喜說：「此老若死，吾無憂矣！」豈知，他已中了司馬懿的計謀。

假裝不知道，實際上非常清楚；假裝無所作為，實際上是在靜觀形勢，伺機而動。司馬懿身處險境，必須收斂鋒芒，他以老就老，裝聾扮癡。病、老、癡最容易使對手喪失警惕。想當年，劉備在曹操那裡做客時，也曾百般施用韜光養晦之計，但是，遠不及司馬懿高明，高明得讓曹爽徹底放心。當然，劉備的對手曹操比起司馬懿的對手曹爽，不知要高明多少倍。

司馬懿雖然身為宰相，而且受到一批世族勢力的擁護，但是，實力旁落，兵權被曹爽一夥牢牢抓住。在這種情況下，司馬懿雖有大志，也不可與曹爽公開爭鬥。當時，司馬懿已整整七十歲了，還在如此精彩地表演韜晦的角色，不露痕跡地藏鋒於內，靜待時機，充分顯現「老驥伏櫪，志在千里」的精神和意志。

司馬懿的韜光養晦之計，並不是每一位有志者都可以做到的，它必須以良好的素養為基礎。韜光養晦，在很多情況下都需要以無能或病態的表現迷惑對方，所以，實施者要具有忍辱負重、能屈能伸、可上可下的意志和氣度。這樣才可達到突然爆發、攻敵不備的目的，一舉制服對手。

《三十六計》中說：「寧僞作不知不爲；不僞作假知妄爲。靜不露機，雲雷屯也。」所以善於運籌謀略的人，往往是在平靜中突然爆發，出手制人，正所謂「善戰者之勝也，無智名，無勇功」。

〈縱橫古今〉㊵

騙來的帝位

明代，朱棣裝瘋賣傻，奪權皇位，其計謀的運用，與司馬懿何等相似。

朱元璋當上皇帝之後，先後封了十四個兒子爲王。他死後，太子朱標早已亡故，故立長孫爲帝，即建文皇帝。建文知道眾多叔父對他的皇位威脅很大，便用計削藩，許多藩王都被流放或殺掉。燕王朱棣備感唇亡齒寒，部將勸他造反，但因準備不足，只好暫時隱忍。

燕王部屬葛誠被建文帝收買，騙朱棣入京（南京），建文本想將他扣留，但一時找不到藉口，便又放他回了燕京。燕王一回，立即裝瘋賣傻。有一次出門幾天不回，後來有人找到他，見他睡在泥潭裡，將他扶起來，他還大罵：我好好地睡在床上，幹嘛要搞我出去？他在暑天穿著皮袍圍著火爐還渾身打抖，說天氣太冷。

燕王正是透過這一計謀，使建文帝放鬆對他的戒心，贏得充足的時間，做好充分的準備，最後舉兵造反，勢不可擋，奪取了皇位，成爲歷史上著名的明成祖。

伍 虛實篇

■篇題要□

「兵者，詭道也。」在古往今來的戰爭中，兵家無不是爲了己勝而敵敗。爲了「算敵未算」、「算在敵先」，兵家高手們在虛實變化中大作文章。虛實總是與眞假、強弱緊密結合在一起。兵法曰：「虛實在我，貴我能誤敵：或虛而示之以實，或實而示之以虛；或虛而虛之，使敵轉疑以我爲實；或實而實之，使敵轉疑以我爲虛。」虛實相亂，奧祕無窮。本篇展示了三國將帥虛實運籌的藝術。

41 假眞眞假，周瑜怒打黃蓋

「人不自害，受害必眞。」苦肉計逆人之常情，行自我傷害之舉，欺詐敵人，必可取信於敵。黃蓋詐降，周瑜眞打，竟也騙過了精通兵法戰策的曹操。誰又能料到皮開肉綻中會有假!?

赤壁大戰前夕，周瑜與諸葛亮商定了火攻曹營的計畫，並打算以詐降爲名，使實行火攻的兵船能順利渡過長江，接近曹營船隊。

這天，周瑜正在帳中考慮詐降的人選，東吳老將黃蓋悄悄走了進來，建議周瑜用火攻。周瑜見不謀而合，便說：我正有此意，故留下前來詐降的蔡中、蔡和，利用他們暗通消息；「但恨無一人爲我行詐降計耳。」黃蓋聽罷，立即表示：爲了東吳，老夫願前去詐降！周瑜大喜，拜謝過黃蓋之後，又如此這般地與他密議了一陣。

第二天，周瑜鳴鼓會集衆將說：曹操有百萬大軍，連絡三百餘里，看來破曹非一日之功；各將可先領三個月糧草，做好相持的準備。話音剛落，黃蓋上前大聲嚷道：不用說三個月，就是三十個月也破不了曹操；不如依張昭所言，向曹操投降罷了。周瑜大怒道：吳侯有令，再有說降曹者斬！現在兩軍對壘，你竟然說出此話，擾亂軍心，該當死罪！黃蓋也怒氣沖沖喝罵：我跟孫堅將軍打天下至今已三代了，那時你還不知在哪兒呢！

周瑜越發怒不可遏，喝令將黃蓋推出斬首。衆將見狀不妙，紛紛跪下求情。周瑜順勢免了黃蓋死罪，但命左右「拖翻，打一百脊杖，以正其罪」！黃蓋被剝了衣服，拖翻在地，重打了五十脊杖，寄下五十大棍。

黃蓋被打得皮開肉綻，回到帳中，一連數天臥床不起。衆將對周瑜的做法大惑不解，只有黃蓋的好友闞澤看出其中的奧妙。他深爲黃蓋感動，自告奮勇替黃蓋送詐降書，與曹操約好投降的時間和信號。

到了約定時間，黃蓋率領幾十艘船隻，直駛北岸。曹操正等著受降。不料，黃蓋的船隊靠近後，突然放起火來。曹軍的戰船因被鐵鏈鎖在一起無法散開，頃刻被大火籠罩。周瑜與黃蓋的詐降之戲獲得了圓滿成功。

「周瑜打黃蓋，一個願打，一個願挨。」這句在群衆中廣爲流傳的口頭語，是赤壁大戰中的一個重要環節。周瑜打黃蓋用的是苦肉計。《三十六計》關於此計的解語中說：「人不自害，受害必眞；假眞眞假，間以得行。」意思是講，人們一般不會自我傷害，遭受傷害其事必眞；我以假亂眞，並使敵方深信不疑，離間就可以實現了。可見苦肉計逆人之常情、行自我傷害之舉，欺詐敵人，必可取信於敵。

一般說來，使用詐降計謀，若能違背人們分析判斷問題的習慣行事，對方就很難看透本意，成功的把握就要大得多。黃蓋詐降曹操，是爲了靠近曹營，作好強攻的準備。兵法曰：受降如受敵。曹操這樣一位精通兵法戰策的統帥，對於毫無重要原因而來投降的敵將，一般是不會輕信的。尤其像黃蓋這樣一個江東老將，更不可能輕易地取得曹操的信任。所以，周瑜巧妙地設計了這麼一個苦肉計，不僅要打，而且打得實在，打得眞實。這就給黃蓋降曹創造了有利的條件。因此，苦肉計必須付出巨大的肉體上的代價，若非忠勇之士不能成此謀。

兵不厭詐，這一計謀在軍事鬥爭中隨處都可以體現出來。周瑜打黃蓋這件事啓示我們，對於那些善於製造投降假象的對方，處處要加以提防小心；反之，在戰爭的關節點上，派得力之人巧妙地打入敵人內部，則是打開勝利之門的重要一環，哪怕是必須付出一定的代價。

中外戰爭史上，詐降之例不勝枚舉。上當者有之，識破者有之。向敵人詐降，常常伴之以苦肉計，以使對方感到降之有因、信而無疑。

〈縱橫古今〉㊶

「一臂」之力

南宋時期，金國主帥金兀朮統兵南侵，與宋軍主將岳飛對陣於朱仙鎮。金兀朮有一義子陸文龍，驍勇善戰，爲岳家軍勁敵。岳飛悶悶不樂，一直掛著「免戰牌」，不與金軍對陣。岳飛部下有一個叫王佐的人，原來是農民起義軍楊么的部下，投降岳飛後，一直沒有建立什麼功勞。這一次，他想用苦肉計詐降立功。

王佐知道陸文龍出身漢人，其父陸登是宋朝節度使，金兀朮攻破陸登守衛的城池，迫使陸登夫婦自殺殉國。當時陸文龍才三歲，金兀朮將他和乳母帶回金國，並收爲義子。現在陸文龍什麼也不知道，反而成了敵國最勇武的小將。

於是，王佐自斷右臂，向岳飛請示去投金營。王佐見了金兀朮，述說了自己的眞實履歷，又說因爲他在昨天的軍事會議上主張議和，而被岳飛砍了右臂，還被強迫來金營傳話。金兀朮十分同情，封他爲苦人兒，養他終身，准他在金營中自由行走。

王佐便利用這一條件，接近陸文龍的乳娘，進而以講中原故事吸引陸文龍，最後道出了陸文龍的身世。經乳娘證明，陸文龍才知道自己認賊作父，想去殺金兀朮，被王佐勸住。後來三人找機會逃回宋營，使金兀朮少了一員最厲害的大將。

誰會料到斷臂中竟也有假⁉詐，伴之以勇，則無事不能成。

42 虛虛實實，太史慈練箭突圍

「虛實在我，貴我能誤敵。」虛實相亂，虛張聲勢，佯動欺敵，運用之妙，不一而足。太史慈巧擺虛實陣，借反覆練箭麻痺敵人，一舉獲得成功。

東漢末年，黃巾軍進攻北海，北海相孔融被管亥率領的黃巾軍圍困在都昌。孔融欲向平原相劉備求救，但因敵軍圍城太嚴，無法出城。這時，太史慈從遼東回家省親，其母催他去救孔融。太史慈便單騎闖入都昌城，自告奮勇，主動承擔了突圍請求救兵的重任。太史慈知道，如果硬往外衝，無異於弱羊投虎口，要想成功，必用奇計。

於是，太史慈騎馬持弓，命兩人手持箭靶跟隨他衝出城門。圍城的黃巾軍見他們闖出來，以爲是挑戰，立即調動人馬，嚴陣以待。然而，太史慈卻走到城下塹壕內，放好箭靶，往來馳射。射完之後，便逕自回城。第二天，太史慈又出城練習射箭，與頭一天一模一樣，黃巾軍見了，不以爲意，有的站起來，有的躺在那裡動也不動一下。

到了第三日，太史慈又騎馬出城了，黃巾軍這時已習以爲常，對他毫不戒備。誰知太史慈這次卻朝馬屁股猛抽幾鞭，向城外猛奔。黃巾軍沒料到這意外的舉動，等到上馬追趕時，太史慈早已走遠了。太史慈突出重圍，來到劉備那裡，搬來了三千救兵，解了都昌之圍。

兵者，詭道也，虛虛實實，無有定規。兵不厭詐，要用各種手段迷惑、欺騙敵人。太史慈的目的是爲了突圍，但是，僅靠城中有限的力量，無論如何也衝不出黃巾軍的包圍，必須採取一種使對手放鬆警惕的行動，給自己的突圍創造條件。太史慈機智地選擇了出城練習射箭這一形式，一而再、再而三，透過單調的反覆動作，擊垮了對方的戒備心理。

眞眞假假，虛虛實實。虛實相亂計，沒有一定的規律，運用之妙，不一而足，只要能使敵方上當即可。佯動欺敵，以假亂眞，變化無窮。總歸一句話，就是混淆敵人的認知，我則可以趁機取勝。

中國有一則寓言故事叫「狼來了」，告誡人們不要說假話。但是，在敵我雙方的激烈鬥爭中，「狼來了」是一種正常的謀略。本例包含的「虛虛實實」謀略，實際上就是一種「狼來了」現象。運用知識破這一謀略，歷來都爲兵家所重視。對於敵方的虛虛實實，我則時刻不能鬆懈；我在實施此謀略時，則應盡量麻痺敵方，使之眞假不辨、懈怠無備。

〈縱橫古今〉㊷

無備有患

北魏時期，高歡征討爾朱兆，就以虛虛實實的計謀取得了成功。

一天，爾朱兆突然得報，高歡大軍從晉陽開來，不日可到。爾朱兆剛敗於高歡，已是驚弓之鳥，一聽說高歡來攻，驚恐萬狀，急忙下令部隊作好迎戰準備。可是，過了數日，不見動靜，探馬來報，高歡已收兵回營。爾朱兆虛驚一場。

過了十數天，探馬急報同樣的消息，爾朱兆不敢鬆懈，部下卻有點不在乎了。緊張一陣之後，未見絲毫動靜。不幾日，又傳來高歡出兵的消息，爾朱兆也有點將信將疑，最後仍然與前兩次一樣。爾朱兆認爲「事不過三」，不可能會有第四次了。

可是，不久再度傳來了高歡率大軍離開晉陽的消息。爾朱兆緊張地調兵遣將，未曾料到又是一場空忙。爾朱兆這時斷定，高歡這是爲了集中精力對付關中及朝內反對勢力，故意虛張聲勢，以防侵擾。所以，他心中的憂慮盡消，對高歡也就毫無戒備了。

高歡得知爾朱兆放鬆了戒備之心，知道自己的計謀已獲成功，便制定了大舉進攻的計畫。一切準備就緒，高歡斷定爾朱兆官兵一定會在除夕之夜大擺酒宴，放鬆戒備，遂決定利用節日偷襲爾朱兆。正月初一，高歡以精騎掩襲爾朱兆，在大軍突襲下，爾朱兆將士四處逃竄。

爾朱兆自知難逃厄運，便要部將割下他的頭去投降領賞。部將不忍，他就舉刀殺死了自己的坐騎，然後在一棵大樹上自縊而亡。

陸游有詩道：「天機雲錦用在我，剪裁妙處非刀尺。」此詩點出了這一謀略的精奧之義。

43 示假隱眞，張飛布疑擒嚴顏

一計不成，再生一計，粗張飛成爲智將軍。眞假意圖，眞假張飛，虛實相間，張飛蒙混了嚴顏，以伏擊反伏擊，頗具有創造性。讀者無不爲張飛擊掌叫絕。

龐統死後，諸葛亮立即由荊州起兵，派趙雲爲先鋒，從水路直奔雒城；另外又派張飛率精兵取大路入川。

諸葛亮宣布「先到者爲頭功」。張飛得令後，即刻殺奔西川。當行至巴郡時，遇到了蜀中老將嚴顏的頑強抵抗。嚴顏深知張飛驍勇善戰，但性情急暴，故而採取堅守不戰的戰術。張飛幾次攻城都被亂箭射回，他心急如火。

爲了尋求破敵之策，張飛乘馬登山，瞭望城中，見巴郡防守堅固，強攻難以奏效。於是，張飛命令騎兵下馬，步兵皆坐於地，引誘嚴顏，但城內仍無動靜。接著，張飛又採用激將法，讓三五十個士兵到城下去叫罵，但老嚴顏仍然識破了他的計謀，儘管一連幾日咒罵不休，嚴顏「全然不出」。

張飛眉頭一皺，又生一計，下令士兵到四面的山林中砍打柴草，尋找繞過巴郡的小路。嚴顏在城中，一連幾天不見張飛動靜，心中犯疑，便打發十幾個士兵，扮成張飛砍柴的士兵模樣，悄悄出城混在裡面，跟到林中去探聽消息。那天各部士兵回營，張飛透露已探出一條小路，並傳令軍卒「二更造飯，趁三更明月」，全部出發，不許出聲，悄悄行動。

嚴顏的探子聽到這一消息，都回城作了報告。嚴顏十分得意，立即傳令：「今夜二更也造飯，三更出城。」伏在樹木草叢中，待張飛過去，車仗來時，鼓聲一響，一齊殺出。嚴顏的將士行動井然有序，一切安排停當。半夜剛過，遠遠望見張飛親自走在前面，悄悄領著軍隊前行。

待張飛走遠，車仗人馬逐漸走近，嚴顏一聲令下，鼓聲響起，埋伏的士兵一起殺出。正當他們搶奪車馬時，背後一聲鑼響，一支精兵殺來，只聽得一聲大喝：「老賊休走！我等得你恰好！」嚴顏猛回頭看時，為首一員大將「豹頭環眼，燕頷虎鬚，使丈八矛，騎深烏馬：乃是張飛」。

嚴顏手腳慌亂，被張飛生擒。原來先過去的是假張飛。嚴顏被擒，川兵紛紛投降。嚴顏最終也被張飛的豪情所感化，歸降張飛。

這次作戰，張飛一連串的施謀用智十分精彩。一個嚴守不戰，一個急於速戰，雙方僵持，幾次惹得張飛咬牙切齒、怒目圓睜。但是，這次他控制了急躁情緒，既不喝酒解煩，也不鞭打士兵消氣，而是冷靜下來動腦筋，實地調查，一計不成，再生一計。

最後想出一條計策，竟是如此周密，放長線，釣大魚，將假的作戰意圖故意暴露於敵，把老成持重的嚴顏調出了「虎穴」。然後眞假張飛，蒙混嚴顏，出奇制勝，終於將嚴顏擒獲，攻下巴郡。

張飛對付嚴顏的反伏擊戰術，虛實相間，頗有創造性。你看，這樣的一幕多麼動人：夜色下，假張飛橫矛縱馬，率軍從小道悄然而過，埋伏在林中的老嚴顏目睹此景，得意非凡，正要襲擊尾隨而行的車仗人馬，不料「豹頭環眼，燕頷虎鬚，使丈八矛」的眞張飛卻突然出現在他背後，將其活捉。

張飛最初用謀並不在行，長坂橋上雖能巧施計謀，喝退百萬曹兵，但終因拆橋露了眞相，使曹軍復渡漢水，追殺過來。入西川時，張飛在用謀方面已較成熟，能夠不斷地施用計謀，制服對手。張飛用謀的重大進步說明了一個道理：即使是性格粗魯、急躁的將領，如果有心在戰爭中學習戰爭，時時把握「上兵伐謀」的基本原則，精心設計制敵良策，同樣能夠出奇謀、施妙計。

張飛此戰中最成功的戰術在謀略上稱爲「示假隱眞」，它強調積極、主動。張飛一是向嚴顏示以假的作戰方案，二是向嚴顏示以假張飛。示假是爲了調動敵方，然後以「眞」制敵。兵事貴密，爭戰雙方，無不以各種手段製造假象，以隱蔽自己的眞實意圖。

替身演員

一九四四年，西方盟軍決定在諾曼地實施登陸作戰。

爲了迷惑敵人，取得出奇制勝的效果，英美聯軍情報部門精心策畫一個冒名頂替的欺敵行動，故意讓德國人拿到一些「證據」，證明英國登陸部隊的司令官蒙哥馬利元帥已離開英國本土，到直布羅陀和阿爾及爾視察去了。於是，英國情報部門精心物色了一個蒙哥馬利元帥的替身——陸軍中尉傑姆士，讓他扮演蒙哥馬利元帥。

經過周密訓練，由傑姆士扮演的「蒙哥馬利元帥」在高級將領的歡送聲中，搭乘首相專機飛往直布羅陀和阿爾及爾。與此同時，英國情報部門又故意放出風聲說，蒙哥馬利元帥視察的重要使命是：編組英美聯軍，可能向法國南部海岸登陸。

納粹當局得知消息，開始也半信半疑。爲證實眞僞，特派兩個高級間諜前往直布羅陀進行偵察。由於傑姆士中尉表演逼眞，使德國間諜確信到直布羅陀去的就是蒙哥馬利。甚至連直布羅陀總督、蒙哥馬利元帥的密友沙拉爾將軍，也以爲蒙哥馬利元帥臨時改變了計畫前來視察。

英軍情報部門設計的這一冒名頂替的欺騙行動，收到了奇效。德軍統帥部終於誤信了西方盟軍要在法國的加來地區登陸，而把防守諾曼地地區的兩個坦克師和六個步兵師抽調到那裡，從而大大減輕了盟軍在諾曼地登陸時的壓力，促成了這次戰役的順利成功。

44 實而實之，諸葛亮智算華容道

「實而實之，使敵轉疑以我爲虛。」我料敵，敵也必在料我；我謀敵，敵也必要破謀。關鍵在於算在敵先，算敵所算，方可算敵所未算。曹操與諸葛亮的這場交鋒是虛與實的心智較量。

曹操赤壁兵敗之後，向南郡潰逃。曹操投南郡，除華容道外，還有一條便於通行的大路。大路稍平，但遠五十餘里，華容道窄山險、坎坷難行，卻近五十里。曹操令人上山觀察敵情虛實，回報說：「小路山邊有數處起煙，大路並無動靜。」

曹操選擇讓前軍走華容道小路。諸將說：「烽煙起處，必有軍馬，何故反走這條路？」曹操卻道：「豈不聞兵書有云：『虛則實之，實則虛之。』諸葛亮多謀，故使人於山僻燒煙，使我軍不敢從這條山路走，他卻伏兵於大路等著。吾已料中，偏不中他計！」結果曹軍紛紛不整，冒著隆冬嚴寒，狼狽地行走在華容道的險峻山路上。

待路稍平坦，曹操回顧身後只有三百餘騎隨行。行不到數里，曹操在馬上揚鞭大笑。衆將問

：「丞相何又大笑？」曹操說：「人皆言周瑜、諸葛亮足智多謀，以吾觀之，到底是無能之輩。若使此處伏一旅之師，吾等皆束手受縛矣。」話音未落，只聽一聲炮響，關羽手提青龍刀，跨赤兔馬，率五百名校刀手，截住了去路。曹操還是中了諸葛亮的妙計！

曹操由赤壁潰退中，三次大笑，三次受挫。第一次是在烏林之西，他笑周瑜、諸葛亮缺謀少智，竟沒有在此處埋下伏兵，結果笑聲未落，趙雲率軍殺出，曹操落荒而逃。行至葫蘆口時，曹操又「坐於疏林之下，仰面大笑」，自以爲比周瑜、諸葛亮高明，但是，面前竟出現了猛張飛，將曹軍殺得人仰馬翻。這第三次在華容道上，曹操再度放聲大笑，卻笑出了一個關羽。

曹操的三次受挫，襯托出了諸葛亮出神入化的妙算權變之術。曹操本是智力過人、用兵出奇的帥才，這次卻步步在諸葛亮的控制之中。凡是他想到的，諸葛亮已提前想到，可諸葛亮算計到的，曹操卻始終未及。最終，曹操再也笑不出來了。

諸葛亮華容設伏，完全是按照兵法中「實而實之」的計謀來巧妙安排的。《草廬經略・虛實》中說：「實而實之，使敵轉疑以我爲虛。」意思是說，本來是實，仍故意表現出實的樣子，使敵人反而以爲我是虛。

曹操見華容道上烽煙四起，以爲諸葛亮在虛張聲勢，便斷然棄大道而走小路，結果反而中了諸葛亮的圈套。諸葛亮的這一妙算，不僅算了天時地利，算了自己，關鍵還在於他針對曹操精於兵法、多謀善斷的特點，算敵之算。

由此可見，謀略運用得當，還必須對敵方將領特點與能力有深刻的了解。實戰中，我要料敵用兵，敵也必在料我定策；我想施用此謀，敵也可能想到擊破此謀。只有算出敵人是怎樣在算計我的，我才能高敵一籌，先敵一步，出敵意料。

眞眞變假，是人們心理變化的一個經常性的特徵，正如數學中的「負負得正」一樣。北宋人許洞在他的《虎鈐經》一書中談道：如果敵將對於前人的兵法十分熟悉，那麼，我則要「逆用古法待之」。他認爲：設伏「新智者，非不師古也，因古而反之爾」。只有這樣，才可取得算敵所未算之效果。

〈縱橫古今〉44

最成功的僞裝

在抗美援朝的第二次戰役中，中國志願軍某師向三所里實施戰役穿插，一夜疾進一百一十五華里，當他們到達松洞時，天已曚曚亮。

為了對付敵機的空中威脅，順利走完最後三十里路程，師首長斷然行事：命令全師去掉各種偽裝，沿公路成縱隊跑步前進。幾十架敵機在他們上空活動，居然把這支志願軍的穿插部隊，誤以為是從德川撤退下來的李偽軍。更有趣的是，敵人還立即通知三所里的守軍，準備米飯、鹹魚、開水，等待犒軍。

就這樣，該師在敵機的「護送」下，及時到達三所里，先敵地面部隊五分鐘搶占了有利地形，堵住了南逃北援之敵，為志願軍取得這次戰役進攻的勝利創造了有利條件。

切記：實而實之，敵人反以為虛；眞則眞之，敵人反以為假。

45 實而虛之，曹仁南郡敗周瑜

將欲取之，必先予之；虛晃一槍，以虛充實；誘敵上鈎，突施攻擊。曹仁在危機關頭，示周瑜以虛形，使之發生判斷錯誤，未加防範，落入陷阱。周瑜大勝赤壁，卻在陰溝裡翻船。

赤壁大戰，曹操死裡逃生。回許都之前，他料到周瑜必會長驅直入，奪取南郡，便在臨走之際，留下密計一條，囑咐守將曹仁危急時方可拆看。果然不出曹操所料，赤壁之戰剛一結束，周瑜便率大軍，攻破彝陵，直逼南郡城下。

形勢已到了萬分緊急之時，曹仁連忙拆開曹操留下的密計，按計而行。他令軍士在城上遍插旌旗，然後帶領人馬棄城而出。周瑜觀察十分仔細，見南郡城頭「虛搠旌旗，無人守護」，又見對方士兵「腰下各束縛包裹」，料想曹軍已無鬥志，不過是在虛設疑陣，準備逃跑，於是，便驅軍掩殺過去。果然，曹軍皆不入城，而是往西北潰逃。

這時，得意忘形的周瑜，見南郡城門大開，未加思索就率兵一擁而入。誰料進城之後，突然，「一聲梆子響」，城上萬箭齊發，「勢如驟雨」，吳軍「爭先入城的，都顛入陷坑內」，周瑜也在亂軍之中不幸中箭負傷，翻身落馬。接著，城內伏兵殺出，城外曹軍又分兩路殺來。在兩支曹兵的夾擊下，吳軍被打得大敗。

以謀守城，城必固。孫子曾講過：「其下攻城；攻城之法，爲不得已。」在古代戰爭中，守城的方法多是依靠深溝高壘、堅固城池以及礌石滾木等來阻擋敵人的進攻。但是，如果進攻者憑藉主動的攻勢和雄厚的力量，久困而不解；而守城者又不積極主動地消滅敵人，就很難擺脫被動挨打的局面，那麼，再堅固的城池也終有被攻克的一天。

城池可以禦敵，城內同樣可以擺下擊敵的戰場。一般來說，守城是依托對城池的防護而阻擋敵人，不能輕易放敵入城。但是，在一些特殊條件下，利用城內的地形、建築與敵人交戰，或有準備、有計畫地伏擊敵人，也不失爲可行之策。

曹仁守南郡，沒有強守硬抗，而是示之以虛形，讓周瑜感覺到曹兵逃跑是眞，守城是假，滿城的旌旗都是曹仁用以虛張聲勢的。周瑜此時由於連連獲勝，躊躇滿志，頭腦發熱，認爲南郡「反手可得」。他對自己的觀察深信不疑，從曹兵假象中確認曹兵已無鬥志，正在伺機逃跑。這一判斷正是曹仁設疑的目的。結果，周瑜雖勝赤壁卻敗於南郡，大江大河都闖過了，卻在小溝裡翻了船。

在軍事謀略中，戰術的變化都是爲了「算敵未算」，爭取主動，擺脫被動。兵家常用的「實而虛之」的本意是指：本來力量強大，卻僞裝虛弱，麻痺對方，伺機取勝。這是當我處於優勢和主動地位時，爲誘殲敵人所採用的一種謀略。但是，曹仁對這一謀略靈活運用。曹兵此時處於弱勢，曹仁則順勢示以虛形，賣出破綻，誘使周瑜上鈎。

中外歷史上，「實而虛之」的成功戰例很多，但用法各有不同。

〈縱橫古今〉㊺

以疑招致勝

一九四四年，美英盟軍發起諾曼地登陸前，計畫在聖瑪麗埃格利茲進行傘降。爲了掩護這次行動，盟軍在預定傘降地域的兩翼，先接連投下了幾批帶有音響裝置和實彈射擊模擬器的假傘兵，誘使德軍包圍傘降地域。這樣反覆幾次，德軍都撲了空，便麻痺大意起來。此時，盟軍趁機實施眞的傘降，德軍仍以爲是假傘兵落地，未能及時作出反應，結果，盟軍的空降兵部隊毫不費力地站穩了腳跟。

在抗美援朝期間，中國志願軍二一五號坦克在單獨執行夜間潛伏任務時，被陷在兩個並排的大炸彈坑裡進退不得，戰士們以彈坑做陣地，勝利地完成了摧毀敵坦克的任務，但射擊時的火光也暴露了自己，隨即遭到敵炮猛烈還擊。危急關頭，他們突然發動馬達，猛然加油，坦克頓時吼叫起來，然後控制油門，將馬達聲逐漸減小，造成由近駛遠的聲感。

敵人果然中計，集中炮火沿二一五號坦克可能撤離的方向進行攔阻射擊，「追」了兩、三公里方才罷休。而二一五號坦克卻原地未動，一直在敵人的鼻子底下藏到翌日夜晚，又投入了新的戰鬥。

46 以虛對虛，周瑜詐死誘曹仁

「實而虛之」，曹仁剛用這一計謀挫敗周瑜，卻被周瑜用同一計謀大敗而逃。兵不厭詐，是軍事鬥爭的規律，要善於借助戰鬥中的各種情況，包括自己失敗的情況，迷惑、欺騙敵人。

周瑜在南郡城內中箭落馬後，被徐盛、丁奉等將捨命相救，才從亂軍中撿回一條命。回到營寨之後，曹軍每日前來罵戰，叫嚷要捉周瑜。衆將商議，打算暫且退兵。周瑜雖然傷痛難忍，心中卻自有主張。

一日，曹仁率領大軍，擂鼓吶喊，前來搦戰。周瑜叫來程普詢問情況，程普說：衆將皆欲收兵暫回江東，待都督箭傷康復，再作打算。周瑜聽罷，從床上奮然躍起說：大丈夫應爲國家效死沙場，馬革裹屍，方爲大幸！「豈可爲我一人，而廢國家大事乎？」言罷，披甲上馬，衆將士無不驚駭。

周瑜率領數百騎衝出寨外，迎戰曹軍。部將潘璋剛一出馬，未及交鋒，周瑜在馬上「忽大叫一聲，口中噴血，墜於馬下」。

衆將把周瑜救回帳中，程普上前問候，周瑜悄悄對程普說：這是我的計謀，讓曹兵認爲我病危，再派心腹軍士去城中詐降，說我已經病逝。曹仁中計，必來劫營，然後可設伏兵擒獲曹仁。於是，吳軍帳中一片哀聲，各寨都傳言「都督箭瘡大發而死」，紛紛掛孝。曹仁聽到周瑜的「死訊」，毫不懷疑，當即下令夜晚去劫吳營，奪周瑜之屍。

初更後，曹仁引兵直赴周瑜大寨。來到寨門，不見一人，只有虛插的旗槍，曹軍急忙撤退，但已陷入吳軍的四面埋伏之中。曹兵大敗，撤退途中，又連遭東吳兵馬截殺，曹仁只得放棄南郡，狼狽地「逕投襄陽大路」，逃之夭夭。

周瑜在南郡雖然中了曹仁的計謀，敗得很慘，但是，他畢竟要比曹仁高明許多。南郡之敗，只不過是迎頭的一盆冷水，讓他發熱的頭腦冷靜下來。面對肆無忌憚、連日罵戰的曹仁，周瑜心生一計，利用假死來麻痺敵人、引誘敵人，使曹仁輕易地陷入了周瑜的陷阱中，大敗而逃。

周瑜計敗曹仁，是以虛對虛，以詐還詐。你曹仁在城中設伏，誘我周瑜上當；我周瑜則順水推舟，在營中設伏，誘你上鉤，在這場虛實智戰中，贏回了一局。

這件事告訴我們一個道理：曹仁自己剛剛設空城，成功地誘騙了周瑜，應該說他對這套「實而虛之」的謀略是很熟悉的；但是，當周瑜再把這個同樣的誘敵之策變換一下形式，反過來用在他身上時，他卻不能識破。由此可見，兵不厭詐，虛實相亂，是軍事鬥爭的規律和重要手段。

借助戰爭發展出現的各種情況，包括自己的失敗，製造各種假象迷惑敵人，便可以贏得戰爭的主動權，把握取勝的良機。要達到這一目的，指揮者切忌在戰場上求利心切，否則，就不可能全面、深刻、準確地分析敵情。人們往往只想著進攻對手，尤其是當第一局得手之後，先入為主的思想就會把戰爭的指揮者引入迷途。因此，在這種情況下，用對手使用過的招數，反過來擲還給對手，用於對手，往往能夠收到出敵不意、從容擊敵的奇效。

軍事鬥爭的最高藝術，莫過於能調動敵人而不被敵人調動。然而，敵方的指揮者也有他的頭腦，採取一廂情願的方法，敵人未必會接受。應該假裝順從敵人的意圖，因勢利導，把敵人的行動引向極端。為了取信於敵，常要以某種行動故意「眞實」地表現給敵人看，造成敵人的判斷錯誤。

〈縱橫古今〉㊻

依樣畫葫蘆

在蘇聯衛國戰爭中有過這樣一件事：

一九四三年，納粹德軍從頓巴斯撤退時，蘇聯偵察員發現敵人故意堂而皇之地離開一個居民點。蘇軍營長根據偵察員的報告判斷：敵人藉撤退的行動作掩護，在村子裡留下伏兵，企圖殺我一個回馬槍。

爲了消滅德軍的這股伏兵，蘇軍營長令一部分兵力隱蔽地向村莊作側後迂迴，準備從背後猛襲敵人；同時，令一個分隊裝作若無其事、疏忽大意的樣子，公然向敵人的伏擊圈走去，以表示他們並沒有看穿敵人的詭計。

這支示形佯動隊伍根據敵人打伏擊必定想盡量讓我靠近的心理，在接敵運動中不作任何隱蔽，待進入衝擊地界後，士兵們突然同時臥倒。村莊側後的槍聲響起，蘇軍前後夾擊，消滅了德軍的伏兵。

47 虛而虛之，趙雲哄退曹操

「虛而虛之，使敵轉疑以我爲實。」兵臨城下，將至壕邊，明明力量空虛，卻仍示之以虛，倘若沒有膽量是不敢用此謀的。「趙雲一身都是膽！」這正是他智謀的體現。

魏國大將夏侯淵在定軍山被黃忠斬殺，曹操得知後親率大軍二十萬殺奔漢中，要爲夏侯淵報仇。

黃忠自告奮勇深入敵後去奪取曹軍糧草。諸葛亮放心不下，令趙雲也領一支人馬同去。黃忠在北山腳下被圍，苦戰多時，不得脫身。趙雲見黃忠去後許久不歸，急忙披掛催馬，前往接應，先後兩次殺入重圍，救出黃忠及其部將張著。曹操在高處看到趙雲東衝西突，所向無敵，憤然大怒，自領左右將士追趕。

眼看大軍追到蜀營軍門以外，守營將領張翼看到敵我懸殊，情勢危急，慌忙要關閉營門，趙雲喝止：「休閉門寨！汝豈不知吾昔在當陽長坂時，單槍匹馬，覷曹兵八十三萬如草芥！今有軍有將，又何懼哉！」於是，令大開營門，偃旗息鼓，並將弓弩手埋伏寨外，趙雲自己則單槍匹馬立於營外。

魏將張郃、徐晃先到，看到此景，疑設有伏兵，不敢向前。曹操到後，卻催督衆軍，大喊一聲，殺奔營前。趙雲大智大勇，依然紋絲不動，曹兵以爲確有伏兵，轉身就往後逃。趙雲乘機把槍一招，蜀軍鼓聲震天，殺聲動地，強弩硬弓一齊射出。

魏兵心慌意亂，爭相逃命，互相踐踏，死傷累累。湧到漢水邊時，又相互爭渡，落水淹死者無數，蜀軍卻無一傷亡，取得了出乎意料的勝利。劉備得到報告，同諸葛亮親至現場，詢問情況，了解到趙雲的作戰事蹟，十分高興地對諸葛亮說：「子龍一身都是膽也！」於是劉備賞封趙雲爲「虎威將軍」。

趙雲的「空營計」是一種「虛而虛之」的謀略。《草廬經略．虛實》解釋道：「虛而虛之，使敵轉疑以我爲實。」其意思是說：本來空虛，仍然表示空虛，使敵人反而誤以爲我做了充分準備。這一謀略的關鍵，也是示形於敵，利用假象來迷惑和欺騙對手。

「虛而虛之」是一種計謀，一種智慧，更是一種膽略。的確，兵臨城下，將至壕邊，自己明明力量空虛，卻仍然表示出空虛的樣子，倘若沒有一點勇氣和膽量，是絕不敢冒此風險的。勇氣與膽量，對於愚者來說，是魯莽的代稱，而對於智者來說，卻可以成就絕妙的事功。

趙雲巧設空營，「唬」退了具有龍韜虎略的曹操，贏得了劉備的盛讚。「子龍一身都是膽也！」這句評語道出了軍事鬥爭的一個重要特點：通向勝利的道路，總是充滿著風險惡境；指揮者勇於出沒風險，可獲得常人難以想像的成功。

一位經驗豐富的日本企業家談到經濟競爭的體會時說過這樣一段話：「風險和利益的大小是成正比的。如果風險小，許多人都會去追求這種機會，因此利益也不會大。如果風險大，許多人就會望而卻步，所以能得到的利益也就會大些。從這個意義上來說，有風險才有利益。可以說，利益就是對人們所承擔風險的相應補償。」

在軍事鬥爭中，普通的將軍多是追求保險係數較大的決策，而忌諱「風險決策」，正因爲如此，他們創造不出輝煌的戰績；而膽略超群的指揮員，敢冒風險，則往往能夠取得赫赫戰果。當然，這裡所說的敢冒風險，應該是一種理智的冒險，必須建立在對戰況、環境、力量等客觀情況正確分析的基礎之上。趙雲一身都是「膽」，其實，這也正是他智謀的一種體現。

〈縱橫古今〉㊼

借「機」一飛

蘇聯在二次大戰時期，曾發生過這樣一件事：一天黑夜，一架蘇軍飛機在德軍機場上空中彈起火。當機場附近的德國納粹向火焰熊熊的飛機奔去，誰也未料到蘇軍飛行員用降落傘也落到了這個機場上。

如何衝出敵人的巢穴？這時，蘇軍飛行員發現前面燈火通明，在停放著一批飛機的地方，不時傳來嘈雜的人聲，而相反的方向則又黑又靜。他分析：黑暗和寂靜是未知的東西，因而也就隱蔽著更大的危險。於是，他毅然沉著地經過敵人機場勤務人員所住的小屋，向燈火通明的地方走去。

在那兒，一架德國飛機正準備起飛，乘客們已經坐好了，然而駕駛艙裡卻空無一人。顯然敵人的飛行員不知在什麼地方耽擱了。這位蘇軍飛行員遲疑了片刻，整了整他那與德軍飛行員相仿的飛行衣，走過聚集在飛機跟前的人群，勇敢地坐入駕駛艙。

飛機開始起飛、爬高，蒙在鼓裡的乘客們在後面安詳地坐著，誰也沒有注意他。黎明時，這位蘇軍飛行員駕駛著德軍飛機，降落在自己的機場上。

48 設疑造勢，諸葛亮不戰卻曹營

「兵詭必疑，虛疑必敗。」謀臣智將，施計鬥法，無不用疑。諸葛亮退敵不用刀槍，只用鼓號，不愧爲善用疑兵取勝的高手。

爲圖漢中，劉備携文官武將統大兵親征，與曹兵相距漢水。曹操的先鋒官徐晃拒絕副將王平的合理建議，強渡漢水紮營，被黃忠、趙雲左右夾攻，結果，徐晃死戰得脫，王平棄魏投蜀。徐晃逃回曹營，稟報王平已投降劉備。曹操大怒，親自統領大軍來奪取漢水的營寨。趙雲擔心孤軍難穩，便渡水退回。兩軍隔水相抗。諸葛亮陪劉備察看地形，發現漢水的上流有一帶土山，可埋伏一千多人，便回到軍營，吩咐趙雲：你領五百人，都帶上軍鼓號角，埋伏在土山腳下，也許半夜，也許黃昏，只要聽到我營中的號炮聲，你們就擂鼓吹號，只是不要出來交兵。趙雲受計而去。

次日，曹兵前來叫戰，蜀營中無一人出來，連弓箭都不發。曹軍只好回營。當晚夜深人靜，諸葛亮見曹營中燈火熄滅，士兵皆已安歇，便放起炮號來。趙雲聽到炮聲，命令鼓號齊鳴。曹軍驚慌，以爲蜀兵前來劫營。待出營一看，又不見一個蜀兵。

剛要回營休息，這邊號炮又響，那邊鼓角又鳴，吶喊聲震天蓋地，山谷一片迴響，曹軍徹夜難寧。如此一連三夜，曹兵擔驚受怕，曹操心中膽怯，只好拔寨後退三十里，在一片空闊地帶駐營。諸葛亮笑道：「曹操雖知兵法，不知詭計。」

曹操會用兵，但是疑心太大，往往中計。中計並不是說曹操不懂用計，恰恰相反，曹操的詭詐是出了名的，他常施詭計於人，所以，就覺得別人在對他暗施詭詐術。這是他滋生疑心的重要原因。諸葛亮正是利用了他的這個弱點，疑兵奏效。本是隔江對峙的局面，曹操的目的是要攻過去，然而，諸葛亮一連三夜設疑造勢，鬧得曹兵心神不寧，曹操害怕大營被劫，不得不後退三十里紮寨。結果，讓劉備得了個順利渡江的便宜。

諸葛亮採用的這一戰術的中心內容，是透過多方襲擾，以假情況刺激敵人，使之坐臥不安，心神不寧，精神失常，士氣瓦解。用疑是一種心理戰術，因此，實施者必須具備識將性、知將情的能力，用疑才能恰到好處。

諸葛亮正是對曹操多疑的性格瞭如指掌，才從容不迫地對症下藥，立見成效。對於多疑的人，皆可因人、因時、因勢用疑，攻他這個多疑的弱點。只要擊中要害，比什麼辦法都省氣力。這是一種以一當十的好戰術。

「謀貴設疑」爲歷代兵家所重視，只有造成敵將狐疑之心，才能使其失去心理平衡，導致判斷上的迷惑和失誤，最後爲我所敗，兵書說：「兵詭必疑，虛疑必敗。」用兵雙方都求詭道，一方疑敵成功，必是以另一方的判斷失誤爲前提，棋高一著者總是「用我誤法以誤之」，「誤人不爲人誤」。

〈縱橫古今〉㊽

灌了水的官兵

明朝初年，朱元璋的一個兒子朱宸濠從南昌起兵，企圖攻入南京，謀奪帝位。

當時，南京城內的守備並不十分充足，兵部尙書李充嗣心生一計。他發布了一道假命令，並派人四處散布消息說，官軍十餘萬人，一半鎭守在南京，一半安紮在安慶策應，湖廣一帶的軍隊也在迅速集結，準備包圍朱宸濠的叛軍。

當時，朱宸濠的兵力也不過只有幾萬人，將士們聽說官軍有如此強大的實力，士氣頓時下降，而且有近一半的士兵四處逃散。接著，李充嗣又派出一千餘人，携帶著各種標記和旗幟，乘著一百多艘快船，沿江而行，不斷地擊鼓猛進。

朱宸濠的將士見官軍如此聲勢浩大，氣勢逼人，個個膽戰心驚，皆腳下抹油，逃的逃、散的散，軍隊迅速瓦解，不戰自敗。

李充嗣也是使用了設疑造勢的心理戰術，儘管他不是針對某一個敵軍將領而實施的，但是，同樣發揮了刺激敵人、使敵人背上心理包袱、最後導致士氣瓦解的良好效果。

設疑造勢，不戰而屈人之兵。

49 虛而實之，死諸葛嚇走生仲達

「凡與敵戰，若我勢虛，當僞示以實形，使敵莫能測其虛實所在，必不敢輕與我戰，則我可全師保軍。」諸葛亮精於此道，算敵之算，雖死猶生，利用木像嚇走司馬懿，保蜀軍全師而退。

諸葛亮統帥蜀國大軍，六出祁山，北伐中原。魏國得到消息，就派驃騎將軍司馬懿領兵前往迎戰。雙方對陣於渭南五丈原（現在的陝西省武功縣）。諸葛亮因操勞過度，患病醫治無效，星隕五丈原，在兩軍陣前結束了波瀾壯闊的一生。

諸葛亮臨終前，估計他死後蜀軍必然要撤兵，司馬懿必會驅兵追趕，於是他囑咐楊儀：「吾死後，不可發喪。……吾軍可令後寨先行，然後一營一營緩緩而退。若司馬懿來追，汝可布成陣勢，回旗返鼓。等他來到，卻將我先時所雕木像，安於車上，推出軍前，令大小將士，分列左右。懿見之必驚走矣。」

果然，當司馬懿得知「蜀兵已盡退」的消息，料定「孔明眞死矣」，便急忙引兵迅速追來。

眼看就要追上了，突然一聲炮響，喊聲大振，蜀兵掉轉了行軍方向，樹林中飄出中軍大旗，上面寫著「漢丞相武鄉侯諸葛亮」。司馬懿大驚失色，定睛一看，只見數十員上將擁出一輛四輪車來，車上端坐著「綸巾羽扇，鶴氅皂絛」的諸葛亮。

司馬懿驚叫：「孔明尚在！吾輕入重地，墮其計矣！」勒馬便回，魏兵見此，「魂飛魄散，棄甲丟盔，拋戈撇戟，各逃性命，自相踐踏，死者無算。」司馬懿狂奔五十里，被兩員魏將拉住方止，竟問：「我有頭否？」喘息半晌，神色方定。

這一精彩動人的場面，把諸葛亮料事如神以及使對手聞風喪膽的謀略家形象，表現得淋漓盡致。諸葛亮雖死，但是由於他的精確計算和巧妙安排，雖死猶活。同樣達到了拒敵、退敵的效果。蜀軍嚇走魏軍，重新掉轉行軍方向，一直到斜谷才停駐下來。

這時，姜維、楊儀向全軍發布了諸葛亮死亡的消息。當地的百姓知道這件事後，編了一句順口溜：「死諸葛嚇走生仲達。」死了的諸葛亮竟然嚇走了活著的司馬懿。事後，司馬懿嘆道：「吾能料其生，不能料其死也！」後人也有詩嘆曰：

長星半夜落天樞，
奔走還疑亮未殂。

關外至今人冷笑，
頭顱猶問有和無！

《兵經百篇》中說：「耀能以震敵，恆法也。惟無有者故稱；未然者故託；不足者故盈，或設僞以疑之。」其大意是告誡人們，用顯示威力來震撼敵人，這是兵家常法；尤其在形勢不利的情況下，需要故意虛張聲勢；不打算行動時，故意裝作要行動；力量不足時，故意顯示力量有餘，或故意虛設疑陣迷惑敵人。

在古代戰爭中，這種謀略被稱之爲「虛則實之」。它是敗戰計中示形迷敵的一種計法，多用於大軍突圍或撤退之時。它與「實則虛之」恰好相反，自己處在不利的形勢下，卻故意僞裝實力雄厚的樣子，威懾對手，使之在有利的形勢下，難辨優勢、劣勢，不敢貿然進攻。

《百戰奇法》精闢地論述了這一謀略的運用與特點：「凡與敵戰，若我勢虛，當僞示以實形，使敵莫能測其虛實所在，必不敢輕與我戰，則我可以全師保軍。」諸葛亮正是利用了這種以假亂眞、迷惑敵人的謀略。在古代戰爭中，處於弱勢一方，爲保存自己，往往採用此法。運用這一謀略，必須根據實際情況，巧妙設計，不可照搬照套。

〈縱橫古今〉㊾

唱籌量沙

南朝宋文帝時期，檀道濟奉命率軍征魏，與魏軍交戰三十餘次，皆獲得勝利。當打到山東歷城時，因糧草不繼，只好準備退兵。不料這時宋軍有人降魏，把宋軍中缺糧的事告訴了魏軍，宋軍爲此非常擔憂，懼怕魏軍乘隙窮追，難以逃脫。

檀道濟面對軍心不穩和軍情不利的形勢，心生一計：當夜幕降臨之後，他命令士兵以斗量沙，並要大聲報數，故意弄得遠近皆可聞聲。然後，檀道濟又讓手下將軍中所剩不多的一點糧米搬出來，撒在所量的沙袋之中，放置路旁。天亮之後，魏軍發現路上有糧食，聯想到昨夜聽到的量斗聲，確認宋軍並不缺糧，便把投降的宋兵誤以爲是間諜，予以斬首示衆，並停止追擊，遠遠地圍觀宋軍的動靜。

此時，宋軍儘管十分疲憊，全軍上下籠罩在一片飢餓與恐懼的氣氛之中，檀道濟卻鎭定自若，像是什麼事情也沒有。他一面命令將士們披甲執銳，全副武裝，一面自己身穿潔白的衣服，悠然自得地坐在車子上，舉止坦然，談笑風生，緩緩地帶領部隊前進。魏軍看到這番情景，懷疑宋軍有埋伏，更加不敢接近，於是宋軍安全撤退。
這件事在歷史上被稱之「唱籌量沙」，作爲示假隱眞的一條謀略。

50 兵不厭詐，姜維忍辱降鍾會

「戰陣之間，不厭詐僞。」戰勝敵人，要靠謀略，靠詐僞。姜維在大勢已去的形勢下，忍辱詐降鍾會，製造矛盾，計除敵將，雖最終難逃失敗的命運，但其計謀的運用值得借鑑。

魏發動滅蜀大戰之後，魏將鄧艾出奇兵直搗成都，蜀主劉禪請降，並按鄧艾之意令還在劍閣前線的蜀軍主將姜維向鄧艾投降。

姜維和衆將聽完詔令，悲怨激憤，咬牙切齒，怒目圓睜，毛髮倒豎，拔刀擊石，大叫：我等皆可戰死，爲什麼先投降啊！號哭之聲，十里之外都可聽見。姜維見人心思漢，便好言安慰將領們：衆將勿憂，我有一計，可復興漢室。隨之他低語告知衆將。

很快的，劍門關豎起了降旗，姜維率領衆將，來到另一魏將鍾會的營寨中「投降」。姜維假降後，爲了實現自己的意圖，著手巧妙地離間鍾會與鄧艾、司馬昭的關係。他對鍾會說道：將軍英勇善戰，司馬氏能夠壯大，都是將軍的力量，所以我甘心歸順。如果是鄧艾，我就要與他決一死戰，絕不投降。姜維並且暗示鍾會把富饒的西川地區抓在手中，以成就一番事業。鍾會聽了，正中下懷，他折箭爲誓，與姜維結爲兄弟，還讓他繼續掌握兵權，統領蜀中歸部。姜維爲此心中暗喜。

鄧艾聞知姜維向鍾會投降，非常怨懟。他既恨鍾會搶了他的功勞，又忌鍾會的勢力不斷擴大，鄧、鍾之間從此生惡。由於姜維不斷火上加油，鍾、鄧矛盾日深。鍾會爲了獨占西川，決心去掉鄧艾。他寫信給司馬昭，說鄧艾專權，結納蜀人，早晚必反。於是，司馬昭令鍾會將鄧艾押送洛陽。鍾會派人捉拿了鄧艾，並收編他的全部軍馬。

姜維見鍾會中計，又進一步煽動說：將軍立下收蜀大功，聲望超過司馬昭，這很危險。如果你不想功成身退，就應趁早定下良策。鍾會頗將這些話聽進耳中。對於鍾會的變化，司馬昭透過他安插在鍾會所部的監軍衞瓘已有所察覺。於是便向成都調兵遣將，以防不測。鍾會大驚，急同姜維商議。姜維乘機進言：「君疑臣則臣必死，豈不見鄧艾乎？」

鍾會聽罷，決心起兵與司馬昭對抗。第二天，鍾會在蜀宮宴請衆將，宣布說受太后遺詔，討伐司馬昭。許多魏將不從，鍾會便把他們監禁起來。鍾、姜在蜀宮內的行動被衞瓘得知，衞瓘帶人衝殺進去，救出衆將。混戰中，鍾會被衆將砍死，姜維也身負重傷。他仰天長嘆：「吾計不成，乃天命也！」

鄧艾遠襲成都的想法，以及敢於付諸行動的勇氣，一半是鍾會逼出來的。鍾會認為沿途崇山峻嶺，鄧艾此去必敗，是庸人之舉動。而鄧艾認為，鍾會取得漢中，以為功勞了不起，今天偏要爭口氣，襲取成都。鄧艾克服了沿途艱險，奇蹟般地取得了成功。這一成功，使得見利忘義、嗜生事端的鍾會忌恨至極。姜維正是利用這二人之間的不和與爭功奪利，成功地詐降，並實行反間。姜維借鍾會之手，除掉了鄧艾，也為鍾會和他自己埋下了覆滅的種子。

戰爭是用詐的場所。在各種詭詐權術中，詐降計有著獨特的效果。它透過假意向敵人投降，以求破敵。其形式主要有二：一種是詐稱與己方統帥有矛盾，受到迫害，而向敵人假降，藉此打入敵人內部，以作內應，如黃蓋詐降曹操；另一種是在大勢已去的情況下，利用假降來保存實力，等待時機，東山再起。這種詐降是因形勢所迫，不得已而採取的一種忍辱負重、以屈求伸的計謀。姜維詐降鍾會即是這種形式。

姜維詐降鍾會，借刀殺人，在當時那種形勢下，是一種較為理想的計謀。然而，不管他怎麼努力，都難以挽回蜀國徹底失敗的命運。司馬昭認為：遇到劉禪這樣的皇帝，連諸葛亮也沒有辦法，何況姜維？這眞是一語道破。無關鄧艾與鍾會二將和與不和，蜀國之亡，亡在後主「親小人，遠賢臣」，無遠大志向，無進取精神，只追求安逸享樂。可惜了姜維的一番苦心！

〈縱橫古今〉㊿

和尚施詐術

兵以詐立，戰勝敵人，要靠謀略，要靠詐僞，這是歷代軍事家所推崇的重要謀略思想。

在西夏與北宋對峙之時，西夏王元昊手下有兩員心腹大將，一名叫野利王，一名叫天都王，各統一支精兵。

宋將种世衡謀畫除掉這兩名敵將。紫山寺有個和尚號法崧，种世衡經過觀察，認定此人是可用之人，便將他請到軍中，勸他從了軍，並據戰功表舉他爲指揮使。法崧對种世衡十分感激，於是，种世衡開始讓法崧實施他的詐術。

种世衡寫了一封給野利的信，用蠟密封，藏在法崧的衣袍中縫好，叮囑他：不到臨死不能洩露，到了當洩之時，就說：「我辜負了將軍的恩德，不能完成您託付的大事了！」然後，又將一幅龜畫和一根棗樹枝交給他，讓他送給野利。

野利見到棗、龜(「早歸」諧音)，心想必有書信，就向法崧索要，法崧堅持說沒有。野利就將棗、龜封好交給元昊。元昊對法崧嚴刑拷打，最後才交出書信。拆開一看，原來是种世衡寫給野利王的，措詞親切而機密。元昊由此懷疑野利反叛，就將他殺了。

爲了除掉天都王，种世衡又在邊境上設立祭壇，悼念野利。祭文說兩將有意歸順本朝，事情快要成功了而突遭慘敗。世衡將寫祭文的木板夾雜在紙錢中，看到敵人來了趕緊逃跑。因板上的字不會立即燒掉，敵人撿到後就獻給元昊，天都因此又成了被懷疑的對象而被治罪。

「用詐」是古今軍事家的一個基本用兵原則，只要戰爭不消失，「兵以詐立」的謀略就不會失去它應有的活力。

陸　伐交篇

■篇題要□

「上兵伐謀，其次伐交。」在軍事、政治鬥爭中，盡可能地阻止、拆散他方結成聯盟，爭取對己有益的態勢。「伐交」與「伐謀」相輔相成，外交活動本身就包含著大量的謀略鬥爭。古代中國的軍事家和政治家多善於運用「伐交」。魏蜀吳三國你來我往，爾虞我詐，用謀鬥智，「伐交」活動撲朔迷離，耐人尋味。放眼當今世界，政界、軍界、外交界、商界何嘗不是充滿著紛繁複雜的「伐交」謀略？

51 巧施借使，周瑜反間除蔡瑁

「反間者，因其敵間而用之。」反間計的手段是以假亂眞，正所謂「疑中之疑，比之自內，不自失也」。周瑜反間，借使蔣幹，計除蔡瑁、張允。曹操偷雞不成，反蝕把米。

三國赤壁鏖兵之時，曹操的部隊不習水戰，於是，曹操重用了熟悉水戰的荆州降將蔡瑁、張允，日夜操練，使曹軍的水戰能力有了很大的提高。當周瑜乘船窺測敵情時，發現曹軍設置水寨，竟然「深得水軍之妙」。於是，周瑜暗下決心，「吾必設計先除此二人，然後可以破曹」。

正在周瑜絞盡腦汁設謀定策之時，曹操的謀臣、周瑜的故友蔣幹來訪。周瑜一眼就看出蔣幹的來意，一是說降，二是刺探軍情。於是，想出了一條妙計。周瑜當晚大張筵席盛情款待蔣幹。席間，周瑜大笑暢飲。夜裡，周瑜佯作大醉之狀，挽住蔣幹說：「久不與子翼同榻，今宵抵足而眠。」

當軍中打過二更，蔣幹起身，見殘燈尚明，周瑜卻鼻息如雷。他看到帳內桌上堆著一疊公文，急忙近前偷看，都是來往書信，內有一封寫著「蔡瑁、張允謹封」，蔣幹大吃一驚，取出偷閱，其中寫道：

某等降曹，非圖仕祿，迫於勢耳。今已賺北軍困於寨中，但得其便，即將操賊之首，獻於麾下，早晚人到，便有關報。

蔣幹尋思，原來蔡瑁、張允竟暗結東吳，於是將信暗藏衣內，伏床假睡。

四更時分，有人入帳低聲呼喚周瑜，周瑜做「忽覺之狀」。那人說：「江北有人到此。」周瑜喝道：「低聲！」又假喊蔣幹，蔣幹佯裝睡著。周瑜偷偷走出營帳，蔣幹隨起竊聽，只聽得外面有人說：「張、蔡二都督道：『急切不得下手……』」後面的話很低，聽不清楚。不一會，周瑜回到帳內又睡起來了。

五更時，蔣幹低喚周瑜，周瑜沉睡未應，蔣幹當即披上衣服，溜回江北。他向曹操報告了所見，並交上那封僞造信，曹操勃然大怒，下令斬了蔡瑁和張允。當人頭獻上之時，曹操方醒悟說：「吾中計矣！」

蔣幹盜書的故事世人皆知。雖然蔣幹這個人物在故事中生動、有趣，但是，他的形象實際上是反射出了周瑜多才多智、靈活多變的統帥才能。而周瑜使用的是反間計。這一計謀的成功，是由多方面因素促成的。

首先，蔣幹的來意被周瑜識破，說降無望，怎麼回去向曹操交差呢？所以，當他看見偽造的降書，如獲至寶，深信不疑。事情往往是這樣，得來甚易的情報總是不以爲然，甚至心存疑竇；而對於偷來的情報，卻以爲確實可信。

其次，蔡瑁和張允雖然投降曹操，但是，曹操認爲他們是「諂佞之徒」，頗有厭惡之感，只是因爲曹軍都是北方的「旱鴨子」，不習水戰，才暫且留用二人。

再者，曹操一直疑心蔡瑁、張允，認爲他們怠慢水軍訓練，不夠效力。所以，當曹操看到蔣幹竊來的「降書」，未作任何的分析思考便下令處死了蔡瑁和張允。從蔣幹盜書到曹操斬將，反間之計環環相套，一氣呵成。待曹操醒悟過來時，悔之晚矣，只好吃了個啞巴虧。

反間計是一種以假亂眞的軍事謀略。《孫子兵法・用間篇》中說：「反間者，因其敵間而用之。」杜牧對此是這樣注解的：

故有間來窺，我必先知之，或厚賂誘之，反爲我用；或佯爲不覺，示以僞情而縱之，則敵人之間，反爲我用也。

《三十六計》中則是這樣表達反間計：「反間者，因敵之間而間之也。」解語云：「疑中之疑，比之自內，不自失也。」意即在欺騙敵人的手段中，又布置一層迷霧，就勢利用敵間，以有效地保全自己，爭取勝利。

反間計有兩種情況：一是敵間被我察覺或抓獲後，暗中收買，使之成爲爲我控制的、向敵方提供假情報的雙重間諜。二是敵間被我發覺後，不露聲色，摸清對方的來意，將計就計，給他透露假情報，讓他回去報告，敵人以假當眞，我則正好利用敵人的錯誤達到目的。周瑜反間，智殺蔡瑁、張允，便是第二種情況。曹操、蔣幹偷雞不成，反蝕把米。

〈縱橫古今〉51

故意洩露的祕密

中外歷史上，反間範例甚多，很值得我們借鑑。

南宋時，岳飛奉命去廣西嶺表招撫曹成，曹成拒不接受朝廷的命令，岳飛上奏皇帝說：賊寇力量強大就會肆意橫行，力量削弱了才能接受招安。要先用兵，後勸降。於是岳飛率兵征討曹成，途中，抓住了一個間諜，綁到帳下。

當時，岳飛正在升帳議事，管事的人進來報告：軍中斷糧，如何行動？岳飛故意說，暫且退到茶陵，等待補給。這時，岳飛假裝無意中看到間諜，故意表現出洩密失悔發急的樣子，跺著腳進去了。接著，又虛留空隙，讓間諜逃走。

岳飛估計間諜已回去報告，曹成必定派兵追擊，便偷偷地率領部隊繞過山嶺，趁黑夜迂迴到敵人營壘的側後，讓部隊突然高喊：「岳家軍來了！」並趁勢發動猛攻。敵人驚慌失措，連續潰敗，丟失了許多險關要隘，陷入困境，不得已接受招降。

52 分裂對手，楊彪激妒拆聯盟

「無所不用其間」。離間在生活中被視為卑鄙之舉，但是在政治、軍事鬥爭中，卻是一種克敵制勝、分裂對手、「坐收漁人之利」的有效計謀。楊彪巧用郭汜之妻的嫉妒心理，離間造隙，拆散了郭汜與李傕的聯盟。

呂布、王允等合謀誅除董卓後，厄運接踵而至，董卓舊部紛紛起來反抗。以李傕、郭汜為首的涼州舊部發動武裝暴亂，攻下長安，縱兵搶掠。以太尉楊彪和司馬朱雋為首的一班元老重臣便密謀除去二人，但又慮及兩人勾結甚密，勢所難圖。楊彪便想了一個拆散二人聯盟的計策，他對漢獻帝說：「聞郭汜之妻最妒，可令人於汜妻處用反間計，則二賊自相害矣。」

於是，楊彪暗中讓夫人藉故去郭汜府上，偷偷告訴郭汜之妻：郭汜與李傕的妻子有不正常關係。郭妻聞此，醋意大發，決心杜絕郭汜與李傕的來往。過了數日，郭汜又約定去李傕家喝酒，其妻阻止說：「傕性不測，況今兩雄不並立，倘彼酒後置毒，妾將奈何？」晚間，李傕見郭汜未能赴約，便派人將酒菜送來。郭妻暗在裡面放上毒藥，並當著郭汜的面，將酒先給狗吃，狗立即倒地而死。自此郭汜疑心大起。

一日朝罷，李傕執意邀請郭汜一同飲宴，酒席散後，郭汜回到家中，事出偶然，郭汜的肚子突然痛起來。其妻煞有介事地給他灌了一些糞汁，一番嘔吐之後，郭汜的肚子居然不痛了。郭汜大怒說：我與李傕共圖大事，他卻無端謀害我，「我不先發，必遭毒手」。於是調動本部軍隊，準備攻打李傕，李傕得到消息，也十分惱怒，整兵來戰。自此兩人成爲對頭，李、郭之盟終被拆散。

使對手分裂的手段多種多樣，楊彪的手段可謂別具一格。他巧妙地利用了女人妒嫉的性格特點，借郭汜之妻來挑撥郭、李的關係。這是郭、李二人防不勝防的絕妙手法，一直到二人刀槍相見之時，還未明白事端的緣由。

在軍事、政治、外交等鬥爭中，從古至今，謀略家們「無所不用其間」。《兵經百字・間字》提出了十六種用間方法，其中沒有列舉利用妻子離間的事例，所以，在謀略中，還應加入「妻間」。

在各類權謀中，成功的用間也許是最爲精細巧妙的一項。對於權謀主體來說，它既要求熟識情況，又必須嚴守機密；既要求膽大心細，又必須靈活運籌。所以，孫子論用間，認爲：

三軍之事，莫親於間，賞莫厚於間，事莫密於間。非聖智不能用間，非仁義不能使間，非微妙不能得間之實。微哉！微哉！無所不用間也。

從楊彪智間郭汜和李傕，我們不難理解間戰的微妙和神祕。這裡，需要說明的是，搬弄是非、挑撥離間、傳播謠言、借刀殺人等離間手法，在社會生活中被視爲卑鄙之舉，但在政治、軍事鬥爭中，卻是一種克敵制勝、分裂對手、有「坐收漁人之利」之妙的計謀。它可以利用敵人的內部關係，巧妙地製造矛盾，使敵人相互猜疑，形成內耗，分崩離析，最後大動干戈，我則乘隙取事。所以，正確使用離間手法，在一定情況下是必要的。

〈縱橫古今〉52

銀函卻敵

唐後期，吐蕃出兵十萬將要進犯唐朝的西川，並命雲南王出兵援助。雲南王雖然已經同意歸順唐朝，但表面上又不敢背叛吐蕃，不得不發兵數萬屯駐瀘北。

唐朝大將西川節度使韋皐知道雲南王猶豫不決，就給他寫了一封信，信中敍述了雲南王背叛吐蕃、歸順唐朝的誠意，並以銀函裝封，暗中透過東蠻族的人轉交吐蕃，吐蕃王從此猜疑雲南王，派出二萬人馬駐紮在會川，截斷雲南通往西川的道路。

雲南王見吐蕃王如此無禮，十分惱怒，便撤軍不再援助吐蕃。從此雲南與吐蕃之間相互猜疑爲難，雲南王歸附唐朝的決心更加堅定了。吐蕃失去了雲南王的幫助，兵力大爲減弱。

53 生間造隙，曹操施計挑爭鬥

「善用兵者，屈人之兵而非戰者。」「兵不頓而利可全。」曹操從使用「二虎競食」之計到巧施「驅虎吞狼」之策，在劉備、呂布、袁術之間生間造隙，製造、利用矛盾，不出兵而致使三家相互殘殺。

曹操戰敗呂布之後，利用軍閥混戰的有利時機，將漢獻帝迎到了許昌。自此以後，曹操挾天子以令諸侯，在各軍閥力量中，占據了政治上的主動與優勢。

當時，劉備率領人馬駐紮在徐州，收留了被曹操打敗的呂布，並將小沛讓給呂布。曹操見到這一情況十分憂慮，他認為「劉備屯兵徐州，自領州事，近呂布以兵敗投之，備使居於小沛。若二人同心引兵來犯，乃心腹之患也」。於是召集手下文武商討對策。武將許褚自告奮勇，要求借五萬精兵，前往斬劉備、呂布之頭。謀士荀彧卻堅決反對，他認為：「將軍勇則勇矣，不知用謀。」眼下許都新定，不可輕易用兵開戰。因此荀彧向曹操獻謀，說道：

彧有一計，名曰「二虎競食」之計。今劉備雖領徐州，未得詔命。明公可奏請詔命實授備爲徐州牧，因密與一書，教殺呂布。事成則備無猛士爲輔，亦漸可圖；事不成，則呂布必殺備矣。此乃「二虎競食」之計也。

此計爲曹操採納，不想此用意竟被劉備識破，並將曹操送的「密書」給呂布看。呂布看畢也明白：「此乃曹賊欲令我二人不和耳！」結果「二虎」各自安歇，沒有爭鬥起來。

曹操見「二虎競食」未能奏效，再向謀士荀彧問計。荀彧說：

又有一計，名曰「驅虎呑狼」之計。即暗令人往袁術處通問，報說劉備上密表，要略南郡。術聞之，必怒而攻備，公乃明詔劉備討袁術。兩邊相併，呂布必生異心。此「驅虎呑狼」之計也。

曹操依計而行，果然劉備領兵三萬離徐州出征。袁術也派出紀靈統兵十萬，殺奔徐州，劉、袁之間爆發了一場大戰。呂布趁張飛醉酒之機，與曹豹裡應外合，襲取了徐州。

曹操施一計而挑起三方爭鬥，這在軍事戰爭中確是一個高明計策。呂布不甘屈居於劉備的羽翼之下，當呂布敗於曹操投靠劉備之時，劉備曾意欲把徐州讓給呂布，呂布要接受，只是在接受牌印時，見關羽、張飛怒容滿面，才佯裝笑臉沒有接受。可見，呂布占徐州的「異心」早已有之。同時，呂布爲人反覆無常，是一個見利忘義的人物，如果沒有張飛醉鞭曹豹的事件，呂布也會乘隙攻取徐州。

《孫子兵法．謀攻篇》中指出：「善用兵者，屈人之兵而非戰也，拔人之城而非攻也，破人之國而非久也，必以全爭於天下，故兵不頓，而利可全。」曹操採納荀彧「二虎競食」和「驅虎呑狼」二計，專心在劉備、呂布、袁術之間製造爭端，利用矛盾，造成三家相互殘殺之勢。

「二虎競食」之計，是投以小利，引起兩支勢力的爭鬥，使其兩敗俱傷，達到鷸蚌相爭，漁人得利的目的。而「驅虎呑狼」則是利用造謠、挑撥的手段，製造矛盾，驅使「二虎」相鬥，給「狼」造成機會，乘隙而入。在荀彧的這一計謀中，劉備、袁術是「虎」，呂布是「狼」。曹操一計不成，再投一計，終於挑起了劉備、袁術、呂布三方爭鬥的連鎖反應。

製造矛盾，利用矛盾，在軍事、政治的鬥爭中，獲取事半功倍的戰果，是曹操權謀之術中的一大特徵。一個空詔命、一個沒有實際意義的「徐州牧」、一封離間書，這些又算得了什麼呢？計謀成功，則可收到「兵不頓而利可全」的效果；退一步說，即使完全失敗了，自己也不可能有什麼直接損失。

這段故事交織著軍事鬥爭、政治鬥爭和外交鬥爭，伐交與伐謀緊密相聯。在各方勢力爾虞我詐的爭鬥中，曹操把握了「虎狼」之間存在利益衝突這一關鍵點，大作文章，充分體現了「上兵伐謀」的深意和作用。

〈縱橫古今〉53

借刀殺人之計

唐朝時，契丹叛將可突干假意投降唐朝，派出使者出訪幽州，幽州節度使張守珪識破了敵人假投降眞窺探的陰謀，命管紀、王悔代表朝廷，持節往撫。

王悔來到可突干營帳後，一邊應酬，一面暗中打聽可突干的內部情況。透過一個早先認識的小卒，王悔得知分掌兵馬的衙官李過折早與可突干有仇。於是王悔準備利用這一矛盾，促使兩虎相爭，兩敗俱傷，以平契丹之亂。

王悔有意與李過折加深感情，後又在李過折面前誇大可突干的才能。假稱唐朝的文武百官都很敬仰他，以激起李過折的嫉妒之心。李過折果然表示出憤怒之情，王悔順水推舟，進一步煽動，終於將李過折拉到自己這邊，並擬定了舉事細節。

果然，在王悔離開可突干部的次日晚上，李過折便率所部闖進了可突干所住的中軍大寨，可突干毫無提防，被李過折手起刀落，砍下了頭顱。契丹軍中大亂，唐軍乘機發起猛攻，大敗契丹軍。

54 別有居心，孫曹二家上表設陷

「上兵伐謀，其次伐交。」「伐交」本身就是精彩的謀攻。在軍事鬥爭的多角關係中，誰要占據優勢，就必須善於製造矛盾，利用矛盾，使自己處在「漁人」的有利地位。孫權、曹操皆為此而上表。

自從孫權弄巧成拙、「賠了夫人又折兵」後，孫、劉兩家矛盾日深。孫權欲立即興兵攻打荊州，報仇雪恥。這時，張昭進諫道：曹操日夜都在想著報赤壁之恨，只因懼怕孫、劉同心聯合，所以一直未敢輕舉妄動。「今主公若以一時之忿，自相吞併，操必乘虛來攻，國勢危矣。」緊接著，謀士顧雍獻了一計：「為今之計，莫若使人赴許都，表劉備為荊州牧。曹操知之，則懼而不敢加兵於東南，且使劉備不恨於主公。然後使心腹用反間之計，令曹、劉相攻，吾乘隙而圖之。」孫權聽罷大喜，隨即派華歆攜表前往許都。

但是，孫權的這一計謀被曹操身邊的謀士程昱識破了。他對曹操說：「孫權本忌劉備，欲以兵攻之；但恐丞相乘虛而擊，故令華歆為使，表薦劉備。乃安劉備之心，以塞丞相之望耳。」接著，程昱也獻上一計：「東吳所倚者，周瑜也。丞相今表奏周瑜爲南郡太守、程普爲江夏太守，留華歆在朝重用之；瑜必自與劉備爲仇敵矣。我乘其相併而圖之，不亦善乎？」

曹操聽從程昱的建議，將矛盾又「踢」了回去。

既然孫、劉兩家只能聯合，以避免曹操乘虛而入，那麼推薦劉備爲荊州牧，讓曹操生畏、劉備感激，然後在曹、劉之間施行反間之計，讓他們互相拚殺，自己則隔岸觀火，坐等趁火打劫之機，這比大動干戈去打無把握的仗，不是強多了嗎？抬舉劉備，實是欲奪先予、欲擒故縱。這一計謀既穩妥可行，又暗藏殺機。

曹操這一邊當然也不傻，謀士一眼就識破了東吳的居心，便以其人之道，還治其人之身。周瑜、程普，一個封在南郡，一個封在江夏，緊緊挿在劉備的兩肋，這種形勢，非打起來不可，何況周瑜一直報仇心切。曹操的這一招遠比孫權的算計要厲害得多。

在軍事鬥爭形成三角關係的時候，誰要想占據主動，誰就必須設法挑起另外兩方的矛盾，使自己處於「漁人」的地位。製造矛盾、利用矛盾包括兩個方面：一方面是爭取盟友，一方面是打破另外兩方的聯盟。要達到這個目的，必須透過「伐交」的手段。兵法講，「上兵伐謀，其次伐交」，那些只會出身入死、奮力沙場，而看不到政治交易中厲害殺著的將領，實是庸夫俗將。善於權變的軍事家，必定也是出色的政治家、外交家。「伐交」往往能夠達到戰場上所難以達到的目的。

在複雜的鬥爭形勢中，軍事家們經常把政治與軍事交替使用，並不輕易動用武力。他們往往借用一方之力以控制另一方之力，也常常在對方內部挑起力與力的相互消耗。坐山觀虎鬥，不費一兵一槍，以逸待勞，坐收漁利。至少吃不了虧。

〈縱橫古今〉㊹

八面玲瓏建國術

明末，努爾哈赤利用矛盾，製造矛盾，擴大同盟軍，縮小打擊面，使自己處於朋友多於敵人、盟軍多於敵軍的有利形勢之下。

在統一女眞的過程中，努爾哈赤巧妙地處理了與明朝、蒙古、朝鮮的關係，是其聯此擊彼策略的一大成功。他對明軍誤殺其祖、父，早就懷恨在心，但卻不過早地與明朝爲敵，而且還一再表示「忠於大明，心若金石」。直到他立國稱汗前一年，明朝邊吏還稱他「唯命是從」。可見，他對明朝的兩手策略運用得何等巧妙。

對蒙古則利用各部王公之間的矛盾，採取聯姻、盟誓、宴賞以及伴隨軍事打擊等手段，一個個王公、一部一部地逐漸降服。他對朝鮮，除一再表示「永結歡好，世世無替」之外，而且在朝鮮受到日本倭寇大舉入侵時，還主動提出派兵支援。

努爾哈赤這些活動的目的，無非是爲了使自己處於一個有利的地位，在鬥爭中保全、發展自己，逐漸消滅其他各支力量，實現統一大業。

55 巧織疑網，曹操離間造隙

鷸蚌相爭，漁人得利。離間計在古代運用得最頻繁、廣泛。大凡離間計成功的使用，多是較好地利用了敵壘內思想上的裂縫——多疑。曹操正是利用了馬超的這一弱點，巧用離間，使馬超、韓遂聯盟以悲劇告終。

卻說曹操欲乘劉備襲取西川之機，出兵江東，不料，馬超、韓遂起兵二十萬，從背後殺來。曹操不得不親自率軍西征，與馬超等在潼關相持。這時，賈詡入見曹操，建議曹操使用離間之計，「令韓、馬相疑，則一鼓可破矣」。曹操依計而行。

韓遂以前與曹操有點交情。一日，兩軍對陣，曹操請韓遂出陣對話，「二人馬頭相交，各按轡對語」，足足談了一個時辰，只講從前在京都的舊事，毫不涉及軍情。韓遂回營之後，馬超連忙過來詢問：「今日曹操陣前所言何事？」韓遂如實相告：「只訴京師舊事耳。」馬超奇怪道：「安得不言軍務乎？」韓遂說：「曹操不言，吾何獨言之？」馬超認為韓遂沒有說實話，自此起了疑心。

曹操回到營寨之後，賈詡認爲曹操的意圖雖妙，「尙未足間二人」，於是他提出了一個可令韓遂、馬超自相仇殺的計策。他說：「馬超乃一勇之夫，不識機密。丞相親筆作一書，單與韓遂，故意使馬超知之。超必索書來看，若看見上面要緊去處盡皆改抹，只猜是韓遂恐超知甚機密事，自行改抹，正合著單騎會語之疑；疑則必生亂。我更暗結韓遂部下諸將，使互相離間，超可圖矣。」

曹操聽罷，大稱其妙。隨即按計而行，寫信一封，送給韓遂。果然有人報知馬超。馬超心中生疑，直接來到韓遂帳中索閱信件，見上面有改抹字樣，便問道：「書上如何都改抹糊塗？」韓遂回答：「原書如此，不知何故。」馬超說：「豈有以草稿送與人耶？必是叔父怕我知了詳細，先改抹了。」又責問道：「吾與叔父並殺賊，奈何忽生異心？」

於是，二人心生間隙，最後，演變爲內部仇殺。曹操趁機殺到，大敗馬超。

韓遂與馬超的父親馬騰是舊交，馬騰死後，遂、超二人相處十分和睦。再由於同處關西，利益攸關，所以二人相結起兵反曹。但是，馬超有一個致命的弱點，就是性格上多疑。他總是猜忌韓遂通敵，結果使曹操的反間計獲得了成功。

在戰場上的猜忌和多疑，是聯合作戰中的大忌。可以設想，假使馬超心胸寬闊，與韓遂同心協力，那麼，曹操的計謀不但難以得逞，而且超、遂二人還可順勢將計就計，給曹操設下一個陷阱。但可惜的是，馬超的弱點太突出，成爲西涼大軍分裂的根本原因，韓遂被迫投曹，超、遂並肩伐曹以悲劇告終。

鷸蚌相爭，漁人得利。爲了達到自己的目的，利用、挑撥別人之間的矛盾，使其雙方相互爭鬥、殘殺，結果兩敗俱傷，自己從中得利，這是不擇手段之一，也是伐交中的重要手段。曹操離間馬超、韓遂，使其互相火併，坐收漁人之利，是較爲成功的。

離間計，在古代用得最廣泛。古人用離間計，有離間君王的，有離間親屬的，有離間賢能的，有離間盟友的，有離間侍從的，有離間說客的，有離間友好鄰邦的，諸如此類。都是利用敵營壘內部的矛盾，使其相互猜忌，形成內耗。大凡離間計使用成功的，都是妥善利用了敵壘內思想上的裂縫——多疑。

〈縱橫古今〉55

高山與樹樹

南北朝時，北周武帝有位大將叫韋孝寬，善於用間。不論是他派遣到北齊的間諜，還是他從北齊收買的間諜，都很盡職。

北齊有位戰功卓著的將軍叫斛律光，號稱明月，能征善戰，英勇可畏。韋孝寬為了除掉這個敵手，先叫參軍曲嚴編造歌謠：「百升飛上天，明月照長安。」「高山不推自潰，槲樹不扶自豎。」

這裡的升，原指舊時容量單位，十升等於一斗，十斗即一百升，等於一斛。歌謠中的「百升」，影射斛律光的斛字。北齊王姓高，歌謠中的「高山」，影射北齊王；「槲樹」影射斛律光。這兩句歌謠的意思是說：斛律光將要當皇帝，北齊王就要垮台了。

韋孝寬將這些傳單散發到北齊的京城，當時任北齊宰相的祖孝恰與斛律光有私仇。祖孝見了這些傳單，又添枝加葉渲染擴大，並讓小孩在大街小巷傳唱，傳得滿城風雨，然後將流言告知北齊的後主高緯。後主不辨眞僞，懷疑斛律光要造反，立即下令殺了斛律光。

56 以交為謀，諸葛亮割讓三郡

如果說，決策用謀是大腦，那麼，左手便是「交」，右手則是「兵」，雙手互用，「交」與「兵」相輔相成。只知進而不知退，只知戰而不知「交」，將處處陷於被動。諸葛亮割讓三郡，以交代戰，以巧解危。

曹操平定漢中，對於剛剛攻占西川的劉備集團來說，是一個很大的威脅。劉備急忙請諸葛亮商議對策。諸葛亮說：「亮有一計，曹操自退。」他分析道：「曹操分軍屯合肥，懼孫權也。今我若分江夏、長沙、桂陽三郡還吳，遣舌辯之士，陳說利害，令吳起兵襲合肥，牽動其勢，操必勒兵南矣。」

劉備按照諸葛亮的這一計謀，立即作書具禮，令伊籍先到荊州，知會關羽，然後入吳。果然，孫權聽說劉備主動提出要歸還三郡，十分高興，立即命魯肅帶人前往長沙、江夏、桂陽接管，然後親率十萬大軍，攻打合肥，在曹操的背上猛揷了一刀。

圍繞荊州的歸屬問題，諸葛亮曾透過各種方式推託和賴帳，名借實占。但是這時他卻主動提出歸還三郡，雖是爲了促使孫權進兵合肥，但是，孫權心底裡是頗爲滿意的，何況劉備提出的「起兵襲合肥」的要求，對於孫權來說，「亦是上策」。故而，雙方很快達成協議，並緩和了孫、劉之間的利益衝突。

很顯然，剛剛穩定的劉備政權很可能遭到曹操的攻擊，在這種形勢下，透過外交手段繼續保持與東吳的聯合，是擺脫危機的主要途徑，甚至是唯一途徑。在三足鼎立的態勢中，誰能夠採取靈活多變的外交謀略，爭取以二對一，誰就能致敵於兩面作戰的被動境地，以爭取主動。諸葛亮正是抓住了這個關鍵，對東吳作出實實在在的讓步——割讓三郡，從而達到借人之手、實施「圍魏救趙」的戰略目的。

《孫子兵法．謀攻篇》說：「上兵伐謀，其次伐交，其次伐兵，其下攻城。……」透過外交手段實現戰略意圖，僅次於伐謀，而與伐兵、攻城相比，它又是上策。諸葛亮精於謀略，當然不會忽視這個問題。當時，諸葛亮若從蜀地調兵襲擊合肥，一方面勞師遠襲，有百弊而無一利；另一方面又必然給曹操造成一個進兵西川的機會。

當然，諸葛亮也可就近調鎭守荆州的關羽去攻打合肥，但這樣，東吳就會乘機奪取荆襄九郡，而且必然導致孫、劉聯盟的過早破裂。主動讓去三郡，不僅穩定了西川，保住荆襄主要地盤，維持孫、劉聯盟，也避免了西川勞師之苦，解除曹操進攻的威脅。

由此，我們可以看到，在激烈複雜的軍事鬥爭中，利與害相聯，得與失相關。凡事必須從大局著眼，在整體利益受到威脅時，透過外交手段，做出一些必要的讓步，以求得各支力量的平衡，或達到以退爲進的目的。

如果說，決策用謀就是人的大腦，那麼，左手便是「交」，右手則是「兵」。大腦指揮雙手，必須配合使用，即「交」與「兵」相輔相成。如果只知進，不知退，策略上缺乏靈活性，那麼必將處處被動。

〈縱橫古今〉56

和親外交

唐高祖李淵早年出任弘化留守、山西河東慰撫大使時，曾經多次與突厥兵戎相見。太原起兵後，突厥數萬兵馬又攻到太原城下，李淵遣部將王康達率千餘人出戰，皆死。於是，李淵與突厥結下怨仇。

由於李淵起兵不是爲了占地自守，而是西入關中、號令天下，所以，晉陽這個根據地是萬不可丟失的。但是，李淵起兵之初的兵力十分有限，留下重兵把守晉陽顯然不行，這將直接影響西進行動。於是，李淵採取了和親政策，主動讓突厥「坐受寶貨」，突厥的始畢可汗果然與李淵修好。

從太原起兵到進入長安，是李淵軍最爲艱難的時期，由於李淵外交政策的成功，晉陽未遭突厥的侵犯，李元吉坐鎮太原，爲前線輸送了相當數量的人員和糧秣。

唐朝建立第二年，劉武周攻占晉陽，但這時李淵已在關中牢牢站穩了腳跟，依據這一片新的幅員遼闊的根據地，不費多大氣力便收復了晉陽。

可見，在戰爭發展的關鍵時期，對第三方誘之以利，化敵爲友或結成盟軍，對於全局的發展具有重大意義。

57 機關算盡，吳魏互移禍水

「嫁禍於人。」自己得利，而移禍於人；爲了鞏固自己的既得利益，不惜犧牲他人的利益。吳魏兩家在聯合中勾心鬥角，在關羽的首級上大作文章，都企圖將對方推至矛盾的焦點。

關羽敗走麥城，被東吳伏兵擒獲，「義不屈節」，遇害身亡。關羽殉難以後，張昭向孫權獻了一計，他認爲關羽被殺，劉備必然怒而興師，前來報仇，「不如先遣人將關公首級，轉送與曹操，明教劉備知是操之所使，必痛恨於操，西蜀之兵，不向吳而向魏矣。吾乃觀其勝負，於中取事，此爲上策。」孫權採納了他的計策，用木匣裝上關羽的首級，遣使者星夜送給曹操。

曹操收到關羽的首級後，十分高興，慶幸自此少了一位勁敵。這時主簿司馬懿出來一語道破機關，他說：「此乃東吳移禍之計也。」曹操猛然醒悟，急忙向司馬懿請教解脫良策。

司馬懿獻上了一策：「大王可將關公首級，刻一香木之軀以配之，葬以大臣之禮；劉備知之，必深恨孫權，盡力南征。我卻觀其勝負：蜀勝則擊吳，吳勝則擊蜀。──二處若得一處，那一處亦不久也。」於是，曹操一切照此操辦，並以王侯之禮厚葬關羽，贈爲荆王。

在吳、魏聯合戰關羽的軍事鬥爭中，兩家一直在勾心鬥角，企圖謀取漁翁之利。如曹操向東吳提出兩家聯合對付關羽的建議時，孫權口頭應允，但一直按兵不動，企圖讓魏軍先出兵，正面對付關羽。當呂蒙將要偷襲荆州時，孫權致書曹操，要求曹操派兵夾攻關羽，並特別強調「勿洩漏，使雲長有備也」；曹操見信後，卻故意把呂蒙襲荆州的情報洩漏給關羽，促使關羽引兵回救。當關羽撤兵回救時，魏軍沒有追擊，而是採取了坐山觀虎鬥的策略。

關羽被殺以後，吳、魏雙方的表演更爲直接和露骨。雙方都清楚地意識到，對於「誓同生死」的結義兄弟關羽被害，劉備決不會善罷干休，悲痛之中必會興兵報復。這對吳、魏兩家既是一股禍水，也是一個機會，如果誰能夠成功地將這股禍水引向另一家，那麼，不僅不會成爲劉備報復的對象，而且還可坐收漁人之利。於是，雙方絞盡腦汁，在關羽的首級上大做文章。

孫權將關羽的首級星夜送給曹操，讓劉備認爲殺關羽是曹操指使，將劉備的怒火引向曹操。而曹操爲了表明自己的清白，將劉備的怒火推回東吳，順勢厚葬了關羽的首級。眞是機關算盡，居心叵測。由此，出現了一個關羽、三處厚葬的滑稽場面。

在三國鼎足而立的形勢下，任何聯合都是暫時利益的需要，一旦各自的利益得到實現，那麼舊的聯盟就很難繼續維持而迅速趨於瓦解，新的鬥爭格局應運而生。

諸葛亮對於這種軍事變化原則和魏、蜀、吳的鬥爭格局瞭如指掌，所以，他一眼就識破了吳、魏互用移禍之計的詭計，勸告劉備：「方今吳欲令我伐魏，魏亦欲令我伐吳：多懷譎計，伺隙而乘。主上只宜按兵不動，且與關公發喪。待吳、魏不和，乘時而伐之。」這一建議與吳、魏相互移禍的目的相同。

軍事鬥爭是殘酷無情的。自己得利，還得嫁禍於人。當軍事目的實現以後，聯盟中的各方都力圖運用政治、外交的手段，鞏固自己的既得成果，而不惜犧牲他人的利益，將他人推進矛盾的漩渦。

〈縱橫古今〉㊼

一個女兒換后位

唐前期，武則天被高宗收入內宮時，只封了個昭儀。高宗雖然偏愛武則天，但還沒有廢掉皇后的意思，武則天爲了除去皇后，處心積慮。後來，武則天生了一個女兒，高宗和皇后都十分喜愛，常去看望。武則天就此設下一計。

一次，皇后來看孩子，武則天藉故離開一會，讓皇后獨自逗孩子玩。皇后一走，武則天馬上進屋將自己的親生女兒扼死，再用被子原樣蓋上。隔了一會，高宗來看嬰兒，武則天假裝與高宗說說笑笑，等皇帝要她抱孩子時，她才打開被子，假裝驚叫，並大哭起來。

高宗上前一看，原來小公主已死去多時。高宗頓時龍顏大怒，叫來宮女、太監詢問此前有誰來過，宮女、太監只說皇后不久前來過。於是高宗認定這是皇后因與武則天不和而下的毒手。假裝悲痛至極的武則天邊哭邊向高宗傾訴她平日收集的皇后過錯，促使皇帝產生了廢掉皇后的念頭。

最後，武則天如願以償，當上了皇后，終而成為中國唯一的女皇帝。

58 忍辱負重，孫權以屈求伸

識時務者爲俊傑。形勢有利害之分，行動有進退之別，策略有剛柔之異。胸懷大局，能屈能伸，方爲英雄本色。孫權爲擺脫不利局面，屈尊求和稱臣，利用靈活的外交手段，實現了西勝劉備、北拒曹丕的戰略意圖。

自從呂蒙白衣渡江，關羽遇害，尤其是孫權的移禍之計被曹操挫敗之後，東吳面臨著被蜀、魏兩家夾擊的危險。如果是單純對付爲弟報仇的劉備，東吳尚力所能及；然而，倘若剛剛稱帝的曹丕同時來襲，東吳就絕難招架了。在這種不利的形勢下，孫權爲了擺脫被動、度過危機，勇於忍辱負重，在外交上採取了一系列靈活的手段，使自己的戰略目標得以實現。

首先，孫權爲了盡可能地避免與劉備發生軍事衝突，不惜卑躬屈膝，忍辱負重，向劉備「上表求和」，派出諸葛瑾出使蜀國，做出了許多重大讓步：將孫夫人送回成都；縛還糜方、傅士仁等降將；將荊州「仍舊交還西蜀」；與劉備「永結盟好，共滅曹丕，以正篡逆之罪」。孫權的這些讓步，是希望恢復原來那種孫劉聯盟、共抗曹魏的有利局面。從長遠的利益來看，孫權的這一做法對兩家都是有利無害的。

其次，當孫權向劉備做的種種讓步被拒絕之後，孫權預知孫、劉兩家交戰已不可避免，又立即對曹丕「寫表稱臣」，向曹魏集團伸出了求援之手。後來曹丕派使者到東吳，封孫權爲吳王，加封九錫。當時，東吳百官紛紛勸諫孫權，認爲「主公宜自稱上將軍、九州伯之位，不當受魏帝封爵」。但是，孫權反駁道：「當日沛公受項羽之封，蓋因時也；何故卻之？」他不顧群臣的勸阻，親自出城迎接魏使，屈尊接受了曹丕的封爵。

顯然，孫權對曹丕俯首「稱臣」，是爲當時的危急形勢所迫，其目的在於爭得曹魏的援助。即使這目的不能實現，也要爭取曹丕保持中立的態度。這樣，東吳就可以擺脫腹背受敵的被動局面。

孫權身處逆境，既沒有驚慌失措、坐臥不安，也沒有暴跳如雷、氣勢洶洶。他冷眼靜觀，客觀地分析形勢，從大局著眼，以其靈活的應變策略，力圖避免陷入兩面受敵的不利局面，促使戰略態勢向有利於自己的方向轉化。

孫權不顧文臣武將們的阻撓、反對，放下一國之君的架子，卑屈地向劉備求和，融解劉備的報仇雪恨之心；又向曹丕稱臣，以依附於他人的代價，來換得一方的援助。這些都表現出孫權能屈能伸的良好素養，不失英雄本色。

試想，如果孫權目光短淺，不講策略，頭腦發熱，在不利的形勢下，仍要維持自己至尊的地位與形象，將勢必使東吳走向滅亡之路。

古人言，識時務者爲俊傑。劉邦接受項羽授的「漢王」封號，退避漢中，以屈求伸，積蓄力量，最後問鼎中原，戰勝了項羽。孫權也運用這一策略，變被動爲主動，西勝劉備，北拒曹丕，實現了自己的戰略目的。既然形勢有利害之分，那麼，行動也必須有進退之別，策略必須有剛柔之異。

〈縱橫古今〉58

陽爲尊隋

李淵起兵之初，鑑於群雄紛起、自己力量不強的客觀形勢，採取了陽爲尊隋的戰術策略，用他自己的話說，是「逼於時事，不得不爾」。

李淵採取陽爲尊隋之利有二：首先，吸引了大批人員投靠。當李淵攻克長安，「正式立楊侑爲帝後，以書諭諸郡縣，於是，東自商洛，南盡巴蜀，郡縣長吏及盜賊渠帥、氐羌酋長，爭遣子弟入見請降，有司復書，日以百數」。這些地方貴族、官吏以及部落首領看到隋朝新皇即位，有升官發財的好機會，自然都投靠過來。

其次，李淵陽爲尊隋，可迷惑隋王朝，盡可能避免與大量隋軍作戰。隋煬帝被殺之前，儘管隋朝勢力對李淵始終存有疑慮，但其打擊重點一直是瓦崗軍。李淵由此從容地發展自己的勢力，爲最終奪取天下奠定了基礎。

李淵陽爲尊隋也是一種以退爲進、以屈爲伸的權宜之計。待隋煬帝在江都被殺後，李淵果斷地廢掉隋恭帝楊侑，建立唐王朝。

59 兵不血刃，諸葛亮借敵翦逆

「己所難措，假手於人，不必親行，坐享其利。」利用敵手的各種力量，戰勝對手，而自己不動干戈，達到「兵不頓而利可全」的目的。諸葛亮平叛翦逆，兵不血刃，假手於敵，巧定西南。

蜀漢初建，朱褒、高定、雍闓在南中地區聯合反叛；又與蠻王孟獲勾結，聲勢頗為浩大。為平定南中之亂，諸葛亮決定親率大軍出征。諸葛亮對待少數民族，一貫堅持「和撫」政策，收到良好的效果。他在平定高定等人的叛亂中，利用矛盾，兵不血刃地取得了平叛的勝利。

蜀軍初戰，擒了高定的部將鄂煥，諸葛亮不僅沒有殺他，反而好言相慰：「吾知高定乃忠義之士，今為雍闓所惑，以致如此。」接著，將他放了回去。鄂煥乃是一個仗義之士，回去後如實地向高定訴說了「孔明之德」，高定內心「亦感激不已」。

雍闓知道此事後，認為諸葛亮是在運用「反間之計，欲令我二人不和」。但是高定畢竟已經心動，對雍闓的判斷「半信不信，心中猶豫」。這樣，諸葛亮透過釋放鄂煥，在雍闓與高定二人的心中，投下了互不信任的陰影。

不久，雍闓和高定兵分兩路偷襲蜀營，被蜀軍殺得大敗，遭「生擒者無數」。諸葛亮乘機加以利用，將俘獲的雍闓、高定之兵分別囚禁，然後令軍士謠傳：「高定的人免死，雍闓的人盡殺。」當諸葛亮提取雍闓的部下到帳前問話時，俘虜們都冒充是高定的部下，諸葛亮假戲眞做，佯裝不知，全部將其釋放。

而對被俘的高定士卒，諸葛亮也皆免其死，並告訴他們雍闓已派人投降，欲獻高定、朱褒二人首級。這樣，雍闓的人回寨以後，皆私下傳言諸葛亮親高惡雍的情況，造成了營中軍心渙亂，士卒「多有歸順高定之心」。當高定聽說雍闓已降諸葛亮時，疑心頓起，隨即派人到雍闓寨中打聽。諸葛亮的這一招，加深了雍闓和高定之間的相互猜忌。

同時，諸葛亮把抓到的高定派出的密探，故意錯認作雍闓的部下，「修密書一封」，讓雍闓「早早下手，休得誤事」。當高定聽到密探的回報之後，大爲惱怒，便來了個先下手爲強，夜襲雍闓的營寨，砍下他的首級，直投諸葛亮。

當高定提著雍闓的人頭來見諸葛亮時，諸葛亮明知他眞心來投，卻硬說他是「詐降」，喝令左右推出斬首。高定極力表白，諸葛亮從匣中取出一封信，說道：「朱褒已派人密獻降書。說你與雍闓結生死之交，豈肯一旦便殺此人？吾故知汝詐也。」激得高定又在諸葛亮面前立下軍令狀，誓「擒朱褒來見丞相」。果然，高定乘朱褒不備，取了他的首級，引全部叛軍歸降蜀營。

一般來說，朋友、盟軍之間的矛盾多從疑心而起。所以，兩軍對壘，欲在敵人營中製造矛盾，挑起怒火，就必須激起敵將之間的相互猜忌和懷疑。在平定南中的叛亂中，諸葛亮透過製造假情報、傳播謠言、借人傳話等一系列權術，挑起雍闓與高定的矛盾，使其互相殘殺。從故事裡，我們可以看到，諸葛亮的計謀層層深入，步步推進，一環套一環，直到高定率所有叛軍來降。

《兵經百字．借字》中說：

> 艱於力則借敵之力，難於誅則借敵之刃……吾欲爲者誘敵役，則敵力借矣；吾欲斃者詭敵殲，則敵刃借矣，……令彼自鬥，則爲借敵之軍將，……己所難措，假手於人，不必親行，坐享其利。

其大意是說，自己力量不足，就要設法借敵之力；直接殺敵有困難，則要設法借敵之刃斧。我們想做事情而誘使敵人替我們去做，就是借用敵人的力量；我們想殺敵而設法讓敵人替我們去殺，就是借刀殺人；使敵人內部發生衝突而消耗其力量，就等於借用了敵之兵將。自己難以做成的事，可以假手於人去做，這樣就能坐享其利。

在這場戰爭中，諸葛亮巧妙地借用了敵人的力量，巧施反間計，製造矛盾，利用矛盾，收一將而殺二將，降服所有叛軍；兵不血刃而叛亂自平，表現出高超的「借術」。在中國歷史上，製造矛盾、利用矛盾的鬥爭藝術可以找到許多的實例，諸葛亮智平西南叛亂，可謂其中的上乘之作。處於複雜的軍事鬥爭中，智高一籌的謀略家，總是可以收到「兵不頓而利可全」的效果。

〈縱橫古今〉59

反間諜戰

南宋高宗年間，濟南知府劉豫殺害抗金將領關勝，投降金人，被金人册封為「大齊皇帝」，成為宋抗金的最大障礙。岳飛了解到劉豫與金軍將領粘罕有勾結，而金軍右副元帥金兀朮對此十分忌恨。於是，岳飛決定利用敵人之手除掉劉豫。

恰巧岳飛軍中抓到一個金兀朮的間諜，岳飛假裝認錯了人而斥責這名間諜說：你不是我們軍中的張斌嗎？我派你到大齊去約同劉豫誘騙四太子，可你一去不回。我只好另派別人去問，劉豫已答應今年冬天以聯合入侵長江為藉口，把四太子騙至清河。讓你送信你卻沒送到，你為什麼違背我的命令？

間諜怕死，假招了自己就是張斌，認了違命之罪。岳飛製書封於蠟丸之中，寫著與劉豫合謀誘殺金兀朮的計畫，對間諜說：我先饒過你這一次，再派你到劉豫那兒去問起事的日期。然後，割開他的腿肚子，把蠟丸藏進去，告誡：不得洩露這個機密。

間諜逃回金國，把蠟丸交給了金兀朮。金兀朮看後大驚，立即報告金太祖。結果，劉豫被金人廢掉。

60 施恩布惠，羊祜懷柔破東吳

中國古代兵法十分強調「以柔制剛」。懷柔之計是這一謀略的形式之一，它是一種軍事外交上的攻心之術，是最經濟、最廉價的取勝之道。羊祜懷柔東吳，使晉軍僅用了四個月就滅亡吳國。

司馬昭死後，其子司馬炎將魏主趕下台，自立爲帝，建立晉朝。他得知陸抗寇襄陽後，派羊祜都督荆州，鎮守襄陽。

羊祜一到襄陽，「減戍邏之卒」，開屯田，儲軍糧，積極進行滅吳的準備。與此同時，羊祜對東吳則採取了「務修德信」的懷柔之術，以瓦解吳國軍民的鬥志。其具體措施有：

第一，「吳人有降而欲去者，皆聽之」。

第二，每次集兵狩獵，都將先被吳人所傷而後爲晉軍所得的獵狩，全部還給對方。一次，羊祜率軍打獵，正遇上吳軍主將陸抗出獵，羊祜立即下令：「我軍不許過界！」衆將士得令後，皆「止乎晉地打圍，不犯吳境」。歸營後，羊祜又察問所得禽獸，被吳人先射中者皆送還，陸抗深受感動。

第三，與陸抗互通使者，禮尚往來。陸抗為了感謝羊祜送還吳軍獵物，特地送給羊祜一壺親自釀製的好酒。羊祜從吳方使者口中得知陸抗臥病數日，便親自調製「熟藥」，託來者帶去，陸抗服後，果然病癒。陸抗感慨地對衆將說道：「彼專以德，我專以暴，是彼將不戰而服我也。今宜各保疆界而已，無求細利。」

當吳軍的鬥志逐漸衰退之時，晉軍有些將領建議羊祜發動進攻，但羊祜認為時機尚未成熟，只有繼續施行懷柔計，等待其內部有變，方可圖取。由於羊祜對東吳採取了一系列懷柔活動，東吳江陵、南郡一帶軍民無不歸心。後來，晉軍大舉伐吳之時，吳兵士氣渙散，不是一觸即潰，就是望風而降，軍事要衝江陵等地皆不戰而下，司馬炎只用了四個月的時間，就滅亡了吳國。

懷柔之計從總體上說是一種攻心戰術，是採用政治收買手段，籠絡人心，維護自己利益，安撫小諸侯國或偏遠的割據勢力，使其歸順的一種策略。從羊祜對東吳施用懷柔之計中，我們可以得到這樣幾點深刻的啓示：

1. 實施懷柔之計必須要戰略的眼光，做大事不能急功近利。在戰略目標實施的過程中，要靈活運用策略，善於以柔克剛。

2.懷柔之計是一種柔性戰略，它有時比硬性的對抗更具有價值。

羊祜鎮守襄陽時，開屯田，儲軍糧，這說明他時時都在作滅吳的準備。他沒有以武力威脅、進逼和直接攻擊對方，而是做出與對手和平共處的友好姿態。羊祜的懷柔之計，使吳國邊境的軍民感恩戴德，喪失抵抗意志和死戰之心。這充分顯示了羊祜的遠大見識。

應該說，羊祜對東吳軍民採取的每一次交往活動、每一個友好姿態，都隱含著一定的企圖與目的，即征服對方的心理，消融對方的敵對情緒。在贈酒以增情、送藥以去病的相互往來中，吳軍忘記了晉軍是他們的敵人。後來，羊祜病死後，「江南守邊將士，亦皆哭泣。」由此可見，羊祜的懷柔之計確是一種成功的高明策略。

後人習鑿齒曾對羊祜的這一招予以高度評價：

夫殘彼而利我，未若利我而無殘；振武以懼物，未若德廣而民懷。匹夫猶不可以力服，而況一國乎？力服猶不如以德來，而況不制乎？是以羊祜恢大同之略，思五兵之則，齊其民人，均其施澤，振義網以羅強吳，明兼愛以革暴俗，易生民之視聽，馳不戰乎江表。故能德音悅暢，而襁負雲集，殊鄰異域，義讓交弘，自吳之遇敵，未有若此者也。

武力並不一定能使弱者屈服，相反的，有時會激起弱者的自強意識，促使其形成強大的內聚力，這就不利於自己最終目標的實現了。而「懷柔」則能摧垮、軟化對手的意志。當羊祜「聞陸抗罷兵，孫皓失德」時，便及時向司馬炎提出滅吳的戰略設想。雖然羊祜的建議沒能立即實行，但在羊祜死後，司馬炎還是按照羊祜生前的建議實施滅吳大計。所以，當司馬炎在滅吳之後執杯流涕，對衆人說：「此羊太傅之功也，惜其不親見之耳！」

〈縱橫古今〉60

七下西洋揚明威

歷史上，成功運用懷柔之計的範例尚有不少。明代成祖時期，鄭和出海揚明威，就是一個典型的例子。

從政治上看，成祖派遣鄭和下西洋是爲了鞏固統治，提高明廷在國外的威望，安撫或鎮壓逃居沿海島嶼和海外的臣民。鄭和先後七次出航西洋，所到之地，恩威並行，以安撫爲主。船隊所到之處，受到各國人民的歡迎。直至今日，有些國家一直保存著紀念鄭和航海的文物與古蹟。

鄭和下西洋，以其自身輝煌的航海業績，擴大了中國在海外的影響，加強了明朝廷與各國政治、經濟上的和睦外交關係，為明朝爭取了一個國際和平環境。

懷柔計有兩種：一是透過對敵方軍民的政治收買、人心籠絡，使其在握手言歡的氣氛中，逐漸失去敵視心理和抵抗精神，為我爾後的軍事進攻創造條件。羊祜懷柔破東吳即是屬於這一種。二是大國透過對相鄰小國的施德安撫政策，如以誠相待、厚往薄來等，求得攻治懾服、四方歸順、睦鄰友好、周邊安全。鄭和下西洋即屬此類。

柒 用奇篇

■篇題要□

「出其不意，攻其無備。」奇戰，在兵法中最爲生動，最有創造性，是用兵的法寶。奇，要奇於時空，奇於膽略，奇於速度，奇於手法，奇於兵器與技術，所謂出奇制勝。兵家講究奇正之變，孫子說：「凡戰者，以正合，以奇勝。」「奇正之變，不可勝言也。」奇正之術是用兵的關鍵、制勝的樞機，欲施奇法，不可無正。三國戰爭中，爲我們留下了許多奇戰佳話。

61 兵貴神速，司馬懿剋日擒孟達

「兵貴神速，不尚巧遲。」迅雷不及掩耳，疾電不及瞬目。速戰速決，方能勢如破竹。司馬懿在危急關頭，果斷行動，先斬後奏，神速擒孟達，可謂以快制勝的典型範例。切記，速戰速決離不開指揮者的正確果斷。

曹丕死後，曹睿繼位。諸葛亮爲抓住這一有利時機北伐中原，派人到洛陽散布謠言，說司馬懿蓄意謀反，結果司馬懿被削職回鄉。諸葛亮隨即兵出祁山，連戰連勝，所向披靡，造成關中的緊張局勢。魏主曹睿不得不「御駕親征」，率軍前往長安。

這時，出任新城太守的原蜀軍降將孟達，由於不受曹睿重用，又遭到朝中許多人嫉妒，便想趁曹魏後方空虛之際，舉兵謀反，直取洛陽，再歸降諸葛亮。孟達此舉若能成功，曹魏將受到前後夾擊。恰值此時，曹睿爲抗蜀而重新起用被貶在宛城的司馬懿。諸葛亮得知司馬懿復職的消息，大爲吃驚，因他「所患者惟司馬懿一人而已」，他意識到，「今孟達欲舉大事，若遇司馬懿，事必敗矣」。

司馬懿接旨後，正待調動宛城諸路軍馬，忽然接到孟達策畫謀反的消息。危急時刻，他當機立斷，自作主張，一方面立即遣兵向新城進發，傳令「一日要行二日之路，如遲立斬」；另一方面，他又派參軍梁畿賫檄星夜奔赴新城，讓孟達準備一同前往抗蜀，以免孟達警覺，並製造司馬懿大軍已「離宛城，望長安去了」的假情報。

孟達聞此，心中暗喜，絲毫未加防範。結果，幾天之後，司馬懿大軍突然出現在新城城下，以迅雷不及掩耳之勢，一舉平定了孟達的叛亂。

出其不意，攻其無備。司馬懿襲擊孟達一戰，正是採取了這一軍事計謀。當得到孟達叛敵的消息後，爲了爭取時間，以快制勝，便臨機處置。他三管齊下，一面給孟達傳信，消除他的疑慮；一面當機立斷，先斬後奏；同時，派人火速向魏主報告。

當時司馬懿剛剛被重新起用，身在宛城，並非朝中之臣。按規矩，採取這種重大軍事行動必須「寫表申奏天子」，待奏准之後方可行事。孟達正是按照這個思路來考慮的，他認爲「若司馬懿聞達舉事，須表奏魏主」，來回要花費月餘時間，這就可以使自己從容迎敵。

但是，司馬懿非一般將帥，他深知「將在外，君命有所不受」的道理，更懂得危機關頭先斬後奏、果斷行動的重要性。正由於司馬懿沒有死搬教條，所以，心中暗自得意、自以爲成事在望的孟達，被司馬懿一棍子打得暈頭轉向。這一仗是以快制勝、先機破敵的典型戰例。

事實證明，在對方失去戒備或者意想不到的時間、地點實施突然襲擊，常能在軍事上取得重大效果。然而，要做到這一點，指揮者必須根據敵情果斷、靈活地做出判斷和決策。行動迅速是實現出其不意的重要條件，但是，迅速的行動，並不只是表現在部隊的機動能力上，更主要的還是體現在指揮者當機立斷的決策水平上。

快速用兵，是進攻作戰的一條通則。歷代兵家都非常強調快速用兵的重要性。如孫子說：「兵貴神速，不尚巧遲。」《六韜》說：「密察敵人之機而速乘其利，復疾擊其不意。」古往今來創造奇蹟的用兵行家，無不是由於達成了戰鬥的突然性，才牢牢地控制了進攻作戰的主動權。

速能乘機；速能達成進攻的突然性，先發制人，攻其不備；速還能增加力量，形成一種有巨大爆發力的「勢」，就像拉滿的弓、射出的箭一樣，使力量得到充分發揮。俄國著名的軍事統帥蘇沃洛夫把軍隊的迅速行動和閃電般的衝擊，說成眞正的戰爭靈魂。「一分鐘決定戰鬥結局，一小時決定戰局勝負，一天決定帝國的命運」，就是這位軍事人物站在他那個時代所發出的豪語。

〈縱橫古今〉61

出敵所料的急行軍

後唐時期，後梁朱友貞調主力部隊分數路向後唐進攻，而首都大梁空虛。後唐李存勖以一部兵力防禦，主力從鄆州長驅南下，在中都（今山東汶山）活捉了後梁名將王彥章。又採納康延章、李嗣源的建議，乘敵大梁空虛，晝夜兼程，急率大軍奔襲。只用了五天時間，李嗣源便領前軍抵達大梁。梁守將突遭襲擊，被迫出降。後梁就此滅亡。此戰，是我國古代戰爭中長途奔襲、速戰速勝的著名戰例之一。

現代戰爭更是強調神速。蘇軍侵占捷克、出兵阿富汗，無不體現出神速的重要價值。在阿根廷攻占馬島之前，主觀地認爲英國遠隔萬里，鞭長莫及，不可能在軍事上有大的反應。誰知，英國在戰爭爆發的第二天起，就成立了戰時內閣，組織特混艦隊，迅速調集兵力和作戰物資，徵用並改裝了商船。

編入特混艦隊的艦船，接到命令向指定地點開拔，邊航行邊集中，同時進行編隊和補充工作，十九天就進入距本土一萬三千公里之外的作戰地區。

62 釜底抽薪，曹操奇兵劫烏巢

揚湯止沸，事倍功半；釜底抽薪，事半功倍。「軍無糧則亡」，古代兵家無不注重斷敵糧源，擊敵要害。曹操夜出奇兵，烏巢劫糧，制敵關節，一舉震全局。

在官渡之戰中，曹操與袁紹相持數月。由於糧草已盡，士卒疲乏，且後方又不安定，曹操「意欲棄官渡退回許昌」。

荀彧寫信勸曹操，「此用奇之時，斷不可失」。曹操聽從了謀士的勸告，堅持應戰，並尋求戰機。但是，糧草對於曹軍仍是一個嚴重問題。就在這節骨眼上，袁紹手下的謀士許攸棄袁投曹。他向曹操獻計，建議曹操襲擊烏巢，「乘間燒其糧草輜重，則紹軍不三日將自亂矣」。

曹操聞計大喜，他深知「今吾軍糧不給，難以維持，若不用許攸之計，是坐而待困也」。於是，他對自己的營寨進行了一番周密的布置，令曹洪、荀攸等人率重兵守大寨，左右兩側皆設下伏兵，以防袁軍攻打。然後，親自率領五千精兵，打著袁軍的旗號，乘夜奔襲烏巢。

夜半，曹軍到達烏巢，立即圍攻放火。袁紹得知消息，斷定曹營空虛，便派主力直接攻打官渡陣地，但由於曹操重兵設伏，袁軍未能攻下。烏巢那邊，袁紹只派少數經騎援救烏巢。

當時，曹軍正在攻打烏巢，袁軍增援的軍隊已經迫近，曹操身邊將領要求分兵拒敵，曹操下令：「諸將只顧奮力向前，待賊至背後，方可回戰！」於是，曹軍向前猛攻，霎時，「火焰四起，煙迷太空」，袁軍的所有糧草「盡行燒絕」。烏巢被劫的消息傳到陣前，袁軍人心浮動，內部分裂。戰役由此發生轉變，曹勝袁敗的戰局已經形成。

官渡之戰是歷史上一次以少勝多的著名戰役，而烏巢劫糧卻是這次戰役轉化的關鍵，它打破了曹、袁二軍的對峙態勢，將袁軍推入了絕境。烏巢劫糧是震動全局的一擊。

曹操烏巢劫糧的成功，在於他運兵用奇天衣無縫。曹操襲烏巢，是利用夜色作掩護，並且打著袁軍的旗號，混水摸魚，巧妙地隱蔽了作戰行動，造成奇襲的突然性。

當接近目標時，曹操率軍猛攻猛打，力求速戰速決，當袁紹的援兵來攻，曹操不僅沒有中斷行動，反而加緊攻勢。他清楚地意識到，戰機稍縱即逝，如果不牢牢把握，隨時都可能喪失主動權，陷入被動，前功盡棄。所以，曹軍勇往直前，不僅實現了戰略意圖，而且保全了自己。

曹操是個深謀遠慮的將帥，他不僅注意用奇「襲敵」，而且善於用奇「保己」。他出發前，考慮到襲擊烏巢後袁紹可能採取的行動，對營寨作了重兵防守、兩邊設伏的周密安排，果然，一切均在曹操的預料之中。

從兵法上講，曹操用奇是爲了實現他釜底抽薪的戰略思想。在古代戰爭中，糧草是軍隊的命脈，「軍無糧則亡」，所以古代兵家們常把襲擊對方糧草、截斷糧道等，作爲用兵之要法、破敵之根本。釜底抽薪正是要消滅敵人戰鬥力賴以存在的條件，從根本上瓦解敵方。

值得注意的是，「抽薪」要抽到要害之處。只有把握那些影響戰役全局的關節，猛戳一刀，才能起到「治本」的作用。曹操用奇，一著刺中袁紹的要害，走活了全盤。同樣是止沸，但是「揚湯止沸」只能事倍功半，而「釜底抽薪」才能事半功倍。

〈縱橫古今〉62

直搗根本

在古代的冷兵器時代，釜底抽薪的作法主要是斷敵糧草。在現代戰爭中，釜底抽薪的目標更加廣泛。如襲擊敵後方補給基地；切斷敵後方供應線；破壞敵人的戰爭資源；攻敵後方的指揮機關、通訊樞紐、交通基地和導彈發射地等等。

波斯灣戰爭中，以美國部隊爲主的多國部隊按聯合國的決議，用武力將伊拉克趕出科威特。他們藉大規模的轟炸行動，摧毀伊拉克軍隊賴以戰鬥的根本：彈藥庫、武器設施、機場、導彈發射架，截斷其運輸線，使糧食武器彈藥均無法補給駐紮在科威特的伊拉克軍隊。

伊拉克軍隊最後餓得不惜冒著本軍地雷的危險，穿越雷區逃往多國部隊的駐紮區乞食。戰爭正式爆發後，伊軍已無還手之力。

63 霧中設奇，諸葛亮草船借箭

「知己知彼，勝乃不殆；知天知地，勝乃不窮。」將帥都應該有點觀天察地的本領，以便借助「天然盟友」布疑設奇。諸葛亮霧中草船借箭，走了一條常人無法想到的取箭之道，深謀奇略令人瞠目。

孫、劉聯軍與曹操大軍對壘大江兩岸。周瑜見諸葛亮謀略非凡，事事算在己先，便想方設法欲將諸葛亮置於死地。

一日，周瑜召請諸葛亮商議軍中大事，讓諸葛亮十天之內趕製十萬支箭。這是一件極不容易的事情，誰知諸葛亮卻只需要三天時間，並立下軍令狀：「三日不辦，甘當重罰。」

諸葛亮第一日不見動靜，第二日也不見動靜，直到第三日四更時分，諸葛亮密請魯肅，邀他同往取箭。諸葛亮命將事先準備的二十隻快船用長索連接起來，然後直接向江北駛去。

當夜，大霧瀰漫，長江之中，霧氣更重，對面不能相見。大約五更時分，二十隻快船已接近曹操的水寨，諸葛亮命令把船隻頭西尾東，一字擺開，船上頓時擂鼓吶喊。魯肅大驚失色道：「

倘曹兵齊出，如之奈何？」諸葛亮笑道：「吾料曹操於重霧中必不敢出。吾等只顧酌酒取樂，待霧散便回。」

曹寨中，毛玠、于禁飛報曹操。曹操認爲，大霧迷江，彼軍忽然過來，必有埋伏，所以，傳令不可輕動，只撥水軍弓弩手「亂箭射之」。又令張遼、徐晃各帶弓弩軍三千，火速到江邊助射。於是，曹軍水、旱兩寨一萬餘名弓弩手齊向江中放箭，箭如雨發。諸葛亮命船隻掉回，頭東尾西，靠近水寨受箭，並不停擂鼓吶喊。直到日高霧散，諸葛亮才令收船急回。這時，事先在船隻兩邊細紮的束草上，排滿了箭枝。諸葛亮令各船軍士齊聲叫喊：「謝丞相箭！」等到曹操得知實情，快船已經遠去，追之不及。曹操懊悔不已。

周瑜爲了陷害諸葛亮，再一次策畫了計謀，提出了一個在當時任何人都難以辦到的造箭方案，而諸葛亮卻欣然受命，不僅主動縮短期限，而且還立下軍令狀。這並非諸葛亮明知是火坑，而甘願往裡跳。

諸葛亮走的是一條常人無法想到的取箭之道。周瑜當然無從料到諸葛亮居然利用大霧封江，賺來了曹操十幾萬支箭。諸葛亮還讓草船上的軍士高呼「謝丞相箭」！他不僅智伏了周瑜，而且還戲弄了曹操。

出其不意，攻其無備。出奇制勝，必須料敵之未料。誰又能事先預想到諸葛亮將採取什麼妙計賺得十萬支箭呢!?周瑜不知，魯肅不知，曹操更不可能知道。

用奇，往往需要以某種現象或事物作掩護，諸葛亮巧妙地利用了霧。他掌握住觀測風雲變幻的天候知識，善於利用天候爲戰爭服務。諸葛亮草船借箭之後，曾說：「爲將而不通天文，不知地利，不知奇門，不曉陰陽，不看陣圖，不明兵勢，是庸才也。」《孫子兵法・地形篇》也指出：「知彼知己，勝乃不殆；知天知地，勝乃不窮。」

任何軍事行動，都是在一定氣象條件下進行的，風雲雨雪霧對於作戰，始終是不可忽視的因素。因此，任何將帥都應該有一點觀天察地的本領，能夠靈活利用各種氣象條件，借助這些「天然盟友」的神奇效力，布疑設奇。諸葛亮出奇制勝，成功「借箭」，靠的是過人的學識和膽略。

〈縱橫古今〉63

賠箭又折兵

唐代，張巡的「賺箭計」也頗有特色。

「安史」之亂期間，唐將張巡被叛將令狐潮圍困於雍丘城中。令狐潮有四萬人馬，張巡不過二千兵丁，力量對比十分懸殊。儘管城堅兵強，但時間一長，唐兵出現撐不住的現象，首先是箭枝用盡，情況十分危急。

張巡是個足智多謀的將領，他讓人割來許多草，紮了不少稻草人，穿上黑衣服，當風高月黑的夜晚來臨，即用繩子繫著墜下城去。令狐潮的士兵遠遠看去，以爲唐兵要突圍，當即萬箭齊發，爭著向稻草人放箭。接連好幾次，叛軍才發現中了唐兵的賺箭計，後悔不迭。

過了一些日子，張巡又令人從城上墜放草人，敵軍居然發笑，認爲用計不過三，我們怎麼會老往你的草人身上放箭呢？於是不加理睬，哪知此刻張巡墜下的草人變成了眞人。五百敢死隊乘著夜色平安地從城上墜下，趁敵人還未從麻木狀態中醒過來，即殺入敵營，敵猝不及防，大敗而逃。

64 一箭雙鵰，諸葛亮奇奪荊襄

攻其無備，戰術手段的創新十分重要。奇與巧兼備，方可以最小的代價，獲得最理想的成功。諸葛亮巧用曹軍兵符，適時地派出奇兵，輕易地襲取了荊州與襄陽，可謂一箭雙鵰。

諸葛亮趁周瑜與曹仁酣戰之際，巧奪南郡，並從守將陳矯身上獲得了曹軍調動部隊的兵符。他立即計上心來：假稱南郡告急，用兵符調動荊州和襄陽的曹軍火速馳援南郡。與此同時，令關羽、張飛二人乘虛襲奪荊州、襄陽。

就這樣，劉備按照諸葛亮的安排，毫不費力地占據了南郡和荊州、襄陽。周瑜爲此氣得「金瘡迸裂」，此即諸葛亮一氣周瑜。周瑜費盡千辛萬苦，出生入死，而且身負箭傷，結果，卻被諸葛亮坐享其成，哪能不氣呢⁉

諸葛亮奪占南郡和荊襄，可謂一箭雙鵰。此舉爲劉備後來奪取西川、擴大實力，與曹操、孫權形成鼎足而立之勢，打下了良好的根基，這是諸葛亮在三國大勢的棋盤上，投下的一顆極爲關鍵的棋子。

在中外戰爭史上，兵家名將用以調動敵人、襲取城池的手段多種多樣，不一而足，但是，都頗具特色，運用之妙，存乎一心。而諸葛亮利用敵人的兵符調虎離山，襲取荊襄，可以說是巧與奇的結合。

所謂巧，即是諸葛亮利用敵方的信物引敵出城，然後一箭雙鵰；所謂奇，則是利用敵人注意力轉移、城內空虛的良機，派兵偷襲，出其不意，攻其無備。諸葛亮善於抓住戰機，他乘曹仁還在與周瑜鏖戰的時機，向荊襄的曹軍發出「調兵」的命令。這個時候，曹軍最易上當，倘若此機一過，南郡失守的消息傳出，再使用這個方法，荊襄的曹軍就不會上鈎了。

攻其無備是出奇制勝的首要前提。戰略上的攻其無備在於迫使敵人做出錯誤的決策，採取錯誤的戰略行動，以保證一擊奏效。而戰術上的攻其無備，則是採取大膽而堅決的行動，巧妙地利用一切有利條件，抓住戰機，乘隙而入。

在這裡，戰術手段的創新十分重要。第一次使用的新方法，敵手通常難以預料。諸葛亮正是利用了從敵人身上繳來的兵符，用以調動敵人，這是敵人無論如何也難以預料到的。諸葛亮的這一計謀，在戰爭史上確不多見，所以，也就無怪鎮守荊襄的曹軍如此「無備」。

諸葛亮的這次用奇輕取荊州、襄陽二城的謀略運用，使人耳目一新，可以說是以假情報調動敵人、出奇制勝的範例。

〈縱橫古今〉64

以其人之道還治之

當今世界，隨著情報傳遞技術和手段的現代化，利用假情報調動敵人更爲方便，成功的機會也更多。

第三次中東戰爭時，以色列事先掌握了阿拉伯軍隊通信聯絡的祕密，然後，利用阿拉伯無線電通訊的呼號、頻率和密碼，將阿拉伯軍隊的坦克、飛機引導到預伏地區加以摧毀，並發出假命令調動阿拉伯軍隊，再以重炮轟擊，冒充阿拉伯軍隊的指揮部，誘騙其軍，使敵人的反擊遭到失敗。

65 以退爲進，曹操襲奪陽平關

欲速則不達。兵法說：「故迂其途，而誘之以利，後人發，先人至，此知迂直之計者也。」迂迴的道路，通常是達到目的的最短途徑。曹操示假隱眞，明暗相兼，奇正結合，以退誘敵，暗出奇兵，出其不意，襲奪陽平關。

曹操自從戰勝馬超之後，威勢日盛，兵力雄厚。他欲起大兵南征，收吳滅蜀，完成統一南北大業。但後來從三國鼎足而立的戰略全局考慮，他聽從了夏侯惇「宜先取漢中張魯，以得勝之兵取蜀」的建議，決定先擊弱者，西征漢中。

曹操派夏侯淵、張郃爲先鋒，他親率大軍隨後，向陽平關殺奔而來。誰知夏侯淵、張郃兵至陽平關城下，因人馬疲乏而疏於戒備，頭一天夜裡就遭敵劫寨，被打得潰不成軍。曹操趨兵來到關前，只見「山勢險惡，林木叢雜」，不禁嘆曰：「吾若知此處如此險惡，必不起兵來。」

接著，曹操帶領許褚、徐晃觀察地形時，又遭到漢中軍馬的伏擊。「自此兩邊相拒五十餘日，只不交戰」，曹操一直沒有舉動。就在這時，曹操忽然「傳令退軍」。賈詡不解地問：「賊勢未見強弱，主公何故撤退耶？」曹操解釋道：「吾料賊兵每日提備，急難取勝。吾以退軍爲名，使賊懈而無備，然後分輕騎抄襲其後，必勝賊矣。」

於是，曹操一面引大軍拔寨而退，一面密令夏侯淵、張郃兵分兩路，各引輕騎三千，取小路抄陽平關後。張魯軍見曹操大兵退去，便麻痺大意起來。曹軍乘機突然從關前關後發起攻擊，出其不意地奪下了陽平關。

陽平關位於白馬河入漢水處，是川、陝的交通要衝，漢中地區的屏障和門戶，地勢險要，易守難攻。曹操平定漢中，奪取陽平關是關鍵性的一役。但是，曹操勞師遠襲，在陽平關前遇到了許多困難，雙方相持五十餘天沒有交戰。這種僵局對曹操非常不利，若就此罷兵，則意味著前功盡棄。

誰也沒有料到，尙未取得寸功的曹操突然下令撤軍。他這一招，竟連足智多謀、善於用兵的賈詡都未能看透。張魯軍的一些將領斷定曹操是畏難而退，起兵追擊。然而，他們只看到曹操明的行動——退兵，卻沒有料到曹操暗的一手——背後抄襲。所以陽平關終於被曹操用奇兵襲取。

大凡攻城作戰，進攻者兵臨城下，處於主動的地位，多考慮從正面實施攻擊，或在條件具備的情況下，進行圍困，很少有以退求進的打法。曹操這次示假隱眞，明暗相兼，奇正結合，超出了一般將領的思維模式和通常戰法。此也一奇！

《孫子兵法・軍爭篇》說：「故迂其途，而誘之以利，後人發，先人至，此知迂直之計者也。」漫長的迂迴道路，通常是達到目的最短途徑。透過間接方法取勝，關鍵在於造成敵將心理上的錯覺，爲出奇制勝創造條件。

俗話說，欲速則不達，性急吃不了熱燒餅。戰場上，遠而虛者，易進易行，費時少，遠而爲近；近而實者，難攻難進，費時多，近而爲遠。曹操正是根據這一兵法原則，巧出奇兵，一舉奪取陽平關。

〈縱橫古今〉65

明智的撤退

五代時期，後梁興兵進犯後唐，晉王李存勖率兵前往迎戰，大敗梁軍，梁軍稍稍向後退卻。李存勖準備繼續進攻。周德威勸阻道：敵軍勢力還很強大，元氣未傷，我們應該按兵不動，等敵人元氣虧損之後，再去攻打。

李存勖卻認爲：深入敵境，不速戰速決就不能自存。周德威分析：梁人擅長守城，我則擅長野戰，現在逼近敵軍的城壘，我們的騎兵無法施展，況且敵衆我寡，倘若敵軍得知我方虛實，就成被動狀態了。但是，李存勖仍不肯接受周德威的意見。

周德威見軍情緊急，只好去找張承業，說：大王偶然一勝就驕傲輕敵，又想速戰速決。現在我們與敵軍相距這麼近，若疏忽大意不加防備，敵軍架設浮橋襲殺過來，我軍必將覆沒；應該撤軍到高邑，用以引誘敵軍。另派輕騎掠奪他的輜重，騷擾他的後方，這樣，方可一舉敗敵。

張承業入帳見李存勖，向其闡明厲害，李存勖恍然大悟，於是，依計而行：正面誘敵，派出奇兵襲其側翼和後方。晉王軍隊終於取得了勝利。

66 巧出奇兵，呂蒙白衣襲荊州

歷代兵家都不主張「勞師遠襲」，但是卻不乏遠道奇襲的成功戰例。只要巧妙和神速，遠襲同樣能達到「攻其無備，出其不意」的兵法效果。呂蒙襲荊州便是一個範例。

關羽「水淹七軍」，降于禁，斬龐德，進圍樊城，造成了魏軍的緊張局勢。但是，由於關羽輕率地將荊州的精兵抽調於樊城前線，又造成荊州空虛失防的局面。這對東吳來說，出現了一個可乘之機。正在建業假裝養病的呂蒙見此情景，向孫權提出「突襲奪取荊州」的建議，得到了孫權的讚許。

於是，呂蒙親率三萬士卒，「選會水者扮作商人，皆穿白衣，在船上搖櫓，卻將精兵伏於𦪇艫船中」，令八十餘條快船晝夜兼行，溯江而上，直到北岸。當江邊烽火台上守台的軍士盤問時，東吳的軍士回答：「我等皆是客商，因江中阻風，到此一避。」並送財物給守台軍士，取得了軍士的信任之後，將船隻停泊在江邊。

到了晚上二更時分，艤艫中埋伏的精兵一齊湧出，將烽火台上的官兵綑綁起來，然後一聲暗號，八十條快船內的精兵一齊出動，將所有認爲重要的墩台上的官兵全部抓到船中。於是，長驅直入，逕取荊州，無人知曉。

快到荊州時，呂蒙將抓獲的官兵聚集在一起，好言勸慰，一一重賞，讓他們去騙開城門，並放火爲號。衆官兵領命，在前面引路。到了半夜，來到城門下，守軍認得是荊州之兵，開了城門。衆軍一聲吶喊，在城門裡放起號火。吳兵一起衝入，奪取了荊州。

呂蒙白衣襲荊州，是戰爭史上一次典型的奇兵突襲。突襲的關鍵在於神速，在於「攻其無備，出其不意」這一軍事謀略思想的靈活運用。這一方面要求全軍必須行動迅速，另一方面必須注意對行動的僞裝，以麻痺欺騙對手。

吳軍白衣襲荊州，機智、成功地實施了軍事僞裝。兵不厭詐，此乃古今之常理。軍隊作戰的機動能力無論怎樣強，如果對行動不能夠進行巧妙的僞裝，便會暴露行動意圖，無法實現奇襲的突然性。

相反的，若軍隊作戰的機動能力不是很強，但對行動僞裝巧妙，仍能達到出敵不意的效果。呂蒙八十餘條戰船逆流而上，機動能力並不甚強，稍加留心或嚴加防範，就不難發現其中的祕密。然而，由於關羽的麻痺與呂蒙的巧妙僞裝，使這次奇襲十分順利地達到了預計目的。

突然襲擊必須創造突然的效果，而達成這一效果的重要手段是僞裝。反推論之，作爲防禦的一方，應當時刻警惕，密切注視對方的軍事行動，隨時做好挫敗突然襲擊的準備。這就是我們從呂蒙遠襲荊州的戰例中，得出的一個結論。

在現代戰爭的條件下，儘管軍隊的機動能力、遠襲作戰能力有了空前的發展，但是，在行動之前，利用各種手段來僞裝自己，掩蓋自己的作戰意圖，仍然是十分必要的。

〈縱橫古今〉66

木船奪城記

南北朝時期，劉裕率部大舉北伐後秦，到達潼關後，召集將領們商討進攻長安的計畫。大將王鎮惡提出了一個出人意料的方案。他主張長驅直進，直搗長安，速戰速決。但是，衆將感到路途遙遠，沿途有敵人攔阻，長驅大進難以達成。

王鎮惡胸有成竹地說：我已試製了一種叫艨艟的戰艦，艦的四面有木牆，上加木蓋，兩側木牆留有孔洞，安裝了船槳，人在艙裡划行，兩面矢石不能加害。乘此戰艦逆流水而上，就可安全地越過秦兵的防線，直取長安，定能收到奇襲取勝的效果。

衆將聽到這一智謀，無不拍手稱善。劉裕知道王鎮惡有長途奇襲的經驗，立即批准了他的計畫。

一切都進行得十分順利，沿河兩岸的北方人，向來很少看到這種船隻。不見一個人影，只見兩側木槳不停晃動，船便如箭似梭，都備感驚奇，也不知是何怪物，誰也沒去查問。後秦的防守部隊部署在河兩岸的隘路上，也沒有對付乘船逆水而上的敵軍的準備，雖然看到行駛在河面上的艨艟，卻無可奈何，只能任其行動。

王鎮惡率軍順利抵達長安，向後秦的主力發起攻擊，並一舉將其擊潰，奪取了長安城。

67 正合奇勝，魏延謀伐中原

「凡戰者，以正合，以奇勝。」大凡用兵作戰，以正兵合戰，以奇兵制勝，奇正並用，相映生輝。魏延奇謀伐中原，切合實情，頗有見地，成功性極大。但是卻由於諸葛亮的謹慎與保守而流產。

諸葛亮鞏固西南以後，便開始了北伐中原。大軍行至沔陽，探馬飛報，魏軍都督夏侯楙調撥關中各路人馬，前來迎敵。

這時，大將魏延獻上一策，他說：夏侯楙是一個富貴子弟，軟弱無謀，「延願得精兵五千，取路出褒中，循秦嶺以東，當子午谷而投北，不過十日，可到長安。」夏侯楙若聽說我突然兵臨城下，必然「棄城望橫門邸閣而走。某卻從東方而來，丞相可大驅士馬，自斜谷而進；如此行之，則咸陽以西，一舉可定也」。

然而，諸葛亮卻笑笑說：「此非萬全之計也。」他認爲：假使有人獻策，在子午谷山林僻靜處組織攔截，那就不只是五千人受害，而會大摧我軍的銳氣。結果，諸葛亮拒絕了魏延的建議，堅持「依法進軍」。魏延心情懊喪。

蜀軍進取中原，因地形條件的限制，只有兩條進軍路線，這兩條進軍路線，實則兩種戰略方針。

一條是魏延提出來的建議。讓他率五千精兵，由南向北穿過子午谷，直抵長安城下，無需十天時間，即可速戰速決，給予魏軍出其不意的致命打擊。與此同時，諸葛亮率領大軍，同樣由南向北穿過西邊的褒斜谷，奔襲咸陽，進逼長安。這一路線，既省時省力，又可達到奇襲的效果。

魏延知道夏侯楙只是個花花公子，沒有什麼作戰經驗，更無雄韜偉略，這種將領決不可能想到在子午谷設防。如果統帥不是夏侯楙，而是司馬懿，魏延也許就不會提出這項建議。

另一條是諸葛亮既定的進軍路線。全軍從平坦大道進兵，儘管繞道甚多，但是，卻十分穩妥。諸葛亮擔心的是，萬一有人提出在子午谷與褒斜谷加強防備，則會損兵將傷銳氣。這個險是絕對不能冒的。

然而，事實證明，夏侯楙確實胸無謀略，未曾在這兩個谷口設防。也就是說，諸葛亮過於謹慎平穩，失去了一個本可以予曹魏重創、並完全掌握主動權的大好機會。魏延的戰略思想雖然帶有一定的冒險性，卻是有把握取得成功的冒險，是在保險之中的冒險。

從軍事戰略的角度分析，魏延的建議十分切合實際，頗有見地。首先，山地作戰必須多用奇

「奇」兵，諸如三國時代兵家們多次運用的奇襲、伏擊等出其不意的行動。出奇制勝，關鍵在於「奇」。崇山峻嶺既影響軍事行動，又可以成爲隱蔽軍事行動的屏障。善於用奇的將領，經常主動、積極地尋找、利用這種屏障，去乘對手之虛。漢中與秦川爲秦嶺的重巒疊嶂所阻隔，宜守而不宜攻。蜀軍欲北進長安，如非奇襲，確是不易取勝。諸葛亮強調「依法進兵」，不僅目標大，不能達成出奇不意，而且勞師疲衆，損耗力量。

其次，魏延的建議中，還包含著奇正並用的謀略。兵法中，奇與正相反相成，若二者並用，可收到相得益彰之效。孫子講過：「凡戰者，以正合，以奇勝。」大凡用兵作戰，皆以正兵合戰、奇兵制勝。魏延的建議中，一方面提出以五千精兵從子午谷直襲長安，另一方面又設計諸葛亮驅大軍從斜谷挺進，以形成奇正相輔的進攻態勢。諸葛亮的大軍主要是吸引敵人的注意力，示形於敵，以掩護魏延的奇兵行動，實施突然襲擊。

此外，魏延的建議雖有其冒險的一面，但是，無奇不險。出奇遠襲，本身就包含著風險。而危途險地常是對手的無備之處和忽視之地，從這個角度講，危險中也包含著安全和成功的因素。

諸葛亮平生用兵謹愼，雖然處處考慮周全，但是，不敢冒必要的風險，便難創造出驚人的業績。諸葛亮此次出兵北伐，雖然在戰術上取得了一些勝利，卻終未獲得更大的成功。後來，司馬懿的一段話很値得我們深思：

諸葛亮平生謹愼，未敢造次行事，若是吾用兵，先從子午谷逕取長安，早得多時矣。他非無謀，但怕有失，不肯弄險。

可見，由於諸葛亮過於愼重，致使蜀軍痛失良機。

〈縱橫古今〉67

愛出奇兵的皇帝

歷史上，有很多著名將帥都是正奇並用的能手。如唐太宗李世民十分著重奇兵，他經常大膽地以弱爲正、加強爲奇，正面列陣是爲了吸引敵人、輔助行動，而側背出奇才是部署的重心、決勝的關鍵。

又如明太祖朱元璋，每次進攻戰，他總是把兵力分作兩路或三路。分兩路時，一路正兵，一路奇兵。分三路時，則一路是奇兵，一路是正兵，一路是疑兵。這種奇正並用、多路進攻的戰法，成功地迷惑了敵人，造成敵方作戰指導上的錯誤。

68 木牛流馬，諸葛亮用奇賺糧

新奇只是平凡的首次出現，但在戰爭中，得利最大者，往往是那些「第一人」。爲了取得出奇制勝的效果，諸葛亮注重更新技巧和方法，常給人以新奇的感受。木牛流馬便是諸葛亮用奇的一大範例。

諸葛亮屢出中原，但是，都無功而還，這其中，路途遙遠、糧草不濟是重要原因之一。針對這一情況，諸葛亮設計了木牛、流馬，用機械代替人力運送糧草，使用起來十分方便。

司馬懿得知這個消息後，大驚。急忙命令張虎、樂綝二人各引五百名軍士，前往劫持，但「不可多搶，只搶三五匹便回」。二將依令而行，果然搶回數匹。司馬懿一看，「進退如活的一般」，大喜道：「汝會用此法，難道我不會用！」於是，命令巧匠百餘人，依樣畫葫蘆，製造木牛流馬。

不到半月，造出二千餘隻，「亦能奔跑」，便令鎭遠將軍岑威，引一千人馬驅駕木牛流馬，去隴西搬運糧草，往來不斷。魏營上下無不歡喜。

諸葛亮得此消息，笑著說：「吾正要他搶去。——我只費了幾匹木牛流馬，卻不久便得軍中許多資助也。」他命令王平率兵一千，穿著魏軍的軍服，到魏軍囤積糧草的地方，殺散了守卒，奪下糧食，用木牛流馬運走。

半路上，魏軍追了上來，王平依計帶領士兵棄糧而走。可是，魏軍費盡了九牛二虎之力，怎麼也拉不動這些木牛流馬。這時，蜀軍分三路殺來，魏兵措手不及，大敗而去。蜀兵復又推動木牛流馬，行走如飛而去，魏將目睹此景，大驚道：「此必神助也！」

原來，諸葛亮在設計木牛流馬時，在舌部暗中安置了一個使之不能行走的部件，魏軍不知其故，如法炮製，結果，既丟了糧草，又折兵損將。從此，魏軍糧草大缺，司馬懿只好屯兵不戰，與蜀軍相持。

《三國演義》中的這種木牛流馬十分神奇，「宛然如活者一般；上山下嶺，多盡其便」，「人不大勞，牛馬不食」，「可以晝夜轉運不絕」。更爲神奇的是，諸葛亮用此物賺了司馬懿的許多糧草，使自己變被動爲主動，使敵方變主動爲被動。

司馬懿得意洋洋搶去的數匹木牛流馬，原是諸葛亮別有用意的贈送。結果，司馬懿偷雞不成，反蝕一把米；而蜀軍只需稍稍扭動木牛流馬的舌頭，便「驅駕木牛流馬如風擁而去」，白白獲得魏軍的萬餘石軍糧。看到這一情節，誰能不爲諸葛亮的奇謀妙策拍案叫絕呢⁉

一九六四年，在成都附近郫縣出土的銅弩機，是諸葛亮在前人的基礎上設計出來的，這是一種一次能連續發射十支箭的發射器。諸葛亮在北伐時使用這種武器，使魏軍十分驚異，有人驚呼爲「神弩」。

結合諸葛亮設計木牛流馬的故事，我們不難發現，諸葛亮不僅是一個高明的統帥，而且還是一個富有創新精神的軍事科學家。他爲了實現在戰場出奇制勝的目的，不僅於兵法上不斷創新，而且也不斷研究軍事技術。正因爲此，諸葛亮的每一次戰役都給人一種新奇的感覺。

諸葛亮使用木牛流馬奇法，使司馬懿自始至終處於被動、不利的地位。首先，諸葛亮使用此物，不僅爲蜀軍運糧提供方便，更重要的是給司馬懿設下了圈套，而司馬懿卻毫無意識。其次，木牛流馬中設有機關，司馬懿渾然不知。所以，諸葛亮出其不意、攻其無備，輕易地就奪取了魏軍的糧食。

從諸葛亮奇用木牛流馬的故事中，我們可以得到這樣的啓示：在競爭激烈的環境中，技術和方法的創新是致勝的重要因素。同時，決策者必須要有預見力。諸葛亮設計木牛流馬時，就已預見到對方可能會採取的行動，並制定好對策。「棋高一著」就高在這裡。

新奇不過是平凡的首次出現。但在戰爭中得利最大者，只能是那些具有創造性的「第一人」。現代社會尤其如此。

糧車藏精兵

戰爭史上，類似諸葛亮木牛流馬的戰例尚未發現。但是，同樣利用運糧草來誘擊敵人卻不乏其例。

唐高宗在位時，突厥人反叛朝廷，高宗遣裴行儉爲定襄道行軍大總管，率軍平叛。裴行儉得知前任蕭嗣業討伐突厥屢戰失利，都是因爲運輸車輛經常被突厥人抄掠，致使唐軍缺糧受餒，因而他僞造糧車三百輛，在車上隱藏著一大批經過篩選的壯士，每人都帶著陌刀、勁弩，讓老弱體衰的士兵拉車，並且在糧車後面派精兵尾隨前進。

突厥人看到這一隊糧車，果然趕來搶奪糧食。拉車的士兵頓時四散，逃向有險可恃之處。突厥人不去追趕，只把糧車拖到一片草地上，解下馬鞍，放馬歇息。正當他們要卸取糧食的時候，車上的壯士突然一齊殺出，車後的精兵也迅速趕到，一時間把突厥人殺擄殆盡。

從此以後，突厥人再也不敢隨便去抄掠朝廷的運輸車隊。

69 乘虛出奇，鄧艾陰平渡險

「地無兵不險，兵無地不強。」險境絕地往往成爲對方不虞之處、防守空檔；乘虛突襲，則可成爲走向勝利的通途。鄧艾陰平渡險正是這一戰略思想的成功範例。

卻說魏國兵分三路大舉伐蜀，在連連失利的情況下，蜀將姜維集中兵力退守劍閣。由於蜀軍扼守險要，魏鎮西將軍鍾會屢次進攻不能奏效。

這時，魏將鄧艾利用鍾會與姜維相持的機會，親率精兵，從陰平經荒無人煙之地，鑿山開路，搭橋造閣，涉險奔襲。沿路山高路險，極爲艱險。來到摩天嶺時，「峻壁巔崖，不能開鑿」，眼看要陷入絕境，「虛廢前勞」，鄧艾的兒子鄧忠與衆開路壯士盡皆哭泣。

鄧艾說：「吾軍到此，已行了七百餘里，過此便是江油，豈可復退？」他讓將士們把兵器先丟下去，然後，率先以毯裹身，從高山上滾了下去，其他的人有毯者如法炮製，無毯者用繩索拴住腰，「攀木掛樹，魚貫而進」，終於全軍安全越過了摩天嶺。

當僅有兩千人的魏兵出現在蜀軍面前時，蜀軍驚懼奔逃，一片混亂。鄧艾勢如破竹，迅速占領了江油、涪城和綿竹等城，直抵成都城下。當姜維大軍還在劍閣浴血堅守時，成都的後主已經出降稱臣了。

鄧艾陰平渡險，是魏、蜀決戰中關鍵性的一著，他以鍾會率主力繼續正面進攻為屏障，自己走重巒疊嶂的山路奇襲成都。如果姜維退援，鍾會大軍即可長驅南下，若姜維固守不動，那麼，成都兵弱，奇兵即可取勝。這是以「奇兵衝擊腹心」的典型戰例。他不僅僅是扭轉了戰局，爭得了主動，更重要的是，它在魏、蜀決戰的擂台上，一槌定音。

鄧艾此戰的指導思想仍是「攻其無備，出其不意」。《三國志・鄧艾傳》記載了鄧艾渡險之前上書司馬昭所言：

軍志有之曰：「攻其無備，出其不意。」今掩其空虛，破之必矣。

鄧艾乘虛出奇，實施縱深打擊，向敵人的「軟腹部」開刀。這一戰略戰術對於進攻者是爭取主動權的重要手段，對於防禦者來說，更具有其特殊意義。試想，如果是蜀軍主動派一支奇兵沿鄧艾的路線反襲魏軍，或進逼長安，則很可能造成魏軍戰略進攻的潰勢。

大凡敵人不虞之處，多是天險絕地。這就不僅要求有充分的膽略，還要具備「創」的意識；

要善於利用對方慣性思維的弱點，捕捉對方的思維空間，突破人們思維的常規、常法和常識，反常用兵，出奇制勝。俗話說：「地無兵不險，兵無地不強。」陰平雖險，但是蜀軍無一兵一卒防守，這一險地反而成了魏軍走向勝利的通道。

〈縱橫古今〉69

險中取勝有祕訣

鄧艾陰平渡險中的作戰思想，一直被歷代兵家所重視。公元一六六一年，鄭成功親率將領百餘員、水陸戰士二萬餘人、大小戰船百餘艘，遠征台灣。當到達台灣島南端的外沙線及鹿耳門附近時，發現鹿耳門水面有南、北兩條航道。

南航道水深，船隻進出容易，登陸較爲方便，但敵人築有炮壘固守，進攻不易；北航道水淺，船隻運動困難，且有海底硬礁，船隻危險性極大，但敵人防備鬆懈，有機可乘。於是，鄭成功果斷從北航道登陸，乘虛奇襲獲得了成功。

現代戰場上仍繼續顯示出這一作戰思想的重要意義。一九七三年第四次中東戰爭中，以色列在「巴列夫防線」被突破的不利形勢下，曾企圖依靠頑強抵抗和連續反擊來阻止埃及、敍利亞軍隊前進，但始終未能扭轉被動局面。

後來，以軍利用一支輕兵勁旅從埃軍第二、三軍團的結合部，快速渡過運河，大膽地直插埃軍後方縱深，一舉切斷了埃軍第三軍團戰略預備隊的前進道路，合圍了蘇伊士城，並直接威脅到開羅，從而使戰局迅速發生轉變。

70 「木馬」奇計，周旨潛攻樂鄉城

「木馬計」採取「孫悟空鑽進鐵扇公主肚裡」的方法，在敵人心臟腹地實施奇襲、突襲，造成敵人內部混亂，配合正面部隊實現作戰意圖。周旨靈活運用這一謀略，直接奪取樂鄉城。

東吳後期，朝政腐敗，國力削弱。晉主司馬炎了解到這一情況後，決心滅吳。他採用了羊祜生前的建議，命鎮南大將軍杜預兵出江陵，鎮東大將軍琅琊王司馬伷兵出塗中，安東大將軍王渾兵出橫江，建威將軍王戎兵出武昌，平南將軍胡奮兵出夏口，龍驤將軍王濬、廣武將軍唐彬率舟師順江而下。六路大軍水陸齊發，瞬間向東吳發起了強大攻勢。

其中，杜預一路向江陵進兵之時，令牙將周旨率領八百名水手乘小舟暗渡長江，夜襲樂鄉。周旨渡過長江後，引兵「伏於巴山」，暫時隱蔽起來。第二天，吳軍先鋒孫歆與杜預在長江交戰，大敗而歸，倉皇退回城中。

周旨遂乘機率伏兵混雜於東吳的敗軍之中，一起湧入城內，然後，「就城上舉火」。守城吳軍頓時一片混亂，剛剛敗歸的孫歆被這突如其來的情況搞得不知所措，暈頭轉向，驚呼：「北來諸軍乃飛渡江也！」還未等他反應過來，便被周旨大喝一聲，斬於馬下。晉軍用小部軍隊輕而易舉地奪取了樂鄉城。接著，直下江陵，長驅猛進。

看完周旨出奇奪樂鄉的故事，人們自然就會想到「木馬計」，想到古希臘神話中奧德修斯攻打特洛伊城的故事。傳說，特洛伊的王子帕里斯在訪問希臘時，使用奸計將王后海倫誘騙而去。希臘人憤怒了，起兵遠征特洛伊。但是特洛伊的城防十分堅固，一連九年，都未能將其攻克。第十年，希臘將領奧德修斯想出了一計，他將精兵潛伏於大木馬的腹內，放在城外，佯裝退兵。特洛伊人在清理戰場的時候，將此木馬移入城內。到了深夜，伏於木馬內的精兵紛紛跳出，打開城門，城外的希臘大軍蜂擁而入，一舉攻取了特洛伊城。

周旨攻取樂鄉城，採用的也是「木馬計」式的計策。「木馬計」的要旨與優點在於，它透過設法潛入敵人內部，配合正面進攻的大部隊，在敵人的心臟腹地實施奇襲，以造成敵人內部混亂，甚至癱瘓，或直接乘亂取勝，奪取敵營。

從方式、效果等方面來看，這種作戰與正面交戰有很大的區別。它必須潛入敵人的心臟腹地，以小制大，周旨率領的八百精兵在樂鄉城內對吳軍的打擊，遠比城外數倍兵力所起的作用大得多。

這種作戰一般都採取諸如混水摸魚、暗襲等方式，出奇制勝。當然，這一切都離不開潛伏、僞裝等手段，利用敵人的錯覺，打入敵人的內部。周旨將士就是事先潛伏，然後利用敵軍敗退時爭相逃命的有利時機，隨之混入城內的。

從周旨八百精兵奇襲樂鄉的戰例可以看出，某些作戰意圖的實現，不能完全依靠大規模的兵團作戰。有些戰役，必須由規模小、兵力少的小股部隊才能完成。同時，無論是進攻或防禦，單純地實施正面作戰，其效果都是有限的。如能適時適地地暗中派出一支精兵，鑽入敵人腹部，則可以收到意料之外的效果。

〈縱橫古今〉⑦⓪

敵後埋伏

隋末，起義軍首領綦公順占領了北海，海陵起義軍首領臧君相與綦公順不合。他聽說綦公順占領了北海，便帶領五萬人馬前來爭奪。

綦公順兵少，十分擔憂。劉蘭成謀道：臧軍離此地還很遠，他一定會認爲我們不會主動進攻，因此防範不嚴，派兵襲擊，準能取勝。綦公順採納了這個建議，親率五千士兵倍道兼程去襲擊臧君相。

劉蘭成帶著由二十人組成的敢死隊走在前面，當行至距臧軍營地五十里的地方時，意外發現了臧君相軍外出搶掠的士兵歸營。劉蘭成當即率領這二十人變換事先準備好的對方服裝，混入敵群。一邊走一邊偷聽敵兵對話，將敵軍口令和將領姓名摸得清清楚楚。

行至城門時，守城士兵以爲都是自己出去搶掠的士兵，未加過問。劉蘭成一行順利混進城中。是夜三更，劉蘭成率領二十人突然闖入主將住所，飛刀亂砍，殺死一百多人，敵軍大亂。這時，綦公順帶領大隊人馬趕到，快速攻入敵營，敵軍大敗，臧君相隻身逃命。

捌 心智篇

■篇題要□

「攻心爲上，攻城爲下」；「心戰爲上，兵戰爲下」。古代兵家都追求「不戰而屈人之兵」的至高境界，要達到這一目標，膽略、機智、應變能力缺一不可。以暴易暴、以強凌強，固然可以體現力度、振奮人心，但以柔克剛、以靜制動卻可體現智慧，更能收到奇效，達到「兵不鈍而利可全」的目的。「攻心爲上」的謀略，使古代軍事、政治、外交的紛爭更富於神奇魅力，也給予現代中外軍事家、政治家有益的啓示。在當今競爭激烈的社會中，此法同樣可以成爲我們立身處世的法寶。

71 精於心算，諸葛亮巧布空城

「虛者虛之，疑中生疑，剛柔之際，奇而復奇。」空城計屬於攻心戰術，不用實力，只利用敵人主帥的心理，以謀勝敵。請記住，使用空城計只是爲解燃眉之急，最終戰勝敵人，還須依靠實力。

街亭失守之後，諸葛亮打算全面退軍。他派關興、張苞到武功山一帶張設疑兵，命姜維、馬岱斷後，令張翼引軍修理劍閣，以備歸路，等等。

分撥已定，探馬飛奔報道：「司馬懿引大軍十五萬，望西城蜂擁而來！」當時，諸葛亮身邊別無大將，只有一班文官，所引五千軍士，已分出一半先運糧草去了，只有二千五百兵士在城中。衆官聽到這個消息，大驚失色。

諸葛亮登城望去，果然塵土飛揚，魏兵分兩路向西城殺來。他急忙傳令：旌旗全部收起，諸軍各守城鋪，如有隨便出入或大聲喧嘩者，定斬不赦！四門大開，每一門用二十個軍士，扮成百姓，灑掃街道，魏兵到時，不可擅動。於是，諸葛亮「乃披鶴氅，戴綸巾，引二小童携琴一張，於城上敵樓前，憑欄而坐，焚香操琴」。

司馬懿的前哨來到城下，見到這種場面，都不敢進城，急忙回報司馬懿。司馬懿笑而不信，便止住三軍，自己策馬過來遠遠張望。果然見諸葛亮端坐城樓，笑容可掬，焚香操琴。左邊站著一個小童，手捧寶劍；右邊站著一個小童，手拿拂塵。城門內外，只有二十多個百姓，低頭掃地，旁若無人。

司馬懿看了，非常疑惑，回到軍中，命令後軍作前軍，前軍作後軍，往北邊山路後退。次子司馬昭說：是否諸葛亮身邊無軍，故意裝模作樣？司馬懿卻認爲：「亮平生謹慎，不曾弄險。今大開城門，必有埋伏。我兵若進，中其計也。」於是兩路大軍全部退去。

諸葛亮見魏軍走遠，拍手大笑。所有官員無不驚駭，都問司馬懿何故退去？諸葛亮點出了司馬懿當時的心理，並說：「吾非行險，蓋因不得已而用之。此人必引軍投北山小路去也，吾已令興、苞二人在彼等候。」衆官聽了既吃驚又佩服說：「丞相之機，神鬼莫測！」後人寫詩讚道：

瑤琴三尺勝雄師，
諸葛西城退敵時。
十五萬人回馬處，

土人指點到今疑。

諸葛亮的這一「空城計」在中國家喻戶曉，流傳千古，它給了人們很多的啓示。從攻心戰的角度講：第一，像空城計這樣的謀略，主要關鍵在於心理和智慧的較量。諸葛亮之所以成功地運用空城計拒退司馬懿，正是利用了心理因素迷惑司馬懿，造成司馬懿判斷上的錯誤。

人都有一種心理定式，使人處於較穩定的心理準備狀態。遇上某種情況，就會做出帶有一定傾向性的反應。司馬懿與諸葛亮多次交手，對諸葛亮的處事、用兵特點都比較了解，逐漸形成了諸葛亮「平生謹愼，不曾弄險」的心理定式。當他看到諸葛亮端坐城樓，安然撫琴，而且城門大開的情景，心中自然就做出了城內「必有埋伏」的判斷。

第二，空城計的實施需要了解對手的心理，需要運用智慧，需要膽略。諸葛亮深知司馬懿「猜忌多權變」，是一個多疑的人，便利用他的這一心理特點，冒險實施空城計。諸葛亮智慧超群，各個環節安排得天衣無縫。加上諸葛亮以二千五百人對十五萬大軍的膽略，他的這種冒險實際上具有很大的保險係數。

從外表看，諸葛亮的空城是一個四面均已埋伏好的伏擊點，城門大開，諸葛亮端坐城樓，大有請司馬懿入甕的架式。司馬懿怕上這個當，退了；退中又眞遇上了張苞、關興的埋伏，他更相信空城是諸葛亮設計的伏計戰；再退，退到了街亭。諸葛亮不用一卒，拒退了十五萬人馬的突襲，贏得了從容而退的時間，連其他三城的百姓也一同轉移漢中。

空城計是一種心理戰術，它不是透過實力來戰勝敵人，而是透過研究敵人主帥的心理活動，以謀勝敵。使用空城計，只是在特殊情況下爲解燃眉之急，只是一種緩兵之計。《三十六計》中將它列爲敗戰之二。要最終戰勝敵人，還必須依靠實力。

〈縱橫古今〉⑪

多謀不如無謀

中外歷史上，以「空城計」退敵的戰例確實不少。這裡，列舉兩個典型例子。

其一：南北朝時期，北齊范陽人祖珽剛剛出任北徐州刺史，南陳軍隊突然大舉進犯，形勢一時非常危急。在此緊要關頭，祖珽臨危不懼，急中生智，他命令士兵大開城門，部下全部下城靜坐在街巷裡，全城寂靜無聲。敵人來到城下，見此情景，疑竇頓生，止步不前。就在這時，祖珽突然命令士卒齊聲吶喊，震天動地。結果，南陳軍隊不戰自亂，紛紛逃散。

其二：日本江戶幕府時期，將軍德川家康與另一軍閥武田信玄發生衝突。兩軍戰於遠江，德川的部隊被打得落花流水，只得躲進濱松城。武田信玄乘勝追擊，準備一舉攻占濱松城。武田兵臨濱松城下，只見城門大開，城裡火光熊熊，寂靜無聲。

武田是當時著名的軍事理論家，傳說他熟悉《孫子兵法》，行軍途中也手不釋卷。他一看就知道德川擺空城計，想立即揮軍進城。但突然又想到，德川知道我能識破空城計，怎麼有膽量用這個計策，可見他別有安排。於是，武田不敢貿然進城。不久，因露宿郊外，得了肺病死去。

德川家康擺的確實是空城計。當時他無可奈何，守城無力，出城必敗。但他深知，武田兵書讀得多，反而多謀寡斷，謹慎有餘，不會輕易丟掉已取得的勝利。他知道武田有保全勝利名聲的包袱，因而才敢設「空城計」。

72 纏而勞之，四將聯手制呂布

「逸能勞之。」以逸待勞者勝。勞敵之法，在於調動敵人，使其疲於奔命，喪失戰場上的主動權和優勢。李傕等面對強敵，多方牽制，以柔克剛，使之首尾難顧，進退不能，最後兵力喪亡殆盡。

董卓被呂布殺掉後，他的部將李傕、郭汜、張濟、樊稠聚集人馬，分四路殺向長安，欲決一死戰，爲董卓報仇。司徒王允令呂布出城迎戰，李、郭、張、樊四將哪是呂布的對手，一戰即潰，敗退五十餘里。然而，狡詐的李傕卻想出了一個以劣勝優的戰法。

當呂布領兵來到山下，李傕立即驅兵來搦戰。呂布憤怒衝殺，李傕又退回山上，呂布追擊，手下忽報郭汜從陣後殺來，呂布急忙回兵迎戰。只聽得鼓聲大震，郭汜領兵已退。呂布正要收兵，李傕又領兵前來搦戰，但是，呂布還未來得及對陣，背後郭汜又領軍殺到。待呂布率兵趕到，敵兵又擂鼓收兵而去。

呂布被激得怒氣塡胸，一連如此數日，「欲戰不得，欲止不得」。正在惱怒之時，忽然飛馬來報，說張濟、樊稠兩路軍馬正進犯長安，京城告急。呂布急忙揮師回兵，背後李傕、郭汜又追殺過來。

就這樣，四路人馬前後牽制，左右拉鋸，將萬夫莫當的呂布殺得手忙腳亂，應接不暇，最後，棄卻家小，引百餘騎飛奔出關，投奔袁術去了。

李傕使用的是勞戰之法。他在己方處於劣勢的情況下，合理地調配各支力量，將呂布夾在中間，使之求戰不得，欲走不行，前後疲於奔命，白白消耗兵力和精力，卻又無可奈何。兵法上講：「逸能勞之。」以逸待勞者勝。勞敵良法，莫過於調動敵人，使其疲於奔命，喪失行動自由，喪失主動權，喪失已有的優勢。

不過，李傕在勞戰之外，還加了一個「纏」字，使敵人進退不能。從軍事謀略的角度講，戰場上的主動權常常是來自於力量的協調與平衡，而協調與平衡的實現，最好是透過巧妙的牽制來達到。李傕施之於呂布的纏而勞之的計謀，正是透過多方位牽制呂布，使呂布處於被動的地位。

面對強敵，李傕等以柔克剛，避免硬打硬拚，一個在山上，一個在陣後，這邊鼓聲大震，郭汜已退，那邊戰鼓擂響，李傕又來。一連數日，糾纏不休，呂布首尾難顧，卻又無能為力，急躁中喪失了對戰場主動權的控制意識，原來所具有的優勢完全消失。

在這種情況下，張濟、樊稠二軍乘機進犯長安，呂布倉皇撤兵，李傕、郭汜又從背後掩殺過來，終使呂布兵力喪亡殆盡。李傕對呂布施用這麼一條計謀，實是再恰當不過。

歷史上，兵家使用「逸能勞之」的計謀，多是先到戰場占有地利，然後引誘敵人來戰。這樣，在我不勞累而敵勞累的情況下，與敵決戰，一舉獲勝。李傕則活用此法，他在敵我力量對比懸殊的形勢下，力圖避免正面與敵交戰，將自己的兵力一分為三，從各方面牽制敵人，在與敵人的糾纏中，拖垮敵人，蠶食敵人的力量，最後完全擊敗敵人。

《聊齋誌異》中有這麼一則寓言故事：兩個牧童進深山，入狼窩，發現了兩隻小狼崽。他倆各抱一隻分別爬上兩棵大樹，相距數十步。片刻，老狼回來，尋找其子。一個牧童在樹上掐小狼的耳朵，弄得小畜生嗥叫連天。老狼聞聲奔來，氣急敗壞地在樹下亂咬亂抓。此時，另一棵樹上的牧童急忙擰懷中小狼的腿，這隻小狼也連聲嗥叫，老狼又聞聲趕去。這樣老狼被小孩調動而奔波於兩樹之間，往返數十次，終於累得氣絕身亡。這則故事與李傕調動呂布何其相似。

〈縱橫古今〉72

以飽待飢

兩晉南北朝時期，晉將周德威進攻粱軍。粱軍慣於築城堅守，不善野戰。周德威為揚長避短，將晉軍後撤。晉軍騎兵有優勢，慣於野戰，於是派三百輕騎兵向粱兵罵陣。粱將王景仁見晉兵不多，被罵聲激怒，率全軍出動，晉軍且戰且退，引出粱軍數十里。

晉軍布陣，粱軍也布陣。晉國君主在軍中，想立即與粱軍決戰。周德威說，粱軍因被激怒而出城作戰，倉卒出陣，料想未帶乾糧和飲水，過了中午，粱軍必然人困馬乏，而我軍只有少數罵陣之兵疲勞，其餘人皆以飽待飢。

剛過中午，晉軍向粱軍發起進攻，兩軍廝殺到日頭偏西，粱軍終支持不住，大敗而逃。

73 將計就計，賈詡智鬥曹操

「翻彼著為我著，因彼計成吾計，則為借敵之智謀。」佯順敵意，因勢利導，在敵人所設圈套之外再設一套，讓敵人在得意洋洋實施預定計畫時落入圈套。賈詡將計就計，讓自以為高明的曹操落入陷阱。

曹操假天子之命，興兵第二次征伐南陽張繡。張繡敵不過曹操，便退入南陽城內，死守城池。曹操攻打不下，獨自騎馬圍著南陽城轉了三日。然後，命令軍士在西門角上堆集柴薪，公開會集諸將，擺出從此處進攻的架式。

城中，賈詡看到這種情景，對張繡說：我已知道曹操的意圖，他見「城東南角磚土之色，新舊不等，鹿角多半毀壞」，便企圖從那裡攻入；但是又在西北角虛張聲勢，欲哄騙我們撤兵去固守西北，然後乘夜色攻入東南角。

賈詡為張繡出謀畫策道：來日可令飽食輕裝的精壯士兵，全部藏於城東南的房屋之內，而讓百姓假扮成軍士，在城西北角搖旗吶喊。夜間任曹兵爬城，待其進城後，伏兵四起，曹操可擒。

張繡聞此，依計而行。

早有探馬飛報曹操，說張繡將兵力集中在西北角上，「吶喊守城」，東南卻十分空虛。曹操說：「中吾計矣！」於是令軍中密備鍬钁等攻城器具，白天在城西北虛張聲勢，晚上悄悄帶領精兵從東南角爬入城內。結果，曹操反中賈詡之計，被殺得「奔走數十里」，「折兵五萬餘人」。

曹操這次攻城採取的是「聲東擊西」的計謀，他透過對戰場的觀察，確定了以假象造成對方的錯覺、佯裝攻擊方向的謀略，不攻而示之以攻，欲攻而示之以不攻。殊料，曹操繞城三日，城中的賈詡也觀察他三天。他識破了曹操的用意，其奧妙在於從「知己」中去「知彼」，他很清楚南陽城的弱點在哪裡，也知道曹操是一位精於觀察和用兵的將帥。

將心比心，賈詡從自己的弱點中分析出對手的計策，制定了正確的作戰方案。確實，像曹操這樣精通兵法的將帥，是決不會錯選進攻點，去故意碰釘子、啃骨頭的。正因爲此，他佯攻西北、實取東南的本意也比較容易被工於心計的賈詡識破。

賈詡沒有被曹操「示形」的假象所迷惑，這是他的高明之處。歷史上，不少魯莽而缺乏心計的將領，孤立地判斷敵人的現象，常常被假象迷惑，被對手的「示形」、「用佯」所調動，結果，必然會完全喪失主動權。

相反的，如果胸有成竹地識破了對手的計謀，將計就計，那就有機會制敵人於死地。賈詡正是恰當地運用了將計就計的計謀，擊敗曹操。此計成功的關鍵在於佯順敵意、因勢利導，在敵人所設圈套之外再設一套，使敵人在實施預定計畫時落入圈套。

將計就計，表面上假裝中了對手之計，實際上是爲了隱蔽自己的企圖。此謀的前提是必須了解對手的企圖，在敵之計上用計。《兵經百計・借經》中說：「翻彼著爲我著，因彼計成吾計，則爲借敵之謀。」這就是將計就計的最好說明。

概括說，運用將計就計要把握三個關節點：一是識敵，即洞察對方的企圖，對敵人行動作出充分估計。二是誘敵，投敵所好，取「信」於敵。要有意做出順從敵人的各種假象，使敵產生我已入圈套的錯誤判斷，放鬆警惕。三是制敵，在敵所設圈套外再設一套，讓敵人在洋洋得意之際就我所範。

〈縱橫古今〉㊼

反情報作戰

一九四三年五月的一天，德軍情報部門截獲並破譯了英美聯軍發給美空軍基地的一份電報，內容是令該部於五月十八日十三時前，將地面部隊空運到西西里島。德軍決定將計就計，制定了一個用無線電通信手段進行欺騙的行動計畫。

五月十八日夜幕降臨以後，美軍空運行動開始了。他們做夢也想不到這一行動早被德軍獲悉。機群離開基地不久，便受到德軍的無線電干擾而失去同基地的聯繫，迷失了航向。與此同時，德軍派出轟炸機輪番轟炸停泊在美軍基地附近海面上的英美軍艦。所有轟炸機都保持在五千英尺的高度。

接著，德軍便利用無線電通信「只見聲音不見面」的缺陷，冒充美軍基地向美空運機隊發出無線電指令：「請保持五千英尺高度！航向三千五百密位！……」

美空運機隊收到地面的「指揮信號」，急忙向前飛行，想不到誤入英美航隊上空。英美軍艦一看高度是五千英尺，以為又是德軍飛機來轟炸，所有高炮一齊開火，許多美國飛行員及運輸的陸軍尚未反應過來便葬身魚腹了。

74 活用兵法，賈詡二追曹兵

「歸師勿遏」，這是一條兵法原則。但是，具體問題具體分析，兵法活用才具有生命力。張繡、劉表一追曹兵，犯了兵家大忌，落入陷阱；賈詡的「二次追曹」把握了勝負轉化的規律，變被動爲主動。出敵意料，一擊致勝。

自從張繡聽從賈詡的計策，將計就計，在南陽打敗曹操之後，荆州的劉表應張繡之約，乘機起兵欲斷曹操後路。在安衆一帶，曹操施展計謀，打敗了張、劉聯軍。就在此時，忽報袁紹欲興兵進犯許都，曹操大驚，急忙撤軍，返回許都。

張繡得知曹操退兵的消息，決定追去。賈詡勸道：「不可追也，追之必敗。」劉表卻認爲，今日不追，則會坐失一次良機。他力勸張繡，並同張繡一道率領萬餘兵馬前往追擊。約追行了十餘里，便趕上曹軍的後隊。曹軍奮力迎戰，劉表、張繡抵擋不住，大敗而歸。

張繡率兵歸來，後悔莫及，對賈詡說：「不用公言，果有此敗。」誰知賈詡卻說：「今可整兵再往追之。」張繡與劉表都認爲，已經吃了敗仗，再追有什麼用呢？賈詡堅定地說：「今番追去，必獲大勝；如其不然，請斬吾首。」張繡聽信了賈詡的話，劉表則深表懷疑，不肯同往。於是，張繡獨自率領一支軍隊又去追擊，果然大敗曹兵，曹兵丟下車馬輜重，沿路而逃。

看了這個故事，人們都會打上這麼一個問號：爲什麼張繡、劉表第一次以精兵追退兵，賈詡力勸不可追，追之必敗；而第二次張繡獨率敗卒追勝兵，賈詡卻以腦袋擔保追之必獲全勝？就連兩次親自率兵追擊的張繡也不知其中的奧妙，難解所以，劉表在一旁更是如墜五里雲霧。

事後劉表急切地請教賈詡，賈詡解釋道：劉將軍雖然善於用兵，但不是曹操的對手。曹軍雖然敗退，但是爲了防止追兵，曹操必然派得力大將作爲後殿；而我軍雖然精銳，仍然難以抵擋。因此我料定追擊必敗。曹操這次急於退兵，必定是許都有事，當他擊退我軍的追擊之後，必定不再戒備後面的追兵，因此，我軍乘其不備再度追擊，必勝無疑。劉表、張繡聽完這番分析，恍然大悟，深表佩服。

賈詡對劉表、張繡及曹操的用兵特點可以說是瞭如指掌。他全面地分析當時的各個因素，把握了勝負轉化的規律。一般說來，追擊爲主動之舉，撤退是被動之行。富於作戰經驗的將帥，撤退之時不會不顧一切往回趕，他總有所謂「保屁股」的安排。這就在被動中隱藏了主動的因素。但是，獲得勝利後便容易放鬆警惕，這樣，主動中實際又孕育著被動與失敗的因素。

所以，當曹操撤退之時，賈詡斷定曹操會加倍防範，憑劉、張二人的謀略水平，貿然追擊必然會大敗而歸。但是，戰場上的情況瞬息萬變，此一時彼一時也。因此，在第一次追曹失利的情況下，賈詡說服張繡二次追曹，與第一次追曹志在必得的心情不同的是，張繡的二次追曹心中一直忐忑不安，結果轉敗爲勝。這正是賈詡用兵高明於他們的地方。

兵家謀略中，有「歸師勿遏」之說，這是一條極容易被忽視的原則，尤其人們常常把「歸師」與「敗師」混爲一談，這時派兵追擊便不可避免要自取其敗。賈詡的「二次追曹」是對「歸師勿遏」的發展與創新，但這種創新是建立在對戰場上各種因素正確分析的基礎上，有一定的針對性和準確性。

〈縱橫古今〉⑭

窮追猛打

歷史上，活用「追戰」的事例很多。

唐朝初年，太宗李世民西征割據陝西的薛仁杲。淺水原一戰，將薛仁杲派來迎戰的部將宗羅睺打得大敗。敗兵向薛仁杲盤踞的折墌城逃去。

太宗看到這一情況，斷定宗羅睺是不敵而逃，便率領騎兵一路猛追，速度之快令敗兵敗將來不及入城，只好四面逃散，或就地投降。太宗繼而兵圍折墌，薛仁杲知道無法與太宗抗衡，在謀士的相勸下，出城向太宗投降。

慶功宴上，衆將紛紛向太宗道賀。但有件事令他們困惑不解：太宗當時爲何那麼著急，留下步兵，又不攜帶攻城器械，而只率騎兵猛追呢？

太宗說：這不過是當時隨機應變的辦法而已。淺水原一戰，我軍雖然獲勝，但敵軍也損失不多。如果追趕不及，讓他們入了城，與薛仁杲合爲一部，我們就難以對付了。這樣窮追猛打，令他們四散逃命，薛仁杲在城中見到，必然心寒，根本無暇謀畫如何防守，最後只有出城投降。

追擊一定要把握時機。該追，一定要不失時機；不該追，則不可強行硬追。追與不追，都要進行客觀分析，正確判斷。

75 虛不露怯，張飛隻身退曹兵

粗中有細。危機關頭心生一計，張飛設疑造勢，獨擋長坂橋頭，喝退百萬曹軍，做出了不凡之舉。但是，張飛用謀不能善終，半途被曹操識破。

諸葛亮在博望坡和新野殺敗曹兵之後，曹操惱羞成怒，親自率領百萬大軍，鋪天蓋地掩殺過來。劉備勢孤力薄，且戰且退，在當陽一帶陷入了曹軍的重圍。經過一番血戰，劉備只帶一百餘騎突出重圍，卻不見了趙雲等人。

這時，張飛自告奮勇，帶領二十餘騎原路殺回，前往接應在百萬大軍中救護阿斗的趙子龍。當來到長坂橋前，曹軍大至。張飛見橋東有一片樹林，頓時心生一計。他令左右砍下樹枝，拴在馬尾上，在樹林往來奔馳，揚起陣陣塵土，布下疑兵陣。

待曹軍殺來時，張飛讓過趙雲，一人「怒目橫矛，立馬於橋上」。曹操看到張飛滿臉殺氣，沒有絲毫懼色；又見橋東的樹林中「塵頭大起」，疑竇頓生，以為諸葛亮又設下了伏兵，便勒馬不前。

這時，張飛大吼一聲：「我乃燕人張翼德也！誰敢與我決一死戰！」曹操身邊的夏侯傑被這吼聲「驚得肝膽碎裂，倒撞於馬下」。曹操回馬便走，後人有詩讚曰：

長坂橋頭殺氣生，
橫槍立馬眼圓睜。
一聲好似轟雷震，
獨退曹家百萬兵。

張飛在長坂橋上智退曹軍百萬大軍，使的是虛則實之和虛而虛之的計謀。他令士兵在樹林中以馬拖樹枝，揚起灰塵，用的是虛而實之；他隻身一人立馬橫矛，怒目圓睜，用的是虛而虛之。正是由於張飛粗中有細，急中生智，見景生計，才使得多慮的曹操勒馬不前，回馬退兵。顯然，光靠張飛的怒吼，是不可能喝退百萬大軍的。張飛對曹操示之以形，使他顧慮重重，降低其行動的目的性和準確性，讓他失去時機。

張飛這一招可謂不凡之舉，但是，他畢竟不是精於謀略的將領，曹軍退去之後，張飛令人將橋樑拆斷，急匆匆追趕劉備去了。劉備得知張飛斷橋一事，長嘆一聲，責怪道：「吾弟勇則勇矣，惜失於計較。」

起初，張飛有些不服氣，劉備解釋道：「若不斷橋，彼恐有埋伏，不敢進兵；今拆斷了橋，彼料我無軍而怯，必來追趕。彼有百萬之衆，雖涉漢江，可塡而過，豈懼一橋之斷耶？」

張飛拆斷橋樑，等於暴露了劉備力量的空虛和內心的膽怯。他只看到斷橋可以阻止曹軍，但卻沒想到區區漢江豈能擋住曹操的百萬大軍。果不其然，當曹操聽到這一消息時，毫不猶豫，「傳令差一萬軍，速搭三座浮橋」，連夜率領大軍渡過漢江。

用謀貴在善終。善終者，即不讓對手輕易地半途識破我的底細。

〈縱橫古今〉⑮

欺敵的柏樹棚

南北朝時，北周武帝宇文邕大舉進攻北齊，想將其一舉呑併，皇弟宇文憲爲其兄充當先鋒。齊後主高緯親自領兵來迎。

當時，北周的宇文純部駐紮在千里徑，大將軍宇文椿駐在雞棲原，宇文盛堅守汾水關。這幾支部隊皆受宇文憲控制。宇文憲暗中對宇文椿說：用兵就是用詭計。你們現在紮營，不要拉布幕，可以砍伐柏樹建成棚，這樣即使是隊伍離去，敵人也判斷不清。

不久，齊後主高緯親身統兵攻擊宇文椿這一路，宇文椿與之交戰，不利。剛好周武帝下令宇文椿返回，宇文椿於是率兵連夜撤離雞棲原。齊軍攻至雞棲原後，見周軍營中一個個柏樹搭的木棚仍在，以爲內中有人，不敢進擊。待發現眞相時，周軍已遠去，齊軍失去了追殺機會。

76 機敏攻心，闞澤一笑制曹操

心戰如兵戰，同樣是驚心動魄的較量，同樣需要有超人的膽識。闞澤隻身入曹營，面臨曹操的恫嚇，泰然自若，仰天大笑，不僅擊垮曹操的心理攻勢，而且完全制約了曹操。

赤壁大戰前夕，周瑜打黃蓋，施展苦肉計，衆將皆蒙在鼓裡，只有黃蓋的好友闞澤看出了其中的深意。他自告奮勇充當黃蓋詐降的送信人。

當闞澤乘夜色來到曹操營中，說明來意，呈上降書時，曹操急忙拆開信件，展於几上，在燈下反覆看了十餘次，突然拍案怒目說：「黃蓋用苦肉計，令汝下詐降書，就中取事，卻敢來戲侮我耶！」便命令兩旁衛士將闞澤推出斬了。

闞澤面不改色，仰天大笑。曹操令衛士將他押回，喝叱道：我已識破你們的詭計，你爲何大笑？闞澤說：我不笑你，我只笑黃蓋看錯了人。曹操卻說：我自幼熟讀兵書，深知奸僞之道，你的這條計，「只好瞞別人，如何瞞得我！」闞澤要曹操指出信中哪件事是奸計，曹操便說：「你既是眞心獻書投降，如何不明約幾時？」

闞澤聽罷，大笑曹操是「無學之輩」，譏諷曹操：「還不及早收兵回去！倘若交戰，必被周瑜擒矣！」曹操受不了這種語言刺激，急問：「何謂我無學？」闞澤說，你不識機謀，不明道理，「豈非無學」？

於是曹操讓闞澤指出他的「不是處」，闞澤說道：「豈不聞『背主作竊，不可定期』？倘今約定時期，急切下不得手，這裡反來接應，事必洩漏。但可覷便而行，豈可預期相訂乎？汝不明此理，欲屈殺好人，眞無學之輩也！」曹操聽完，面容頓改，急忙下席道謝，並設酒招待。

不一會，有人送來蔡中、蔡和的密信，報告黃蓋受刑的消息，從而證實了闞澤來降的眞實性，消除了曹操對闞澤的最後一絲疑慮，闞澤取得曹操的完全信任。

赤壁之戰的成功，是集體智慧以弱勝強的結果。任何一個環節失敗，都會波及全局。闞澤與曹操的較量，是一場驚心動魄的攻心戰，闞澤送信，既抱著必死的決心，也抱著必勝的信心。面對警覺的曹操，闞澤針對他的脾性步步深入，幾乎每句話都敲在曹操心理進程中的關節要害上。

闞澤是有備而來，在應對和心理上，都做好了充分準備。而曹操事先毫無準備，儘管他將信反覆看了十幾遍，而且膽識也未必低於闞澤，但是他面臨的局面卻一直是被動的，突然的恐嚇也被闞澤的一笑消於無形。

曹操拍案瞪眼，大發雷霆，要斬闞澤，似乎已從信中抓住了把柄。如果是缺乏膽識、心理承受能力差的人，在這種氣氛中，很可能會失常，最終導致失敗。富於心智的闞澤，在曹操反覆十多遍捉摸這封信的時候，就作出了一個判斷：這封信寫得很成功。因此，在曹操對他進行恫嚇的情況下，能夠泰然自若，仰天大笑。這是戰勝曹操、打消曹操疑慮最爲關鍵的一笑。

一笑之後，闞澤已完全掌握主動，曹操則只有招架之功了。闞澤戰勝曹操的整個過程，一言一行，每一細枝末節，都在緊張地鬥智、鬥謀、鬥膽、鬥識。闞澤的攻心戰是戰爭史上的一個成功範例。

軍事謀略的重點是奪敵將心，而奪心先得知心，要善於利用對方性格和精神上的缺陷，作爲我謀取主動、制約對方的突破口。

〈縱橫古今〉76

對聯戰書

北宋時期，北遼政權的八個侯王帶領十萬遼兵進犯中原。遼兵在距邊關十里之處安營紮寨，隨後派了兩名遼兵到宋營下戰書。這份別具一格的戰書，只是一幅對聯的上聯，說宋朝如果有人能對出下聯，自願收兵，決不食言。

宋營接到戰書，拆開一看，只見上聯寫道：「張長弓、騎奇馬，琴瑟琵琶八大王，王均在上，單戈獨戰。」宋營裡三軍將領相互傳閱，無人能對。地方上有一個私塾先生聽到消息後，星夜趕到宋營解圍，立即寫出下聯：「僞爲人，襲龍衣，魑魅魍魎四小鬼，鬼都站旁，合手便拿。」

遼兵取回戰書，主將一看，惱羞成怒，不但沒有收兵，竟連夜出兵偷襲宋營。不料宋營正是利用攻心術來調動敵人，預先設好了埋伏，並乘遼兵偷襲之際，分兵攻打空虛的遼營。這一來，遼兵偷襲遭暗算，自己的營盤又被偷襲，進退無路，全軍潰敗。據說此戰之後，遼政權三十餘年不敢小覷中原。

這個戰例雖然是發生在兩軍對壘的戰場上，但是，它同樣利用了心戰原理，利用對方的心理弱點，擾亂其心智，以一聯激怒敵人，使之按照我所設計的軌道做出決斷和行動，從而達到制約敵人、戰勝敵人的目的。

77 粗中有細，張飛豪飲敗張郃

「張飛繡花——粗中有細」。張飛利用自身的弱點和劣習，在兩軍陣前設酒狂飲，迷惑敵人，誘敵出擊，大敗張郃，真可謂酒中出奇謀。張飛成熟了！

張飛在巴西一帶戰敗張郃之後，揮師乘勝追擊，一直趕到宕渠山下。張郃利用有利的地形，據山守寨，堅持不出，雙方「相拒五十餘日」。張飛似乎束手無策，無計可施，就在山前紮住了大寨，每日飲酒，狂飲至醉，便坐在山前辱罵。

劉備得知這一消息後，大驚失色，急忙找諸葛亮商議。諸葛亮聽後，非但沒有驚慌，反而立即派魏延送去三車好酒，並在車上插著「軍前公用美酒」的大旗。張飛得到美酒之後，不但自己每日嗜酒無度，而且還把美酒擺在帳前，「令軍士大開旗鼓而飲」，張郃在山上看到這番情景，心中暗喜，以爲機不可失，便帶兵乘夜下山，直襲蜀營。

當張郃衝進張飛的大寨時，見帳中端坐著一位大漢，舉槍便刺。殊料，刺著了一個用草紮成的「假張飛」。結果，魏軍誤中了張飛的埋伏，張郃被打得大敗而逃，曹軍的宕渠寨、蒙頭寨、蕩石寨全被張飛奪下。

張飛是一個與酒結下不解之緣的將領。他的性格的主要一面是「快人快語」，勇猛粗魯，他逢酒必飲，每飲必醉，每醉則必要鬧出事端，不是誤事，便是打人。這是他的一個很大的弱點。這個弱點在他用兵尚不成熟的時期，常給對手創造了進攻的機會。

例如在張飛守徐州的時候，劉備曾一再囑咐張飛不要飲酒。可是劉備剛走，張飛就放肆豪飲，並酒後痛打曹豹，結果呂布乘機殺進城來，他酒尚未醒，徐州便輕易地丟給了敵人。這對張飛來說，是慘痛的教訓。當他在長年的征戰中日漸鍛鍊成熟之後，他的弱點便成爲迷惑、引誘敵人的一種招數。

張飛宕渠山智戰張郃，就充分地表現出這一點，正所謂「張飛繡花——粗中有細」。張飛這個故事告訴我們，一個出色的軍事指揮員不僅要善於改變自己的劣習和不良性格，而且要善加利用自身的弱點來施展計謀、迷惑敵人，造成敵人的決策失誤。一個人的習性，最容易成爲對方判斷情況的依據，形成心理定式。明智的人若能正確地了解、評價自己，正好可就性用計，出敵意料，將敵人誘入我的「圈套」。

張飛常以飲酒誤事而名聞敵我軍營，然而這次作戰，他借自己的這一弱點，將驍勇善戰的張部誘下了宕渠山，眞可以說是酒中釀出奇謀妙計。所以，一個軍事指揮員是否出色，不在於他有沒有弱點，而在於他能否認識弱點，利用弱點，使弱點轉爲計謀。

總之，作爲一名指揮員，其用兵特點或缺陷，生活習性或弱點，都會成爲對手算計、利用的重點；但是，指揮員的特點和弱點，也往往會造成對手思維的定向運動，如果正確地加以運用，可起到他人意想不到的作用。

中外戰爭史上，將帥們誘敵出擊的方式多種多樣，有張飛的示弱誘敵，還有以怒激敵、以強逼敵、以退引敵等，各有特色，關鍵在於巧妙利用現有條件，誘敵出戰，然後乘隙敗敵。

〈縱橫古今〉⑰

激敵邀戰

南北朝時期，北魏主拓跋燾兵分兩路大舉進攻西夏。一路由大將達奚斤率領進攻長安，吸引西夏軍主力；另一路由他自己直接指揮，悄悄越過黃河，猶如從天而降，突然出現在西夏之都統萬城下。

西夏軍毫無防備，只得閉城死守。拓跋燾把主力埋伏在深山谷中，只派少數騎兵到城下挑戰。西夏軍堅守不戰，拓跋燾心急如焚，一旦長安西夏軍主力回師西救，魏軍將要處於兩面受敵的不利局面。

誘敵不成，拓跋燾又心生一計，決定逼敵出戰。他一面命令攻城的魏軍示弱後退，一面派兵到統萬城的四周掠奪居民，以此激怒西夏軍。西夏軍果然中計，率軍出城追殺。拓跋燾抓住戰機，回軍反擊，四周伏兵同時出擊，西夏軍陷入重圍。

戰鬥中拓跋燾中箭受傷，但他仍然一面鎮定自若地指揮戰鬥，一面身先士卒置自己的生死於不顧。魏軍見主帥如此，一個個奮不顧身，勇猛殺敵，一舉攻克西夏都城統萬，西夏宣告滅亡。

78 蓄盈待竭，黃忠智斬夏侯淵

「盡敵陽節，盈我陰節」；「避其銳氣，擊其惰歸」。兵家用謀鬥智，善於在防禦與相持中養精蓄銳，疲困敵人，後發制人。黃忠與法正配合用智，竭敵銳氣，適時出擊，一戰即勝。

諸葛亮二激黃忠，拉開了蜀軍攻打定軍山的序幕。黃忠首先採用法正的「反客爲主」之法，戰敗魏軍，擒獲夏侯尙。接著，黃忠乘勝前進，直逼定軍山下。守將夏侯淵據山堅守不出。法正仔細觀察地形，發現定軍山以西有一座高山，便勸黃忠乘夜攻占，以瞰制魏軍。

這樣一來，由於蜀軍在山上「足可下視定軍山之虛實」，給魏軍造成很大威脅。但是，法正沒有單純地依靠地利，而是更注重人謀。他爲黃忠策畫了一條妙計：黃忠據守半山，法正自己踞於山頂；待夏侯淵率兵來攻，山頂舉白旗，黃忠按兵不動，一直到魏兵倦怠無備，山頂舉起紅旗，黃忠便下山攻擊，「以逸待勞，必當取勝」。

魏軍營中，夏侯淵聽說黃忠占據了「對山」，頗爲惱怒，他拒絕了張郃「只宜堅守」的苦諫，分兵圍住「對山」，大罵挑戰。法正在山上舉起白旗，黃忠則「任從夏侯淵百般辱罵」，堅守不戰。

午時以後，法正見「曹兵倦怠，銳氣已惰，多下馬休息」，便將紅旗一展，蜀兵鼓角齊鳴，喊聲大震，黃忠「一馬當先，馳下山來，猶如天崩地塌之勢」。夏侯淵措手不及，未及迎戰，便被黃忠寶刀「連頭帶肩，砍為兩段」。

老將黃忠，年近七十，但自詡「兩臂尚開三石之弓，渾身還有千斤之力」。他爭強好勝，卻從不馬虎、從不驕傲，肯動腦筋，頗有智謀，十分令人敬佩。就武藝而論，夏侯淵也是曹營中的一員虎將，南征北戰，屢建大功，武藝並不在黃忠之下，但是，一合未戰就成了黃忠的「刀下之鬼」。其原因還在於黃忠與法正配合用謀，恰到好處。

法正居高臨下，發現曹兵銳氣已失，抓住戰機，紅旗招展；黃忠則不失時機，蓄力已足，如猛虎下山。黃忠的出擊恰到好處，正處於敵軍士氣由盈至竭的關節點上。可以推想，法正與黃忠如果一味地等待，或者輕易地出擊，都不可能收到很好的效果。法正與黃忠的智戰正在於此——適時出擊。

《孫子兵法．軍爭篇》中認為：「是故朝氣銳，晝氣惰，暮氣歸。故善用兵者，避其銳氣，擊其惰歸。」黃忠智斬夏侯淵正是成功地運用了以逸待勞、蓄盈待竭、擊其惰歸的計謀。兩軍相爭，士氣銳者勝。一般說來，剛剛出戰的軍隊，鬥志旺盛，將士求戰心切，如果及時投入戰鬥，則可以一當十；但是，如果求戰不得，那麼隨著時間的推移，將士的精神逐漸疲倦，士氣逐漸低落，部隊的戰鬥力必然銳減。這種情況很容易被對手所乘。

戰爭史上，善於用兵的將領在面對強敵之時，都十分注意蓄盈待竭，即「盡敵陽節，盈我陰節」，在防禦與相持之中，促成敵我力量的轉化。當然，以逸待勞、擊其惰歸的最終目的是要徹底擊敗敵人，養精蓄銳、疲憊敵人只是其中一環，所以，在養己與疲敵的同時，必須審時度勢，為後發制人創造條件。

〈縱橫古今〉⑱

勝驕兵有道

唐朝初年，唐太宗圍王世充於東都洛陽，竇建德率手下全軍前往相救。太宗守住虎牢關。竇建德在汜水東岸列陣，大軍連綿幾里。太宗手下衆將一時面有懼色。

太宗對諸將說：他們自從山東起事以來，從未遇過大敵。現在他們處於險境而態度囂張，是軍無政令；逼城而列陣，則是有輕敵之心。我軍可按兵不動，等待他們的銳氣消磨下去，列陣太久，士卒疲勞飢餓，必然自動撤退。到那時再發起進攻，哪有不勝之理！

竇建德軍從早晨開始列陣，過了晌午，士兵又累又餓，都坐到地上，又搶水喝，太宗命令大將宇文士及率領三百騎兵，從敵陣之西向南飛馳，並囑咐：如果敵人不動，你們就退回來；如果他們行動，我則率兵從東面進擊。

宇文士及過後，敵陣變動，太宗下令：可以攻擊了！於是，太宗各支隊伍同時行動。竇建德軍未及重整，便被太宗率輕騎左衝右殺，所向披靡。竇建德的兵馬潰不成軍，竇建德本人也在此役中被擒。

79 攻心鬥智，諸葛亮七擒孟獲

「心戰爲上，兵戰爲下」，是相對而言。「攻心」必須與力戰結合，方能顯示出施智鬥謀的活力。諸葛亮「七擒孟獲」，因敵制變，達到了力與智的和諧統一。

「七擒孟獲」，可謂諸葛亮平生的得意之作，完整體現了諸葛亮的用兵方略。

孟獲第一次是敗在諸葛亮的「驕兵計」上。諸葛亮故意將陣勢擺得凌亂無序，連武器也陳舊不堪，使孟獲備感威風，滋長了輕敵思想，貿然驅兵直進，被引入埋伏圈，一敗再敗，最後被魏延所擒。

第二次，諸葛亮遣馬岱渡瀘水，孟獲則派董荼那迎敵。但是董荼那感激諸葛亮放歸之恩，不戰而退，被孟獲重責一百大棍。結果董荼那不服，率衆將孟獲綑綁至諸葛亮營中。孟獲這次遭擒，是諸葛亮放人政策所起的效應。

第三次，孟獲派他的弟弟孟優，帶著身高力大的百餘人前往諸葛亮的寨中獻寶，目的在於騙取諸葛亮的信任，來個裡應外合。這一計策被諸葛亮識破，將計就計，「順手牽羊」，「關門捉賊」，讓孟獲自投羅網。孟獲賠了財寶，折了兵馬，三次被擒。

第四次，孟獲派心腹帶著金珠寶貝，到八番九十三甸等處借得數十萬南兵，個個手持砍刀，拿著盾牌，前來報仇。諸葛亮只是不出。待其盛氣漸怠，諸葛亮才故意一連退出三個營寨，使孟獲甚感迷惑。諸葛亮正是利用孟獲懂得用兵這一點而要讓孟獲判斷這是「疑兵計」。就在這眞假虛實之中，誘使孟獲靠近，引其入甕。孟獲又被擒獲。

第五次，銀冶洞二十一洞主楊鋒領著三萬人馬前來助戰，孟獲非常高興，酒宴招待。殊料，楊鋒助戰是假，擒孟獲是眞。席間，楊鋒的兩子分別擒下孟獲兄弟。楊鋒擒拿孟獲，是爲了「感諸葛丞相活命之恩」。孟獲第五次遭擒，是諸葛亮「攻心爲上」的效應。

第六次，自以爲聰明的孟獲讓他的妻弟將他綑綁，假裝送給諸葛亮，實則企圖伺機起事。結果又被諸葛亮一眼識破，不慌不忙，將計就計，「順手牽羊」，將游進來的大小魚兒一網收盡。

第七次，孟獲依靠一支藤甲裹身、刀箭不入的藤甲軍，與諸葛亮對抗。諸葛亮示假隱眞，迷惑敵人，並讓魏延故意連輸十五陣，將藤甲軍誘至盤蛇谷，巧用火攻，孟獲大敗，再次遭擒。

諸葛亮「七擒七縱」，欲擒故縱，終使孟獲徹底降服。孟獲最後是在十分內疚的心情下，流著眼淚表示降服的。

諸葛亮七擒孟獲，其擒法無一雷同。在用兵思想和運籌藝術上，給予我們很大的啓迪。

首先，敵變我也變。在「一擒」中，雙方初次交鋒，互不了解。慣於「先勝而後求戰」的諸葛亮，認眞分析敵情，略施小計，便先機制勝。這以後，孟獲在失敗中不斷累積經驗，變換戰法，使出渾身解數。但是，諸葛亮次次都準確地判斷出孟獲的作戰意圖，因勢利導，不斷使用新手法誘使孟獲就範。

其次，在調查研究的基礎上適情而動。要知山中事，須問打柴人。少數民族地區，地形複雜，不熟悉民情和環境，會給軍事行動帶來許多困難。當諸葛亮在作戰中身處危境的時候，十分注重向當地「土人」詢訪，及時掌握各個具體情況，爲軍隊創造有利的戰爭條件。

第三，以「心戰爲上」爲戰略指導思想。孟獲是一個少數民族的首領，性格頑強，要讓他心服，光靠武力上的鎭服是遠遠不夠的。諸葛亮爲了眞正降服孟獲，「安撫」其身後的衆多百姓，一而再、再而三地放縱孟獲，這既體現了諸葛亮「擒此人如囊中取物」的自信心，又反映了他的寬闊胸懷和超人氣魄。沒有七縱，孟獲難以心服，沒有孟獲的心服，便難以實現對西南的安撫。「攻心」實際上就是一種智鬥。

第四，力戰必須與智戰相結合，「攻心」則必須以強大的軍事力量爲後盾。「心戰爲上，兵戰爲下」是相對而言，確切地說，其精義應該是：對敵作戰要以攻心伐謀的智戰爲主，以眞槍實刀的力戰爲輔。

〈縱橫古今〉⑲

服人先服心

歷史上，有很多高明的軍事統帥都使用過類似諸葛亮降服孟獲的智謀。

元朝末年，朱元璋起兵打天下。方山寨民兵元帥陳野先與其部將康茂才進犯至朱元璋駐守的太平城下，被朱元璋設伏擒獲。朱元璋沒有殺他，反而放了他。

陳野先傲慢地說：放我是想讓我全軍都投降嗎？這很容易。於是，寫信招降他的部隊。他滿以爲他的部下未必眞降，所以，表面招降，實則企圖激怒部下。不料，其部衆眞的投降了，陳野先後悔失策。不久，他聽說朱元璋將要攻打安慶，便暗示他的部下不要賣力，待他脫離朱元璋後，再會合投元。

朱元璋察覺到陳野先的陰謀，便將他召來，說：人各有志，何去何從，悉聽尊便。於是，將陳野先放了回去。後來，陳野先會合元兵，與朱元璋戰於秦淮一帶，挫敗了朱元璋的部隊。但是，陳野先意外地被鄉里民兵所殺。

陳野先死後，其子陳兆先聚集殘兵與朱元璋相抗。不久，陳兆先又被朱元璋擒獲。但是，朱元璋不僅赦免了他，而且還擢用他，挑選降兵中勇敢善戰者五百人放在他的麾下。這些人不知朱元璋是何用意，心中惴惴不安。

一天夜裡，朱元璋讓他們爲自己護衛，環繞他而寢，舊人中只留馮國用一人在臥榻旁侍奉。次日，那些心懷疑慮的人皆放下心來，感激朱元璋如此寬宏大量，信任他們，都願意爲朱元璋效力賣命。

80 用詐料敵，鄧艾姜維鬥智

用計和識計，是戰場上雙方鬥智鬥謀的中心內容，爲歷代兵家重視。鄧艾與姜維互相示形用詐，又相互判斷對方的計謀，各有所得，又各有所失，既精彩有趣，又啓人心智。

在魏、蜀的較量中，姜維與鄧艾的鬥智頗具特色。試看典型二例。

蜀軍第四次北伐中原時，蜀、魏二軍曾對峙於祁山。當時，姜維見難以在祁山突破魏軍的防線，便留下少數兵力，令將領每日帶著「百餘騎出哨，每出哨一回，換一番衣甲、旗號，按青、黃、赤、白、黑五方旗幟相換」，他自己卻率領主力，襲擊魏軍缺乏防範的南安，以達到避實擊虛的目的。

但是，鄧艾同樣是戰場高手，他見蜀兵連日不來搦戰，「一日五番哨馬出寨，或十里或十五里而回」，便斷定姜維不在營中，而是帶兵襲擊南安去了。於是，鄧艾讓陳泰率兵進攻蜀寨，破寨之後，引兵斷姜維之後。他自己則先領一軍速救南安。果然，在魏軍的進攻下，蜀兵一擊即潰，落荒而逃。

鄧艾透過對蜀軍的綜合分析，識破了姜維的詐術。蜀軍北伐，是主動進攻的一方，然而，鄧艾卻發現蜀軍一反常態，轉攻爲守，每天只是簡單重複地派出哨馬來回偵察。這一現象引起了鄧艾的警覺。聯想到南安無重兵把守，姜維奪得此地，可「取羌人之穀爲食」，並威脅魏軍的側翼，鄧艾便得出了姜維已去襲擊南安的結論。

同時，鄧艾發現，蜀軍雖然「一日五番哨馬」頻繁出寨，但是「哨馬只是這幾匹」，他由此而判斷蜀軍只換衣不換馬，兵力一定不多。鄧艾還進一步發現「其馬皆困乏」，從而料定蜀軍營中「主將必無能者」，引軍攻之，必可破之。

姜維的用詐與鄧艾的識詐告訴我們：示形用詐不可簡單、造作，故作姿態，一反常態，無異於自我暴露。示形的目的是爲了掩蓋眞實行動，然而，慮之不周，示之粗糙，將領水準平平，那麼不僅會暴露眞實行動，而且給敵人造成可乘之機。

與此相反，正確判斷，離不開對戰場各個細節的仔細觀察；粗枝大葉，我行我素，都會落入對方的陷阱之中。因此，只有那些細心觀察、善於分析的將領，才能根據戰場上的表象，發現敵人的破綻，並採取相應的行動，使敵人反爲我制。

再看蜀軍第八次北伐中原時，姜、鄧二將的鬥智情形。

姜維攻打洮陽失利以後，大將張翼建議姜維整兵與鄧艾交鋒，攻打洮陽、侯河，他則率領一支軍隊襲取魏軍防守空虛的祁山，「取了祁山九寨，便驅兵向長安」。

姜維採納了這條計策，令張翼率後軍襲擊祁山，自己仍駐守原地，與鄧艾正面交戰，並連續二天主動挑戰。鄧艾心中尋思：蜀軍被我殺敗，不僅不退，反而連日搦戰，一定是分兵偷襲祁山去了，必須前往救援。登時他心生一計。

當晚二更，姜維正在寨中設計定策，忽聽寨外鼓角喧天，喊聲震地，手下報告說鄧艾引三千精兵夜間來戰。諸將正要出戰，被姜維制止。姜維說：「鄧艾虛作夜戰之勢，必然去救祁山寨矣。」他令傅僉守寨，不要輕易迎敵。他自己則率領三千蜀兵前往援助張翼。

姜維與鄧艾確實都是鬥智鬥謀的好手。面對蜀軍的頻繁挑戰，鄧艾想到的不是如何迎戰、如何擊退蜀軍，而是由蜀軍敗中求戰的現象，聯想到己方的祁山之虛，從而識破了姜維的計謀。

這件事告訴我們，要正確判斷對方的情況，就必須學會全方位思考，站在全局的高度去審視問題的關鍵，切忌把思維陷於戰局之中，不能自拔。然而鄧艾雖然料敵準確，示形用詐這一招卻用得並不高明。他的「虛作夜戰」實是多此一舉，反被姜維識破了機關。

姜維不愧爲有豐富作戰經驗的將軍。他根據魏軍連日堅守不戰，卻突然夜間出戰的異常現象，意識到鄧艾必有他意。以己度彼，姜維斷定鄧艾醉翁之意不在酒，意在救援祁山。於是，他暗中率領精兵直奔祁山。結果，鄧艾兵敗退入祁山寨，兩軍再次在祁山形成對峙。

姜維與鄧艾的鬥智十分精彩，在數次交戰中，雙方相互示形用詐，又相互判斷對方的意圖，各有所得，也各有所失。應該說，在戰術的運用上，二人的判斷能力和謀略水平不相上下，是一雙旗鼓相當的對手。在這樣的一個對局中，任何一方想占據主動、控制全局，必須站在更高的謀略層次來考慮問題，設謀定計。

在紛繁複雜的戰場上，敵我雙方鬥謀鬥智，說到底，實際上就是「用計」與「識計」的反覆較量。長期征戰於沙場的將領經常會遇到這一問題，計高一籌者便可獲勝。

〈縱橫古今〉⑳

圖近於遠

北朝時，西魏宇文泰率兵攻打東魏。東魏派遣司徒高昂趨上洛，竇泰趨潼關，高歡駐蒲坂。三支軍隊各於河上造了一座浮橋，都做出想要渡河的樣子。

當時，宇文泰屯兵廣陽，他對諸將說：敵人架三座橋做出要渡河的樣子，這是要牽制我軍，然後掩護竇泰渡河西進。高歡自起兵以來，每次都用竇泰作先鋒，其部下士卒精銳，屢戰獲勝，傲氣十足。今天如果掩襲他，一定會出奇制勝。

諸將卻認爲：賊在近處卻要捨近攻遠，似有不妥，不如分兵抵禦。宇文泰分析道：上一次高歡攻打潼關，我們沒出灞上；今又大舉而來，一定會以爲我們要固守，自有輕視我們的意思。乘此機會襲擊竇泰，哪有不勝的呢？不過五天，我們就可以捉住竇泰。

於是，宇文泰聲言要保守隴右，暗中卻帶軍隊東出。到了小關一帶，竇泰才知道已經強兵壓境，驚慌之際，在風陵渡與宇文泰展開了決戰，終因不敵潰敗，被迫自殺。

玖 應變篇

■篇題要□

隨機應變，「運用之妙，存乎一心。」用兵鬥法，最忌生搬硬套，墨守成規，正所謂死讀書等於無書。兵戎相見、你死我活之際，拘泥兵法，將自取滅亡。馬謖機械套用兵法，兵葬街亭，導致蜀軍北伐的全面崩潰，這是值得人們永遠吸取的教訓。作戰沒有固定的方式，只有根據敵情隨機而變，才能做到用兵如神。切記：「兵無常勢，水無常形，臨敵變化，不可先傳。故曰：料敵在心，察機在目也。」

81 全師避敵，諸葛亮撤退有術

三十六計，走爲上策。「彼衆我寡，先謀其生。」古人關於退卻有許多說法和原則，但都顯示出消極的傾向。諸葛亮六出祁山，每次撤退，不循舊套，隨機應變，退卻中甚至攻擊敵人，保全自己力量。

在蜀、魏對峙期間，諸葛亮一共六出祁山，北伐中原，終未實現他在隆中對策中提出的戰略目標。回味諸葛亮每次撤退的情景，都各有其特色，不拘一格，新意迭出。一出祁山，諸葛亮以疑兵之策安然撤軍；二出祁山，諸葛亮採用「伏擊戰」，殺敵「回馬槍」，然後撤離；三出祁山，諸葛亮運用「退避三舍」之計，誘敵出營，擊敗魏軍，順利撤出戰場；四出祁山，諸葛亮採用「增灶計」，徐徐地從容而退；五出祁山，於木門設伏，敗敵追擊部隊，安全撤離；六出祁山，諸葛亮積勞成疾，星隕五丈原，逝前，對撤退做了精心安排，最後，「死諸葛嚇走生仲達」，蜀軍安然撤離。

從諸葛亮六次撤退時的兵法運籌，我們不難體會到，撤退同樣是一門重要的軍事藝術。諸葛亮六出祁山，六次撤退，各有特色，不落俗套，常常在撤退中變被動爲主動，大量消滅敵人，這一點是一般人難以企及的。諸葛亮曾經說過：欲思其利，必慮其害；欲思其成，必慮其敗。並提出了「善敗者不亡」的至理名言。

在你死我活的對戰中，不失時機，強攻硬取，固然是英雄本色，值得稱道；但審時度勢，該退則退，也不失偉人之舉。只有善於保全自己力量的人，才是眞正具有作戰實力的人，才是名副其實的將才、帥才。三十六計，走爲上策。「走爲上」是「三十六計」中的最末一計，解語道：「全師避敵。左次無咎，未失常也。」根據實情，以退爲進，並不爲過，這是正常的用兵法則。

在一般情況下，如果形勢十分不利，那麼避免與敵人決戰的方式有三種，即投降、媾和、退卻。投降是徹底的失敗；媾和算失敗一半，但有時實是變相的失敗；退卻則是保存實力，仍有轉敗爲勝的機會。所以，必須牢記，在處境不利的情況下，「走爲上」。

然而，「走」不是我行我素、消極被動地撤退，仍需要鬥智鬥法、兵戎相見。其中，既包含危機的因素，又包含成功的機會。關鍵在於隨機應變、活用兵法。諸葛亮六次撤退的巧妙之處，在於他不循舊套，次次翻新，使對手無從把握蜀軍的運動規律和行動特點。這是一種高超的撤退藝術，細嚼起來，不僅受益匪淺，而且美不勝收，充分展示出軍事謀略運籌的價值和藝術。

約米尼在《戰爭藝術》一書中評論道：

一支軍隊能夠在失敗的環境中挺立不動，其價值遠高於在勝利環境中勇敢爭先。因爲向敵人進攻，只有血氣之勇就夠了。而在一個強大敵人面前實行困難的退卻，那卻是眞正的英雄。所以一個良好的撤退，也應和偉大的勝利同樣地受到讚賞。

約米尼在這段文字中，對於進攻「只有血氣之勇就夠了」的認識不免失之偏頗，但是，他對撤退的評價卻是恰如其分。眞正的退卻包含著無窮的變化法則，足以高度體會出指揮者的智慧和能力。

歷史上，有戰爭就有撤退，所以，兵家撤退的形式與方法豐富多彩，各有千秋。如劉宋大將軍檀道濟的「唱籌量沙」、南宋將領畢再遇的「懸羊擊鼓」等，都是十分著名的退兵戰例。

〈縱橫古今〉81

旌旗與戰馬

公元九〇二年代叔琮兵圍晉陽，遇大疫，力不能支而走。李嗣昭、周德威率軍追擊，追到石會關，看到山上密林中有旌旗飄動，無人聲，卻有馬嘶鳴，疑代叔琮有伏兵，不敢再往前追，便撤軍而去。

其實，代叔琮只是在密林中留下了一些旌旗和少許戰馬，用以代兵。旗不多，偶有馬鳴，沒有人聲，很容易被誤認爲伏兵。如此一來，代叔琮安然撤退。

一九四三年，蘇軍在第涅伯河會戰中受挫。最高統帥部決定將主力部隊轉移到基輔北側。可這支龐大的機械化部隊，要撤走勢必引起德軍追擊。

於是蘇軍找回一具屍體，換上大尉軍服，把暫停進攻、就地防守的假命令放入公文袋中，再將屍體放入前沿陣地。待敵人反擊時，假裝撤下一道戰壕，留出原來的戰壕，讓敵人發現假命令。同時，蘇軍留下一個指揮所和幾部電台照常工作，彷彿仍在指揮整個主力部隊就地防禦。

這同中國古代的懸羊擊鼓是同一原理。德軍果然中計，蘇軍主力得以平安轉移。

82 圍師必闕，劉備圍城開一角

「圍戰之道，圍其四面，須開一角，以示生路。」困獸猶鬥，人也不例外。所以，圍戰之時，應該欲殲故放，先從精神上給敵人造成敗勢。劉備靈活運用兵法，使宛城之戰獲得眞正意義上的全勝。

劉備兄弟三人結義後，大破黃巾軍。後來，由於受到董卓的輕視，劉備三人轉隨朱儁。朱儁受朝廷之命，進攻據守宛城的黃巾軍，城中的趙弘遣韓忠出戰，但被劉備等人殺回城中。朱儁分兵將宛城四面圍定，切斷其糧食來源，結果城中斷糧。韓忠派人出城投降，遭到了朱儁的拒絕。

劉備不解地問：「昔漢高祖之得天下，蓋爲能招降納順，公何拒韓忠耶？」朱儁回答：「彼一時，此一時也。那時，天下大亂，尙無定主，所以「招降賞附，以勸來耳」。現在，天下一統，只有黃巾軍造反，「若容其降，無以勸善。使賊得利恣意劫掠，失利便投降：此長寇之志，非良策也。」

劉備聽後，十分贊同，並獻上了一計。他認爲，將宛城圍如鐵桶。黃巾軍求降不成，必然死戰，「萬人一心，尚不可當，況城中有數萬死命之人乎？不若撤去東南，獨攻西北。賊必棄城而走，無心戀戰，可即擒也」。

於是，朱儁下令撤去東南二面的兵馬，重點攻打西北。韓忠果然率領部下棄城而逃。朱儁與劉備三人乘機掩殺，射死韓忠，其餘人馬四散逃命。

這段故事雖然表現了朱儁的政治見識，但是，更主要地突出了劉備的軍事才能。顯而易見，劉備在這裡採用的是「圍師必闕」的計謀。「圍師必闕」是一個傳統的、常爲兵家使用的軍事謀略，其問題在於如何在作戰中根據實際情況靈活運用。

當時，就雙方的力量與態勢而言，是我優而敵劣，我主動、有利，而敵被動、不利。然而，劉備站在更高的層面清醒地看出，敵方劣中有優，我軍優中存劣；敵方不利的形勢，隨時可能向有利轉化，而我軍有利的形勢也包含著向不利轉化的因素。敵方四面被圍，欲降不能，必然會傾所有兵力，拚一死戰，這樣，朱儁雖能獲勝，但要付出沉重的代價。

這種敏銳的眼光，反映了劉備在兵法運用上的才能。許多將領在即將獲得勝利之時，往往不再細心考慮其他的更佳方案，也不再考慮怎樣用最小的代價去換取同樣的勝利果實。「勝利」是軍事鬥爭中的最終目標，但卻不是最完善的目標，最完善的目標還應該包括：在戰爭中付出最小的代價。

古代作戰，包圍城池的情形很多。對於攻城一方來講，應該考慮到，城中敵人被圍困之時，毫無退路，很可能會下定與城池共存亡的決心，拚戰到底。這樣，不僅難以破城，而且很可能功敗垂成。所以，《虎鈴經》認爲，「逼而爲之者，逾數旬不變，非克敵之術。」

《百戰奇法．圍戰》從正面介紹了這一戰法，即「圍戰之道，圍其四面，須開一角，以示生路」。「開一角」的目的，是爲了向城中「示生路」，城中被困兵馬往往爲求生路而開城突圍，而開城突圍之時，又往往各自奪路而逃，軍心渙散，號令不一，毫無奮勇死戰的鬥志。這時，如果攻城一方事先作好準備，往往可以輕而易舉地殲滅突圍之敵，以較少的代價攻下城池。

劉備靈活地運用了這一兵法原理。單從形式上看，他的計謀似乎是消極的，但是包含著積極殲敵以求勝利的思想。劉備根據當時的實際情況，看到問題的關鍵，及時地調整攻城戰術，不僅攻取了城池，而且保全了自己。

〈縱橫古今〉㉜

窮寇不可追

東晉時期，燕軍久圍鄴城。城中糧秣俱盡，秦鄴城守軍削松木飼馬，但在苻丕的指揮下，與燕軍堅決鬥爭，毫無降意。燕王慕容垂對諸將說：「苻丕窮寇，必無降理，不如退屯肥鄉之新興城，開苻丕西歸之路，以謝秦王疇昔之恩，且爲討伐丁零翟眞計。」於是燕軍暫解鄴城之圍而趨新興城。

燕軍圍城，城中秦軍雖窮寇而無降意，燕軍明知長此下去，難以取得全勝，故而撤退。不久，苻丕放棄了鄴城，回到長安，鄴城還是爲慕容垂占領。

運用兵法，必須據情而變，變則通。

83 隨機應變，謀董卓曹操獻刀

凡成大功，必冒大險。風險之中，危機四伏，只有泰然自若、順情變意、急中生智，方可化險爲夷、轉危爲安。曹操「持刀」行刺，順勢改爲跪倒「獻刀」，大險瞬間消於無形。

漢靈帝死後，董卓專權，私自廢少帝，立獻帝，引起滿朝文武大臣的義憤。當時，尚任驍騎校尉的曹操，挺身而出，從司徒王允那裡借得七寶刀一口，前去刺殺董卓。

第二天，曹操身佩寶刀，來到相府，直入小閣，望見董卓坐在床上，呂布侍立一旁。董卓見曹操進來，問因何事來遲，曹操說是馬太瘦弱之故。於是董卓吩咐呂布去選一匹西涼馬賜給曹操。呂布一走，曹操心中暗喜：此賊合該死矣！可他害怕董卓力大，一時未敢輕動。

董卓身材肥胖，不耐久坐，便側身向裡而臥。曹操又想：此賊當休矣！即刻拔刀在手，正要刺去，不期董卓從衣鏡中瞧見曹操在背後閃出刀來，急轉身喝道：「孟德何爲？」這時，呂布已牽馬至閣外，曹操見勢不妙，便持刀跪下說：「操有寶刀一口，獻上恩相。」董卓接過一看，果見七寶嵌飾，極爲鋒利，是一口寶刀，便交給呂布收下。

董卓帶曹操出閣看馬，曹操拜謝不迭，並要求讓他試騎，董卓便叫人安好鞍轡。於是，曹操牽馬出相府，上馬加鞭，望東南飛馳而去。曹操剛走，呂布就說道：曹操的舉止令人生疑。董卓也有同感。

議論間，李儒到來，聽說此事後，說道：「操無妻小在京，只獨居寓所。今差人往召，如彼無疑而來，則是獻刀；如推託不來，則必是行刺，便可擒而問也。」結果曹操沒有回寓所，騙過守門官，縱馬飛出東門，一去不回頭了！

在《三國演義》中，描寫隨機應變的故事有多處，曹操獻刀是較爲突出的一例。隨機應變是每一個人都應該具備的護身、制勝的法寶。三國時代，曹操在風雲變幻的鬥爭中調兵、遣將、施詐，確是一位非常善於應變的人物。曹操「獻刀」的故事，則從一個側面反映了曹操的性格特徵和應變才能。

許多事情的成功，都必須冒很大的風險。人在風險中行動，對隨時可能出現的各種意外情況，需要做出迅速的反應和對策，改變原來的行動方式和方向。這確實不是件容易的事。大凡做到泰然自若、順情變意、急中生智者，多可化險爲夷、轉危爲安；否則，有勇無謀、反應遲滯，就會前功盡棄，成功將成爲泡影，危險則成爲現實。

隨機應變，首先要自然地做到隨機。所謂隨機，包含了順水推舟、將計就計、借題發揮等意義。「持刀」行刺，行跡暴露，順勢改爲跪地「獻刀」。此乃借物隨機，精彩絕倫。其運用之妙，在於行動轉換迅速、自然。

隨機應變，情急之時急生智，這是一種突發性的思維方式，事先並無絲毫的準備。因此，要做到反應準確、迅速、自然，必須平時累積，養成習慣。人們運智用謀，無論大小繁簡，即使設想與部署非常周密，但是在紛繁複雜的環境中，都不可能永遠萬無一失。所以，處變不驚、臨危不懼的心理準備必不可少，只有不驚不懼，才有可能做到應變，才能提高應變的成功率，才能化險爲夷。

〈縱橫古今〉83

將軍之怒

十六國時，前秦大將王猛督軍十六萬攻打燕國，在潞州一帶與燕人相持。爲了探知敵方的虛實，王猛派將軍徐成前往偵察，約定中午返回。但是，徐成直到黃昏才回來，王猛大怒，想立斬徐成。

徐成的上司鄧羌卻持異議，爲徐成求情。王猛說：不殺徐成，軍法不立。鄧羌憤憤然回到自己營中，糾集軍隊準備攻擊王猛。王猛見情勢危急，便說：鄧羌有義有勇。並派人傳話，讓鄧羌先不要動兵，表示自己已答應赦免徐成。

徐成獲免後，鄧羌來到王猛營中謝罪。王猛拉著鄧羌的手說：我是用這件事來試將軍，讓你的部將更尊敬你，更何況這是國家大事，我怎能隨意濫殺大將呢？一場禍亂就這樣消於無形了。

84 假道伐虢，周瑜用計反受制

「運用之妙，存乎一心。」大凡用謀施術都要因時、因地、因人而異，生搬硬套，拘泥成法，必將受制於人。周瑜襲奪荊州，簡單沿用「假道伐虢」之法，反被諸葛亮所算。

赤壁大戰之後，劉備按照諸葛亮的策畫，趁周瑜與曹兵激戰之機，用巧計「借得」了荊州，從此，便據而不還，東吳數次派人索取，都未能要回。

最初，諸葛亮許願，待取得西川便歸還荊州；到後來，又以「益州劉璋是我主人之弟」、「若要興兵去取他城池時，恐被外人唾罵」爲由，一拖再拖。周瑜激憤不已，惡氣難嚥，想出了一計：「若劉氏不忍去取西川，我東吳起兵去取。」他企圖借兵取西川，路過荊州，待劉備出城慰勞之時，「乘勢殺之」，以武力強取荊州。

不料，周瑜的這條計策被足智多謀的諸葛亮識破。於是，諸葛亮將計就計，設下了圈套。當周瑜驅兵來到荊州城下的時候，忽然伏兵四起，將東吳軍隊四下圍住，「喊聲遠近震動百餘里，皆言要捉周瑜」。周瑜知道已經中計，「在馬上大叫一聲，箭瘡復裂，墜於馬下」。

鬥智用謀不僅貴奇，也貴創新。如果簡單地照搬前人用過的「成方」，必然被敵識破，爲敵所用。因此，用謀設計，必須靈活變通，方可取勝。周瑜急於奪回荆州，而荆州一直在提防著東吳的舉動，在這種情況下，周瑜沿襲「假道伐虢」之計，顯然是不明智的，只要用心思考的將領都不難看出其中的另一層目的，更何況周瑜的對方是博識古今、洞悉細微的諸葛亮！

「假道伐虢」是《三十六計》中的一計。春秋時期，虞和虢是毗鄰的二國，可謂唇齒相依之邦。地大勢強的晉國早就虎視眈眈，企圖吞併它們。公元前六五八年，晉獻公採用荀息之謀，以名馬、寶玉爲誘餌，向虞國借路，讓晉軍過境攻打虢國。

這年夏天，晉軍攻占了虢國的下陽。時過三年，晉獻公又向虞國借道伐虢，虞公不聽大夫宮之奇的勸告，再次應允。結果，晉軍滅掉了虢國。回師途中，晉軍順勢將虞國也滅掉了。自此以後，「假道伐虢」就成爲一個爲歷代兵家所重視和使用的兵法良方，其中，成功者有之，失敗者也有之。周瑜的「假道伐虢」便是失敗的一例。

從周瑜的「假道伐虢」之計的實施過程來看，不僅毫無創新，過於淺顯；而且施計太快、太匆忙、太急躁，可謂機敏有餘、愼思不足，因而難免破綻百出，被人一眼看穿。同時，周瑜以取西川爲藉口，極不現實。蜀道之難，難於上青天，孫權和周瑜都不可能在短時期內、未作充分準備的條件下，輕易制定攻取西川的計畫。所以，當劉備問諸葛亮「此是何意？」時，諸葛亮大笑道：「這等計策，小兒也瞞不過！」一眼就被識破。這種計策不僅不能達到預期效果，反而為對方所用。

周瑜的「假道伐虢」一經識破，便被諸葛亮順手牽羊，將計就計，原是周瑜的「攻其無備，出其不意」，結果反成了諸葛亮的「攻其無備，出其不意」，局勢完全逆轉。由此可見，軍事指揮者在戰爭中施謀鬥法，必須因時、因地、因人而異，不可生搬硬套，正所謂「運用之妙，存乎一心」。

〈縱橫古今〉84

引狼入室

同樣是在三國時代，有一個運用「假道伐虢」的成功戰例。

袁紹離開洛陽後，率軍駐紮河內，由於糧草不足，他對冀州十分垂涎，但苦於無計可施。謀士逢紀獻上一策說：「可暗使人馳書公孫瓚，令進兵取冀州，約以夾攻，瓚必興兵。韓馥無謀之輩，必請將軍領州事；就中取事，唾手可得。」袁紹聽後，即刻給公孫瓚寫信，約他共擊冀州，平分其地；同時又派人密報韓馥，說公孫瓚將攻打冀州。

韓馥聞訊，不顧手下的勸諫，急忙派人請袁紹援助。袁紹進入冀州後，盡奪韓馥大權。韓馥懊悔不迭，單槍匹馬投奔陳留太守張邈去了。接著，袁紹又同他的「盟軍」公孫瓚兵戎相見，自己獨占了冀州。

85 背水列陣，徐晃照搬兵法

「投之亡地然後存，陷之死地然後生。」「亡地」與「死地」不是絕對的，「疾戰則存，不疾戰則亡」。徐晃照搬兵法，背水列陣，非但沒有激發出士氣，反而士氣逐漸瓦解，一戰而潰。

趙雲用「空營計」哄退並擊敗曹軍以後，曹操惱羞成怒，他不甘心自己的失敗，又命令徐晃爲先鋒、王平爲副將，進兵至漢水與蜀軍決戰。

當徐晃、王平引軍來到漢水岸邊，徐晃命令前軍渡水列陣。王平勸阻道：「軍若渡水，倘要急退，如之奈何？」徐晃說：「昔韓信背水爲陣，所謂『置之死地而後生』也。」王平堅決反對這種做法，他認爲，「昔者韓信料敵無謀而用此計；今將軍能料趙雲、黃忠之意否？」

徐晃固執己見，吩咐王平領步軍拒敵，他自己引馬軍進攻。於是，魏軍搭起了浮橋，渡過漢水迎戰蜀軍。徐晃背水列陣後，從早晨就開始挑戰，直到黃昏，蜀軍一直按兵不動。待到魏軍人馬疲乏，正要向回撤退之時，黃忠、趙雲突然從兩側殺出，左右夾攻。魏軍大敗，兵士紛紛被逼入漢水，死亡無數。

看到這裡，人們不禁會問：韓信和徐晃都是背水列陣，爲什麼一勝一敗？

公元前二〇四年，韓信受命率軍攻打魏、趙、齊等國。韓信在襲取了魏都之後，由於滎陽形勢緊迫，劉邦抽走了韓信的一部分精銳部隊，韓信只好率數萬兵馬會同張耳進擊趙國。當時，趙軍有二十萬兵力，雙方力量極爲懸殊。謀士李左車向趙軍主將陳餘建議，利用深溝高壘，堅守不戰；然後，由他率三萬精兵，抄小路截擊韓信的糧草輜重，再與趙軍主力前後夾擊敵人。

但是陳餘不用其計，依靠自己的優勢兵力，堅持與漢軍決戰。韓信得知這一消息，率軍直進，以小股兵力將趙軍引出營寨，然後將主力背水列陣，與敵激戰。同時，他又派出兩千精銳騎兵，迂迴到敵後，襲擊趙軍的大營，趙軍大亂，漢軍大獲全勝。

比較兩個「背水列陣」的戰役，首先，陳餘不聽李左車之計，被韓信抓住了有利的時機；徐晃則不僅沒有抓住進攻的良機，反而拒絕王平的勸阻，將軍隊置於不利的境地。其次，韓信不是簡單地背水列陣，他同時還派出奇兵襲擊趙營，即採用了奇正相生的戰法；而徐晃既不問敵情，也不顧客觀條件，更沒有使用奇正相輔的兵法，只是機械模仿韓信的背水列陣。所以，徐晃兵敗成爲必然。王平在戰前就已料到了這一結局。

《孫子兵法・九地篇》中說道：「投之亡地然後存，陷之死地然後生。」這裡的「亡地」與

「死地」是一種「疾戰則存，不疾戰則亡」的境地，因此，「投之亡地」與「陷之死地」實乃大患。

歷代兵家正是利用「疾戰則存，不疾戰則亡」的特點，將軍士「投之亡地」、「陷之死地」，從而激起將士同仇敵愾、奮力死戰的鬥志，達到轉死爲生、轉患爲利、轉敗爲勝的目的。能否實現這個目的，關鍵在於軍士所置之地、所處之勢，能否激發萬衆一心、決一死戰的氣概。

韓信的漢軍與趙軍相比，兵力相距甚遠，又是孤軍深入，在這種情況下，韓信背水列陣，使部隊失去了退而求生的希望，其結果必然拚死勇戰。而徐晃的軍隊，雖然背水列陣，但是河上架有浮橋，背後尙有曹操大軍壓陣助威。所以，每一個將士都有求生之路。這種狀況，無論如何也難以激起將士的拚死奮戰精神，他們打得贏就打，打不贏就跑。

此外，徐晃背水列陣，對手始終堅守不戰，曹軍從早晨拖到了黃昏，已處於「暮氣歸」的狀態。當戰火點起以後，徐晃不但未能轉患爲利、激發士卒的殺敵鬥志，反而使自己的軍隊陷入絕地。

以徐晃背水列陣而慘遭失敗的故事中、我們可以得到這樣一個啓示：活用兵法、創新戰術是任何將帥都必須具備的能力，否則，隨時都可能葬送自己的軍隊。

〈縱橫古今〉85

沉船積薪

南宋時期，金兵大舉南下，進逼順昌。順昌守將劉琦見城中有糧，足以待敵，便決心保衛順昌。

為了顯示固守抗戰的決心，劉琦下令鑿沉所有船隻，表明不留退路；又積薪於家門口，表明失利時將自焚而死。順昌民眾深受鼓舞，一時出現「男子備戰守，婦人礪刀劍」的抗金氣氛。

不久，金兵包圍順昌，發起猛攻。劉琦率衆同心協力，充分利用金兵不習慣於酷暑、陰雨、疾病流行的弱點，以逸待勞，輪番襲擊，使金兵不能速克城垣，又無法久困長圍，在遭到重大傷亡後被迫撤退。

使用「背水列陣」的戰法，必須愼而又愼。它只有兩種結果：挫敗強敵或被強敵殲滅。

86 痛失戰機，曹丕搬用「卞莊射虎」

兵不可失機，見可必進。錯誤觀察形勢，機械地搬運兵法，都會影響對有利戰機的正確把握。曹丕自以爲是，愚蠢自負，有「機」不見「機」，見「機」不是「機」，照搬兵法，痛失戰機。

關羽遇害之後，蜀、吳之間的聯合徹底破裂，戰火一觸即發。在這種情況下，曹魏的地位最爲有利。但是，剛剛繼位稱帝的曹丕卻未能抓住這一有利時機，在重大的決策問題上出現失誤，坐失良機，待他醒悟，爲時已晚。

當時，大夫劉曄向曹丕獻計：「蜀、吳交兵，乃天亡之也。」如果派遣一名上將率數萬人馬，渡江襲擊東吳，「蜀攻其外，魏攻其內」，十餘日便可亡之；「吳亡則蜀孤矣，陛下何不早圖之？」劉曄的建議切中要害，稱得上是審時度勢、乘機用兵的良策。

但是，曹丕拒絕了劉曄的建議，他認爲：孫權以禮服我，我若加以攻打，豈不使天下欲降者寒心。他提出了自己的謀略，「朕不助吳，亦不助蜀，待看吳、蜀交兵，若滅一國，止存一國，那時除之，有何難哉？」

無疑，曹丕的見解是不正確的。首先，魏、蜀、吳三家鼎立，力量均衡，不可能出現一方向另一方俯首稱臣、甘心請降的局面；其次，曹丕錯誤地認識形勢，導致了他的嚴重失機，他沒有意識到，這一時機的出現多麼寶貴，正所謂「機不可失，失不再來」；第三，曹丕機械搬用「卞莊射虎」的計謀，企圖坐待「兩虎相爭，必有一亡」之後，乘勢消滅另一國。所以，直到吳軍在猇亭大敗蜀兵之後，他才下令揮師伐吳。

但是良機已經錯過，漁人之利無從收起，正如劉曄所說的：「昔東吳累敗於蜀，其勢頓挫，故可擊耳；今既獲全勝，銳氣百倍，未可收也。」曹丕無視勸阻，固執己見，結果魏軍三路大軍皆被挫敗。

在複雜的戰爭較量中，不同的人對時機有著不同的認識。同樣一種態勢，劉曄確認時機已到，曹丕卻認爲時機未到；劉曄斷定時機已失，曹丕卻感到正是時機。這裡有一個識機與擇機的問題。曹丕審勢不明，識機不深，不僅錯過了出擊的有利時機，而且在吳軍大勝蜀軍士氣正旺的時候，出兵伐吳，其勢必敗。

「卞莊射虎」之計，坐觀「二虎」相爭，坐收漁人之利，這本是軍事謀略中的上策。但是，曹丕對這一計策的使用過於機械呆板，脫離實際。戰爭中，時機稍縱即逝，作爲指揮者應以敏銳的目光，時刻探視來自各方的戰機，一旦出現，迅速抓住，再根據具體形勢和實際情況，相機而動。

使用任何高明的計策，都有一個把握時機、靈活運用的問題。曹丕生搬硬套「卞莊射虎」之計，非要等吳蜀「二虎」相爭、「止剩一國」之時，再輕而易舉地將其消滅。這種脫離實際的施謀用計，實是愚蠢自負，異想天開。

〈縱橫古今〉⑯

先發者制人

歷史上，兵家們都注重對作戰機會的把握。

唐朝李靖為定襄道行軍總管，擊破突厥，頡利可汗退走鐵山，派使者入朝謝罪，願舉國歸附。太宗命李靖前往迎接。頡利表面上願入朝晉見，心裡卻不情願。李靖考慮到了這一點。太宗又派唐儉等前往慰諭頡利。

李靖命將軍張公謹選精兵一萬襲擊突厥。公謹說：皇上下令允許他們歸附，前去慰諭的人也都在那邊，怎麼辦呢？李靖說：機不可失，這是韓信攻破齊國的原因啊。於是，督軍迅速進發，行至陰山，遇頡利警戒部隊一千多人，全部予以俘虜並一起帶走。

頡利見到朝廷派來的使者，非常高興，卻未料大軍將至。李靖前鋒乘霧而行，離頡利住所七里時，突厥人才察覺，還沒列好陣勢，唐軍就揮軍進擊，斬殺萬餘人，俘虜男女十餘萬，生擒頡利可汗的兒子疊羅施，殺頡利之妻義成公主。頡利逃走，後爲大同道行軍副總管張寶所擒。

如果李靖不乘機行事，那麼，這一良機很快就會消失，頡利可汗仍是唐朝的一個心病。

87 機械套用，馬謖兵葬街亭

死讀書等於無書。生搬硬套、拘於兵法的將領是無法適應複雜的戰爭環境的。知識淵博的馬謖，在街亭的實戰中，突然變得頭腦簡單，釀成了因機械套用兵法而損兵失地的悲慘結局。

司馬懿速擒孟達後，領兵出關迎戰蜀軍。諸葛亮得知消息後，斷定司馬懿必取街亭。參軍馬謖自告奮勇要去守街亭，他說：「某自幼熟讀兵書，頗知兵法。豈一街亭不能守耶？」隨即立下了軍令狀。為了慎重起見，諸葛亮又派「平生謹慎」的王平為副將，與馬謖共守街亭。

到達街亭後，馬謖與王平在布陣的問題上產生了分歧。看了地勢後，馬謖認為諸葛亮過於小心，並拒絕王平當道下寨的建議，他說：「此處側邊一山，四面皆不相連，且樹木極廣，此乃天賜之險也：可就山上屯軍。」

王平極力反對，他擔心魏兵驟至，四面圍定，蜀兵將一籌莫展。馬謖大笑說：「汝真女子之見！兵法云：憑高視下，勢如破竹。若魏兵到來，吾教他片甲不回！」王平再三勸告說：「今觀此山，乃絕地也：若魏兵斷我汲水之道，軍士不戰自亂矣。」

若魏兵絕我汲水之道，蜀兵豈不死戰？以一可當百也。吾素讀兵書，丞相諸事尚問於我，汝奈何相阻耶！」王平屢諫無效，只好自引一隊人馬在山的西面下寨，以成犄角之勢，相機策應。

馬謖用兵的意圖是占山據險，居高臨下，萬一水源被斷，則使士兵置之死地而後生。當司馬懿得知馬謖屯軍山上時，已穩操勝券。他令張郃領兵截斷王平的來路，令申耽、申儀引兩路兵圍山，並切斷了汲水道路。當魏兵漫山遍野圍山時，蜀軍恐懼萬分，無人敢動。最後，終因「山上無水，軍不得食，寨中大亂」，許多士兵下山降魏。馬謖也不得不率領殘兵殺出重圍。

古人云：死讀書等於無書。馬謖思維方式的僵化，並不在於飽覽兵書，而在於死讀兵書。《孫子兵法・九地篇》曾講：「投之亡地然後存，陷之死地然後生。」孫子在這裡揭示了「疾戰則存，不疾戰則亡」的軍事原則。

陷之死地本來是大患，但它卻能因為「疾戰則存，不疾戰則亡」的客觀形勢，喚起萬衆一心，同仇敵愾，奮力死戰，最後達到轉敗為勝、轉患為利的目的。正因為如此，韓信在井陘口背水列陣，大破趙軍。

然而，馬謖照搬、套用韓信的經驗，違背了諸葛亮依山近水安營紮寨的作戰指導思想，紮寨於山頂，十分簡單地斷定受敵包圍之後可收到「陷之死地而後生」的奇效。結果，馬謖的異想天開沒有成爲事實。當司馬懿將蜀兵緊緊圍住、並斷其水源之後，並沒有激起蜀軍決一死戰的勇氣，反而弄得士氣瓦解，鬥志全無。

馬謖一再聲稱他飽讀兵書。在此街亭之戰中，馬謖豐富的兵法知識卻成了限制與束縛他從實際出發布陣作戰的繩索。連諸葛亮都未曾料到，智謀人物馬謖的實戰能力如此不濟，甚至與他所瞧不起、大老粗出身的王平也相距甚遠。這個時候的馬謖——即實戰中的馬謖——比之於諸葛亮南征時候論證用兵之道在於攻心的馬謖，的的確確是同一個人。這就是說，馬謖的才能只停留在理論與知識的層面上，而不在實戰能力上。

馬謖失街亭給予人們多方面的啓示，但是，最值得我們引以爲戒的是：知識不等於效果。機械套用，因循守舊，不能根據具體的人、事、時、地而加以變通，這種人是難以取得成功的，不僅葬送戰局，也葬送自己。

〈縱橫古今〉87

看小說學兵法

清代乾隆年間，著名大將、超勇公海蘭察手下有位侍衛官叫額勒登保，每次作戰都一馬當先，屢立戰功，但勇有餘而謀不足。於是，海蘭察便贈給他一本《三國演義》，讓他諳熟兵法。額勒登保拿到書後，如獲至寶，愛不釋手，在不長的時間裡，便從頭到尾讀了個爛熟。但是，海蘭察透過檢查發現，額勒登保只顧看熱鬧，忽視了看門道，對其中的兵法謀略似懂非懂，不知其所以然。因此，海蘭察便啓發他要仔細揣摩戰例，與實際作戰作聯想，悟出用兵道理。

於是，額勒登保又從頭閱讀《三國演義》。這次他反覆琢磨其中的著名戰例，掌握了古兵法內容。這時，海蘭察又適時點撥：善用人者不以言，善用兵者不在書；馬謖之所以敗者，因其只顧背誦兵法，生搬硬套，而不知水因地而制流、兵因敵而制勝的道理，故讀書雖多，致用則誤。額勒登保深受教益。

在海蘭察反擊廓爾喀入侵的戰役中，額勒登保率兵攻克要塞擦木。面對形勢險要、易守難攻的地形，他決計聲東擊西、設伏擊敵。不料對手也懂得用兵謀略，並有數次遭伏擊的教訓，於是將計就計，設了個反伏擊，額勒登保受挫。

這時海蘭察又及時引導：兵書云，「凡用計之難不在首次，而在第二次」，敵軍已嘗伏擊之苦，你仍以前法施之，何能奏效？額勒登保恍然大悟，再攻擦木時，靈活使用戰法，七戰皆捷。

額勒登保透過反擊廓爾喀作戰中的經驗和教訓，深感自己對古兵法尚不能運用自如，決心再讀《三國演義》。經過數年，額勒登保成為通曉戰事、勇略兼備的驍將。常以變幻莫測的戰法擊敗敵人，被嘉慶皇帝嘉稱「運籌決策，悉中機宜，厥功最偉」。

熟讀兵法不等於掌握了兵法，運用兵法必須據情而變。

88 退避三舍，諸葛亮兵法新用

借鑑前人的兵法謀略，是一個再創造的過程，其運用之妙，在於變通和創新。爲了將堅守不戰的司馬懿「調」出營寨，諸葛亮兵法新用，一退再退，充分體現了謀略運用的創新意識。

司馬懿在武都、陰平連戰連敗以後，便收兵堅守不戰。一連半月，儘管蜀兵天天罵陣挑戰，但魏軍緊閉寨門，企圖疲憊蜀軍，伺機反擊。諸葛亮見司馬懿堅守不出，想出了一計，傳令各營拔寨而退。

當細作報告司馬懿這一情況時，司馬懿認爲諸葛亮「必有大謀，不可輕動」。張郃卻不以爲然，他認定諸葛亮是因爲糧盡而退。司馬懿分析道：諸葛亮上年豐收，今又麥熟，糧草十分充足，雖然轉運不便，但足以食用半年，怎麼會輕易撤軍呢？一定是見我連日不戰，故此引誘。於是，派人遠遠觀察。軍士回報，諸葛亮退至三十里處下寨。司馬懿由此更加斷定諸葛亮另有他謀，下令「堅守寨柵，不可輕進」。誰知過了十餘日，毫無動靜。司馬懿令人再探，回報說蜀兵已起營退去。

司馬懿不信，更換衣服雜在軍中，親自前往觀察，果見蜀軍又後退了三十里。司馬懿回營對張郃說：「此乃孔明之計也，不可追趕。」又過了十餘日，再令人探察，回報說蜀兵又退三十里下寨。這時，張郃又說：諸葛亮是在使用緩兵之計，掩護撤退，應該及早追擊。他表示願意帶兵前往。

但是司馬懿仍然認爲諸葛亮詭計多端，倘有差錯，軍士銳氣必遭挫傷。所以，他堅持「不可輕進」。張郃說：「某去若敗，甘當軍令。」司馬懿最終答應了張郃的請求，但爲了保險起見，他讓張郃領一支軍隊先行，遇到蜀兵奮力死戰；他自己隨後接應，以防伏兵。

這樣，狡猾的司馬懿在諸葛亮的連連退卻之中，終於被誘出了營寨。儘管他穩紮穩打，兵分兩支，但無奈諸葛亮採用連環妙計，多路設伏，圍攻魏軍；又以兩路奇兵襲擊魏營，結果司馬懿首尾難顧，又敗在了諸葛亮的手下。

春秋時期，晉、楚城濮大戰，晉文公重耳下令退避三舍，一直退了九十里，避敵鋒芒，後發制人，大敗楚軍。從此，「退避三舍」成爲歷代兵家重視的一個重要軍事謀略。

諸葛亮在這次與司馬懿的鬥謀鬥智中調動敵人，成功地運用了「退避三舍」的計謀。但是，諸葛亮沒有套用歷史經驗，而是進行了一番創新。蜀、魏兩軍相持，時間越長，蜀軍的處境就越不利。其中，最重要的問題就是糧草難以保障。因此，蜀軍只有迅速與魏軍交戰，才能打破僵局，爭取主動。

但是，蜀軍面對的是老謀深算、穩重謹慎的司馬懿，採用一般的計謀是很難達到效果的。諸葛亮針對對手的這一特點，每隔十天，後退三十里，一連三退。儘管司馬懿老成持重，但是，一退之時可以堅持；二退之時可以忍耐；三退之時，再也難以穩坐軍中而意志動搖了，最終與張郃一起率兵追出寨門。結果再一次掉進了諸葛亮的陷阱。

諸葛亮和春秋時晉軍都運用了「退避三舍」的計謀，但在用法上有很大的區別：

1.晉、楚交兵，楚強晉弱，楚軍急於求戰，但雙方尚未交鋒，晉軍就實施退卻；魏、蜀相鬥，蜀攻魏守，魏軍堅守不出，諸葛亮才施用此計。

2.晉軍連退三舍，楚軍驕傲輕敵，貿然進軍；諸葛亮則是一退再退，製造假象，終將老謀深算的敵人「牽」了出來。

由此可見，諸葛亮的「退避三舍」，在用法上頗具新意，難度更大，也更巧妙。

前人的成功經驗都是寶貴的財富，但是，在具體的借鑑與運用中，應該根據實際情況加以變通，進行再創造。只有這樣，才能不斷賦予兵法生命活力。

〈縱橫古今〉⑧⑧

退不過三

南宋時期，岳飛的部將董先奉命迎擊南侵的金兵。金兵有上萬人，而岳家軍只有幾千人。如何以寡擊衆、以少勝多？

董先想出了一條妙計。他首先縱兵深入，然後一接觸金兵又馬上後退，一日退百里，連退三日，兵越退越少。有些部將極爲不滿，表示如果現在退兵，當初就不必縱兵深入了。等到第三天，董先才告訴大家，是拚命作戰的時候了。於是，全軍上下齊心協力，一鼓作氣實施反擊，迫使敵人步步後退。

當敵人退到唐州的牛蹄、白石地方，正放下兵器吃飯時，董先三天前縱兵深入時埋伏在此地的軍隊，一齊殺奔出來，大敗金兵。

89 增灶之法，諸葛亮效法虞詡

用謀示形，其目的和手段是相對的，都應該隨著形勢的變化而不斷轉換、變化。孫臏減灶敗龐涓，諸葛亮、虞詡增灶退敵，情況不同，用法各異，但用兵原則卻是一致的。

由於小人的讒言，第四次兵出祁山、北伐中原的諸葛亮，被劉後主下詔宣回，功敗垂成。撤軍之時，諸葛亮兵分五路而退，他設計，「今日先退此營，假如營內一千兵，卻掘二千灶，明日掘三千灶，後日掘四千灶：每日退軍，添灶而行」。

楊儀不解地說：「昔孫臏擒龐涓，用添兵減灶之法而取勝；今丞相退兵，何故增灶？」諸葛亮解釋道：司馬懿善於用兵，知我退兵，必然追趕，但他「心中疑吾有伏兵，定於舊營內數灶；見每日增灶，兵又不知退與不退，則疑而不敢追。吾徐徐而退，自無損兵之患」。

果然，司馬懿得到蜀軍退兵報告後，不敢輕易追趕，只領百餘騎來到蜀營察看，讓軍士數灶後仍回本寨。第二天，司馬懿又讓軍士趕到另一個蜀營查點灶數，回報說，「營內之灶，比前又增一分」。司馬懿對諸將說：「吾料孔明多謀，今果添兵增灶，吾若追之，必中其計；不如且退，再作良圖。」

於是，又回軍不追。直到蜀軍「不折一人」撤兵盡去之後，司馬懿才從當地土人那裡聽說諸葛亮退兵之時，「未見增兵，只見增灶」。他追悔莫及，喟然長嘆說：「孔明效虞詡之法，瞞過吾也！其謀略吾不如之！」

「增灶法」並非諸葛亮首創。從司馬懿的話中，我們也可看到這一點。史書記載，公元一一五年，羌兵進犯武都，朝廷命虞詡爲武都太守，抵禦羌人。當虞詡率領三千人馬行至陳倉時，遭到羌族大軍的堵擊，爲了儘快抵達武都，虞詡暫停前進，並故意揚言已向朝廷請求援兵，待援兵到來後再行前進。

羌人聽到，即分兵在附近各縣擄掠，虞詡利用羌人兵力分散的機會，一日行兩日的路程，每天兼行一百多里，並令官兵各做兩灶，逐日增加一倍。羌人看到這種情況，以爲虞詡的援兵到來，不敢進迫。

有人問：孫臏減灶，而你增灶，是什麼道理？虞詡回答：敵人數量多，我軍數量少，敵人見我們的灶每天增加，一定認爲武都的兵力前來增援，就不敢來追迫。從前孫臏故意顯示自己弱小，今天我故意顯示自己強大，是因爲情勢不同的緣故。結果虞詡順利到達武都，擊敗了羌兵。

在中國歷史上，「增灶」與「減灶」的用兵方法都曾被兵家運用過，並取得了良好的效果。但是，由於「孫臏敗龐涓」盛名久傳，人們大多只知道孫臏的「減灶法」，而不知虞詡和諸葛亮的增灶之法。這樣，「減灶法」就成了中國謀略中的一個重要內容。

其實，無論哪一種計謀，都必須根據具體情況，因情、因勢而用。孫臏巧用「減灶法」，目的是引龐涓就範；而虞詡使用「增灶法」，是爲了迷惑羌兵，使其不敢貿然深入；而諸葛亮使用「增灶法」，意在設疑造勢，造成司馬懿的判斷失誤，使蜀軍安然撤回。由此可見，減灶是爲了誘敵深入，殲滅敵人；增灶則是爲了迷惑敵人，脫離不利境況。

諸葛亮和虞詡的「增灶法」告訴我們：任何事物都不是一成不變的，尤其是在變幻莫測的戰場上。所以，用謀示形，目的和手段都是相對的。作爲戰場的指揮者，要善於以變化的眼光來觀察和分析問題，以變化的眼光去運謀用智，尋求制勝之策。當一些將領的思想中只有「減灶法」的用兵模式時，使用「增灶法」則可成功地欺騙敵人，創造奇蹟。

〈縱橫古今〉89

篝火增援兵

在國外戰爭史上，也有類似諸葛亮、虞詡「增灶法」的戰例。一八一二年，拿破崙遠征俄國，在馬洛雅羅拉維茨城郊，企圖強迫俄軍在不利條件下進行決戰。當時，兩軍相對，鼓角相聞。入夜，雙方營地都燃起了堆堆篝火，以防對方偷襲。俄軍統帥庫圖佐夫是位久經沙場的老將，他凝視著滿山遍野的篝火，靈機一動，命令部隊點上雙倍的篝火。拿破崙聰明一世，糊塗一時，看到對方突然增加了許多篝火，以爲對方援兵已到，於是放棄決戰，不戰而退。

庫圖佐夫見敵退兵，知道拿破崙中計，乘機反擊，贏得了勝利。

90 緩兵待機，司馬懿巧破襄平

「可急則乘，利緩則捱。」凡事可急可緩，該急則急，不能錯過戰機；該緩則緩，避免付出不必要的代價。司馬懿圍攻襄平城，從實際出發，圍而不攻，達成了事半功倍的效果。

司馬懿消滅了遼東叛軍的主力以後，將襄平城緊緊圍住，公孫淵閉門不出。

當時，正值秋雨連綿，一月不止，淹地三尺，魏軍皆陷在水中，坐立不安。但是，司馬懿卻無動於衷。一些將領忍耐不住，紛紛勸說司馬懿。司馬懿大怒，鄭重聲明：「如再言移營者斬！」後來，右都督仇連又冒死勸諫，司馬懿盛怒之下，斬了仇連，於是，軍心震懾。

司馬懿令南寨人馬暫退二十里，讓城內軍民出城砍柴，牧放牛馬。司馬陳群問道：過去「攻上庸之時，兵分八路，八日趕至城下，遂生擒孟達而成大功」，今天「帶甲四萬，數千里而來，不令攻打城池，卻久居泥濘之中」，不知是何用意？

司馬懿笑道：昔日孟達糧多兵少，我軍糧少兵多，因此不可不速戰，「出其不意，突然攻之，方可取勝」。今天，遼兵多而我兵少，遼兵飢而我軍飽，「何必力攻？正當任彼自走，然後乘機擊之」。陳群聽後，深表佩服。

於是，司馬懿加緊催運糧草，一直到雨過天青，才揮軍攻城。這時，城內糧草已盡，軍士毫無鬥志，「人人怨恨，各無守心」，甚至有人「欲斬淵首，獻城歸降」。在這種形勢下，公孫淵連夜逃出南門，往東南而去。但司馬懿早在途中設下了伏兵，公孫淵父子雙雙被殺。

司馬懿攻打襄平城，一切從實際出發。魏軍緊圍襄平，公孫淵已是甕中之鼈；時値大雨，軍在水中。按理說，在這種形勢下，司馬懿應該乘勢一鼓作氣攻下襄平，但是他卻採取了「圍而不打」的策略。司馬懿考慮到，這次興師，不僅準備充分，而且後勤供輸通暢，足以保障「百日」作戰。但如果急於取勝，冒雨攻城，則利少弊多。

公孫淵被困在城內，外援全無，時間一長，兵多糧少，自然會人心思變，發生內亂。這時，司馬懿變「圍而不打」爲「圍師必闕」，必然事半功倍。正如司馬懿分析的那樣，攻打襄平與襲取孟達在具體情況方面有許多的不同點，所以，兩次戰役必須採取不同的戰術。

用兵施謀貴在從實際情況出發。兩軍對壘，要決定戰略戰術，不能簡單地對照法則。古人云：「可急則乘，利緩則捱。」攻與不攻，急與緩，都要據情而定。當攻不攻，就會錯過戰機、陷於被動，甚至功敗垂成；當緩不緩，即使可以獲勝，也要付出更高的代價。

就進攻戰而言，一般情況是宜速而不宜緩，但是，如果遇上了司馬懿攻打襄平的這類特殊情況，拖延一定的時間，會比強攻硬打更爲有利、更爲有效。所以，兵法原則不是絕對的，此一時，彼一時，不同的時間、地點、條件、情況，作戰的指導方針也要隨之做出相應的變化。許多沙場老將、兵家能手就妙在這個地方，他們能夠依靠自己的智慧、謀略，在千變萬化的戰場上隨機應變，用兵法而不拘泥兵法——活用兵法。司馬懿對孟達作戰，以兵貴神速爲指導，馬到功成；對公孫淵用兵，以緩兵待機爲策略，大獲全勝。充分體現出司馬懿善於把握戰機，長於處理急與緩、攻與不攻的軍事才能。

〈縱橫古今〉⑨⓪

圍城緩攻

東晉時，北方十六國中的前燕派大將慕容恪進攻東晉屬地廣固。兵臨城下之際，衆將皆勸慕容恪趁廣固守軍未備，發起急攻。

但慕容恪自有主意，他認爲：用兵有時宜於迅速攻取，有時卻宜於慢慢制勝。如果敵我力量均等，而敵方有較強大的援軍，我們就必須防備腹背受敵，那麼就不能不迅速進攻；如果我軍強大，敵軍弱小，又沒有救援，就應該緊緊圍困，等待敵人自敗。而廣固的守軍現在軍心尚穩，並有城可據，定會盡力守城。以我軍的強大，竭力攻城半個月或一個月，將它攻下不成問題，但我軍傷亡必定慘重，這是很不值得的。

於是，慕容恪決定將廣固嚴密包圍，而不急於進攻。結果，廣固城中的晉軍一籌莫展，終於在城牆上豎起了白旗，守將段龕率衆出城向慕容恪投降。

拾舌戰篇

■篇題要□

「縱橫舌上鼓風雷，談笑胸中換星斗。」唇槍舌劍，如同物質武器一樣，是政治、軍事、外交鬥爭中不可或缺的工具。在三國爭戰的大舞台上，將帥名士們憑藉小小三寸不爛之舌，發揮了令人難以置信的神奇效力，上演了一幕幕精彩的「舌戰」劇。現代社會，「舌戰」尤其頻繁，談判桌上，人際之間，種種技巧與手法不一而足。然而，要使自己立於不敗之地，三國名家們的「舌戰」風範不可不學。

91 因人施言，諸葛亮舌戰群儒

一把鑰匙開一把鎖。在外交談判中，面對不同的對象，必須因人而異，以變應變。諸葛亮舌戰群儒，力爭東吳，說孫權，激周瑜，促成了孫、劉聯盟，成爲千古佳話。

曹操大兵壓境，孫、劉聯盟迫在眉睫。諸葛亮代表劉備出使東吳，他看到東吳內部分裂成兩派，即武官主戰，文官要降，只有使東吳統一戰略思想，一致抗曹，才能實現聯盟。於是諸葛亮針對東吳不同人物採取了不同的對策。

以張昭、顧雍爲首的文官，對諸葛亮的到來百般刁難，諸葛亮則逐一進行反擊。對江東第一謀士張昭，諸葛亮採用了陳述事實與用典相結合的方式，駁得對手啞口無言。

對虞翻提出：「軍敗於當陽，計窮於夏口，區區求救於人，而猶言『不懼』，此眞大言欺人也！」諸葛亮客觀地反駁：「劉豫州以數千仁義之師，安能敵百萬殘暴之衆？退守夏口，所以待時也。今江東兵精糧足，且有長江之險，猶欲使其主屈膝降賊，不顧天下恥笑——由此論之，劉豫州眞不懼操者矣！」

對於步騭所說諸葛亮欲效儀、秦之舌遊說東吳，諸葛亮答道：「步子山以蘇秦、張儀為辯士，不知蘇秦、張儀亦豪傑也：蘇秦佩六國相印，張儀兩次相秦，皆有匡扶人國之謀，非比畏強凌弱、懼刀避劍之人。君等聞曹操虛發詐僞之詞，便畏懼請降，敢笑蘇秦、張儀乎？」

當嚴畯問諸葛亮治何經典時，諸葛亮說：「尋章摘句，世之腐儒也，何能興邦立事？且古耕莘伊尹，釣渭子牙，張良、陳平之流，鄧禹、耿弇之輩，皆有匡扶宇宙之才，未審其生平治何經典。——豈亦效書生，區區於筆硯之間，數黑論黃，舞文弄墨而已乎？」一番辯說，「嚴畯低頭喪氣而不能對」。

隨後又有程德樞發難，諸葛亮也將之駁倒。東吳文官「盡皆失色」。

對於孫權，諸葛亮首先分析了降曹與抗曹的利害關係，其次具體分析了雙方的力量對比和優劣長短：

豫州雖新敗，然關雲長猶率精兵萬人，劉琦領江夏戰士，亦不下萬人。曹操之衆，遠來疲憊，近追豫州，輕騎一日夜行三百里，此所謂「強弩之末，勢不能穿魯縞」者也。且北方之人，不習水戰，荊州士民附操者，迫於勢耳，非本心也。今將軍誠能與豫州協力同心，破曹軍必矣。操軍破，必北還，則荊、吳之勢強，而鼎足之形成矣。

這一分析堅定了孫權聯合劉備、抗擊曹操的信心。

對於年輕氣盛的周瑜，諸葛亮採取了「激將」的智鬥方式。周瑜雖懷抗曹之心，但是卻看不起劉備的力量，故意在諸葛亮面前擺出投降的姿態，並想以此要挾諸葛亮，使諸葛亮有求於他。諸葛亮心中十分清楚，他知道周瑜心驕氣盛，佯裝同意周瑜的主張，說：「將軍決計降曹，可以保妻子，可以全富貴。」接著，他又假稱曹操南下是意欲得到「二喬」，激得周瑜怒不可遏，與曹操誓不兩立。並望諸葛亮助他一臂之力，同破曹賊。

諸葛亮針對不同的人，採取不同的策略，「憑三寸不爛之舌」終於促成孫、劉兩家的聯盟，同起兵馬，全力抗曹。諸葛亮舌戰群儒的故事爲歷代傳頌。

中國有句俗話，「見人說人話，見鬼說鬼話」，其中含有貶意，通常用以形容當面一套、背後一套的人。但在外交談判中，面對不同的對象，以變應變卻是高招。因人而異，見機而變，一把鑰匙開一把鎖，是舌戰大師的標誌之一。諸葛亮舌戰群儒，說孫權，激周瑜，顯示了他超群絕倫的外交能力和談判藝術。

在這場「舌戰」中，諸葛亮利用多種手法，加強勸誘的效果。勸誘的通常做法是：誘之以利，勸之以害，曉之以理，明之以義，動之以情。爲了達到這一目的，可以運用各種有效的手段去打動對方。在無法運用權力或武力直接強迫對方無條件服從的情況下，就需要鼓動如簧之舌，設法改變對方的心理，使對方接受自己的觀點。

「舌戰」在勸誘場合中有其基本的特點與要求：一是站在對方的立場，表面上爲對方的利益著想；二是盡量迎合對方的心理；三是著重利害關係的分析，利用人們趨利避害的常見心理，導引對方自願作出有利於己方的抉擇；四是注重邏輯的力量，言之成理，以理服人。在此基礎上，根據對方的不同性格、不同觀點、不同態度，既可勸與誘，還可駁、斥、激。

舌戰與兵戰同理，必須根據具體情況施用戰法。諸葛亮「舌戰」東吳，面對群儒與孫權、周瑜，因人施言；對於孫權，主要採用勸與誘的手法；對於周瑜，主要採用激的手法；對於故意刁難的東吳群儒，則堅定地予以駁、斥。諸葛亮因人施言的「舌戰」術，是古代「舌戰」的典範。

切記，在遵循基本法則的前提下，實行勸說必須因人而異。

〈縱橫古今〉91

因材施教

孔子的學生子路曾問孔子：「聞斯行諸？」意思是，聽到了是不是馬上見之於行動？孔子回答說：「有父親、哥哥在，怎麼能不向他們請示就貿然行事呢？」過了些天，孔子的另一個學生冉有也問孔子同樣的問題，孔子回答說：「聽到了當然要馬上行動！」

這兩次談話，都被孔子的學生公西華聽到。對同一提問，孔子作了截然相反的回答，公西華帶著疑惑不解的心情問孔子。孔子回答說：「冉有辦事畏縮猶豫，所以，我鼓勵他辦事果斷一些，叫他看準了馬上就去辦；而子路好勇過人，性子急躁，所以我得約束他一下，叫他凡事三思而行，徵求父兄的意見。」

公西華聽到孔子的回答，茅塞頓開，領會了「因人而異，因材施教」的道理。

92 深藏不露，劉備韜晦論英雄

「聰明難，糊塗難，由聰明而裝糊塗更難。」小事可糊塗，大事必清醒；外表可糊塗，內心必清醒。劉備識英雄而言「未知」，論英雄而獨漏曹操和自己，用心良苦，但也保全了自己。

劉備在小沛被呂布打敗之後，無地棲身，只好投到曹操部下。曹操將劉備帶到許昌，禮遇備至，眞實目的是想控制劉備。

因爲劉備是漢室宗親，有相當號召力，又有關羽、張飛等猛將輔佐，一旦放虎歸山，必然後患無窮。但是曹操又不能輕易殺掉劉備，因爲這樣就會給自己加上一個妄殺名士的罪名。所以，曹操就用這種表面上的優惠待遇，將劉備軟禁。

劉備閒居許昌。爲了掩蓋自己心懷大志，便在屋後開一菜園，每日種菜。一日，曹操請劉備前往赴宴。酒至半酣，忽然陰雲密布，驟雨將至。曹操與劉備觀看天外掛龍（龍捲風），說：「龍之爲物，可比世之英雄。玄德久歷四方，必知當世英雄。」劉備回答：「備叨恩庇，得仕於朝。

天下英雄，實有未知。」

曹操接著說：「旣不識其面，亦聞其名。」於是，劉備給曹操列舉了袁術、袁紹、劉表、孫策、劉璋五人，曹操一個一個剖析，認爲皆「非英雄也」。劉備又連舉張繡、張魯、韓遂，引得曹操鼓掌大笑說：「此等碌碌小人，何足掛齒！」劉備說：「捨此之外，備實不知。」

曹操點破道：「夫英雄者，胸懷大志，腹有良謀，有包藏宇宙之機，呑吐天地之志者也。」劉備仍裝糊塗：「誰能當之？」曹操以手指玄德，後自指，說：「今天下英雄，惟使君與操耳！」劉備聞此，大吃一驚，手中筷子不覺落於地下。時值大雨將至，雷聲大作，劉備從容俯下身來撿起筷子，將自己的失態掩飾過去。

劉備在「煮酒論英雄」的對答中，所言所論對我們很有啓發。劉備藏而不露，不誇張、不顯炫，裝聾作啞，識英雄而言「未知」，論英雄而獨漏曹操和自己，用心很是良苦——說破英雄，自誇自大，等於承認自己的野心，向曹操示警：英雄不可並立，不並立則當圖之。

顯然，這種做法雖能獲得一時的心理滿足，但有百害而無一利。所以，劉備只好裝糊塗，使自己在糊塗中得以保全。劉備裝呆作癡、隱眞示假，是一種韜晦之計，軍事鬥爭中可用，政治鬥爭中可用，唇槍舌戰中同樣不失爲保護自己的有效方法。

清代詩人鄭板橋詩云：「聰明難，糊塗難，由聰明轉糊塗更難。」行糊塗戰術，必須大事清楚、小事糊塗，故意犯錯，以心理取勝。這種戰術的最大特徵是「故意」，形式則是「疏忽」，結果總是令對手糊塗，甚至造成對手自我否定的效果。如福建漳州一些賣桔子的商販，經常看錯秤、算錯帳。買主發現了，他嘻嘻笑道：「錯了！錯了！」如果買主「大大方方」取貨，他則心安理得占個小便宜。

在很多特定的環境或場合中，都需要透過語言技巧來掩蓋自己的眞相與本意，以形成對方的錯覺，確保自己的優勢甚至安全。

〈縱橫古今〉92

作脾氣的主人

尼克森在回憶與赫魯雪夫的「廚房辯論」時，對赫魯雪夫有這樣的一段描述：「有的時候他會吵吵嚷嚷，興高采烈，豁達開朗，表現出友好和幾乎是迷人的魅力……可是他的情緒又有好幾次似乎已經到了失去控制的地步……他用大拇指按住我的胸口大聲叫嚷；後來我發現，他從來不發脾氣，而是故意利用這種脾氣，……他是脾氣的主人，而不是脾氣的奴僕。」

赫魯雪夫有意讓對方從他虛假的神態、舉止甚至於話語中，形成錯誤印象，引誘對方步入歧途，作出並無依據的分析和與事實相悖的判斷，從而給自己創造有利的形勢和條件，以實現自己的最終意圖。

93 網開一面，張遼說降關羽

「圍三闕一」是軍事鬥爭中的有效兵法之一。當敵人進退無路之時，必須網開一面，否則，不是魚死就是網破。張遼活用兵法，勸降關羽，迂迴將其推上絕地，再網開一面，不戰而屈關羽。

關羽，俗稱武聖。這位武聖人，也曾向曹操倒旗投降過。當曹操追殺劉備之時，關羽保護劉備家小，駐守下邳。曹操採用謀士程昱的計策，將關羽誘出下邳，困於城外山頭；同時，派人竊取下邳，擾亂關羽之心。

這時，關羽的故人張遼出場了。兩人相見，各自敍禮。關羽開口問：「文遠莫非說關某乎？」張遼否認說：「不然。昔日蒙兄救弟，今日弟安得不救兄？」關羽說：「然則文遠將欲助我乎？」張遼回答：「亦非也。」

關羽十分疑惑：「既不助我，來此何幹？」張遼說：「玄德不知存亡，翼德未知生死。昨夜曹公已破下邳，軍民盡無傷害，差人護衛玄德家眷，不許驚擾。如此相待，特來報兄。」關羽明白了張遼的來意，怒道：「此言特說我也。吾今雖處絕地，視死如歸。汝當速去，吾即下山迎戰。」張遼大笑說：「兄此言豈不爲天下笑乎？」關羽問：「吾仗忠義而死，安得爲天下笑？」

於是張遼說：「兄今即死，其罪有三。」他列舉：「當初劉使君與兄結義之時，誓同生死；今使君方敗，而兄即戰死，倘使君復出，欲求兄相助，而不可復得，豈不負當年之盟誓乎？其罪一也。劉使君以家眷付託於兄，兄今戰死，二夫人無所依賴，負卻使君依託之重。其罪二也。兄武藝超群，兼通經史，不思共使君匡扶漢室，徒欲赴湯蹈火，以成匹夫之勇，安得爲義？其罪三也。兄有此三罪，弟不得不告。」

接著，張遼建議關羽：「兄若不降，則必死；徒死無益，不若且降曹公；卻打聽劉使君音信，如知何處，即往投之。一者可以保二夫人，二者不背桃園之約，三者可留有用之身。有此三便，兄宜詳之。」聞此，關羽提出了「三約」，曹操全部接受，關羽終於順降曹操。

張遼說降關羽有三方面的原因：一是關羽被困小土包上，雙方兵力懸殊，關羽突圍不能，求生無望；二是抓住了關羽好名重義的思想特點，採取以迂爲直的手法，步步爲營，句句攻心，曉以厲害，讓關羽明白欲死有罪；三是網開一面，答應關羽提出的「三約」條件，給關羽一線希望，衝破關羽的戒備之心。曹操求才的欲望得到了暫時的滿足。

張遼說關羽採用了兵法上的「圍三闕一」心戰法。關羽雖然被困，但準備以死相拚。因此以武力脅迫是不會有效的。張遼是位武將，也是一位出色的說客。面對關羽最初的強硬態度，張遼不是死說硬纏，也沒有拂袖而起、回馬率軍與關羽戰；而是兜了一個小圈，以三條罪狀攪得關羽心煩意亂，不知所措，只覺得無路可走。張遼抓住時機，網開一面，趁勢開導，關羽終就其範。

形勢所迫，對方進退無路，如果再施加壓力，對方就會拚個魚死網破。此時，最妙的方法就是攻心，畫龍點睛，網開一面，對方便會不戰而屈。這是投入小、收穫大的一種策略，兵戰如此，舌戰同樣需要如此。張遼掌握了這一兵法要義，成功地用於勸說關羽，兵法活用，確實值得人們學習。

〈縱橫古今〉93

馬夫有罪

春秋時，齊國國君齊景公有一匹心愛的馬，突然得暴病死了。齊景公暴跳如雷，立即命令武士把馬夫推出去斬首肢解。晏子知道後，十分不滿。但是，怎樣制止這種武斷殘暴的行徑呢？假使直言勸說，將國君逼急了，馬夫難免被殺掉。晏子想了想，上前問景公：「有個問題向陛下請教，堯舜肢解人時，不知從誰身上開始？」

齊景公被問得張口結舌。他想：堯舜是賢明君主，從未肢解過人，怎麼還能提到從誰身上開始呢？又一想，猛然醒悟，這是晏子在用堯舜開導自己，於是很不高興地說：「相國，我明白了，肢解人也不應該從我開始。」當即命令，把馬夫押到監獄裡去，不再肢解他了。

晏子清楚，要使馬夫脫離危險，必須進一步用計勸說國君。於是他嚴肅地對國君說：「陛下，馬夫犯下死罪，處死是理所當然的。不過，與其讓他糊塗死掉，不如讓他明白自己到底犯了哪些罪，而後，名正言順地把他殺掉。」

接著，晏子一本正經地歷數馬夫的罪狀：「馬夫的罪行有三條：他把國君的馬養死了，這是第一條。死的馬又是國君最心愛的馬，這是第二條。第三條，馬夫讓國君因爲死了一匹馬而殺人，老百姓聽說此事，都會同情馬夫，怨恨國君；臣屬們聽了，會以爲國君殘暴，不通情理，而蔑視國君、遠離國君。這樣，舉國上下都會對國君不滿、失望。這是馬夫最嚴重的行徑，完全應該殺掉。」

齊景公聽著，趕緊打斷晏嬰的話，承認馬夫無罪，將他放了。

晏子運用攻心之術，表面上佯順國君之意，實際上，所列的馬夫的三條罪狀都是向景公曉以利害之詞，迫使景公自覺地釋放馬夫。

94 巧思奇對，諸葛亮智用互說

高層次的談判者善於用奇制服對手，而不給對手留下絲毫反駁的空隙。出奇制勝，首先必須了解對方的意圖，然後來個出其不意。諸葛亮使用互說之計，一言便使對方計窮。

諸葛亮出使東吳，勸說孫權與劉備聯合，共抗曹操。諸葛亮的哥哥諸葛瑾在孫權帳下做謀士，周瑜便讓諸葛瑾去勸說諸葛亮服事東吳。

諸葛瑾來到驛亭會見諸葛亮，二人各敍闊別之情後，諸葛瑾垂淚說：「弟知伯夷、叔齊乎？」諸葛亮很快就明白了哥哥的來意，於是回答：「夷、齊古之聖賢也。」諸葛瑾說：「夷、齊雖至餓死首陽山下，兄弟二人亦在一處。我今與你同胞共乳，乃各事其主，不能旦暮相聚，視夷、齊之爲人，能無愧乎？」

諸葛亮巧言答道：「兄所言者，情也；弟所守者，義也。弟與兄皆漢人。今劉皇叔乃漢室之冑，兄若能去東吳，而與弟同事劉皇叔，則上不愧爲漢臣，而骨肉又得相聚，此情義兩全之策也。不識兄意以爲何如？」諸葛瑾聽罷，暗想：我來勸說他，反被他說了我。於是，無言以對，遂起身告辭。

諸葛瑾與諸葛亮之間的勸與反勸，是一次頗有借鑑價值的談判。兄弟二人雖是個人交談，但其中夾雜著集團之間的利益。雙方的立場都是忠於己方主君。諸葛瑾以兄弟情誼爲出發點，希望諸葛亮能學古之伯夷、叔齊的故事，與他「旦暮相聚」，共事孫權。他的立足點是以情勸弟。

諸葛亮則是以情誼與大義兼顧爲出發點，忠君兼顧個人，把弟兄二人都歸之於漢室的臣民，而劉備正是漢室的後代，兩人同輔劉備，豈非「情義兩全之策」!?他的反勸理由更充足，論證更嚴密。

諸葛亮的成功，實際上是以「義」勝「情」，以「公」制「私」，以公私兼顧、情義兩全的方案讓諸葛瑾抉擇。相比之下，諸葛瑾的談判毫無力度，三言兩語，便受制於諸葛亮，理窮詞拙，捉襟見肘。這也襯托出諸葛亮機智善辯、工於心計的謀略家風範。

話不在多而在奇，諸葛亮只此一語，便使諸葛瑾計窮。出奇制服對手，必須了解對手的意圖，衝破對手的心理準備，打破對手的思維定式。諸葛瑾本想以「情」打動弟弟，殊料諸葛亮在「情」之外，又推出了「義」，情義兩全，諸葛瑾無話可說。可以想像，諸葛亮如果正面拒絕或反駁諸葛瑾的勸說，都難以達到最佳效果。

〈縱橫古今〉⑨⑤

逆勢反辯論

在亞洲大學辯論會上，中國大學生代表隊同香港大學生代表隊爭奪第一名的決賽中，香港代表隊提出「發展旅遊事業好」的命題，問中國代表隊是否贊同。

中國代表隊頓時面臨香港隊「腹背夾擊」的攻勢，陷於左右爲難的境地。因爲發展旅遊事業當然好，這一點是毋庸置疑的。可是，贊同了香港隊的命題，就是認輸；而硬說「發展旅遊事業不好」，反對的理由肯定是不充分的，容易陷入詭辯。

聰明的中國大學生們選擇了一個最佳的辯論角度：「如果不分時間、環境，盲目地發展旅遊事業則是有害的。」出奇制服了香港隊。

95 化敵爲友，諸葛亮慟讀祭文

說辯往往不在於迫使對方啞口無言，而在於透過一定方式感動、曉諭對手取得認識上與情感上的一致，使其心悅誠服，化對手爲朋友。諸葛亮氣死周瑜，又去祭弔周瑜，東吳上下劍拔弩張。諸葛亮慟讀祭文，感動了吳將，一切矛盾消於無形。

諸葛亮氣死周瑜，又逕直來到柴桑，爲周瑜弔孝。剛繼任爲都督的魯肅以禮迎接，周瑜的部將都想殺諸葛亮，因見趙雲帶劍相隨，不敢下手。諸葛亮讓隨從設祭物於靈前，親自奠酒，跪於地下，哀讀祭文：

嗚呼公瑾，不幸夭亡！修短故天，人豈不傷？我心實痛，酹酒一觴；君其有靈，享我烝嘗！弔君幼學，以交伯符；仗義疏財，讓舍以居。弔君弱冠，萬里鵬搏；定建霸業，割據江南。弔君壯力，遠鎮巴丘；景升懷慮，討逆無憂。弔君丰度，佳配小喬；漢臣之婿，不愧當朝。弔君氣概，諫阻納質；始不垂翅，終能奮翼。弔君鄱陽，蔣幹來說；揮灑自如，雅量高志。弔君弘才，文武籌略；火攻破敵，挽強爲弱。

想君當年，雄姿英發；哭君早逝，俯地流血。忠義之心，英靈之氣；命終三紀，名垂百世。哀君情切，愁腸千結；惟我肝膽，悲無斷絕。昊天昏暗，三軍愴然；主爲哀泣，友爲淚漣。亮也不才，丐計求謀；助吳拒曹，輔漢安劉；掎角之援，首尾相儔；若存若亡，何慮何憂？

嗚呼公瑾！生死永別！樸守其貞，冥冥滅滅。魂如有靈，以鑑我心；從此天下，更無知音！嗚呼痛哉！伏惟尚饗。

諸葛亮祭畢，伏地大哭，淚如湧泉，哀慟不已。衆將低聲私語：「人盡道公瑾與孔明不睦，今觀其祭奠之情，人皆虛言也。」魯肅見諸葛亮如此悲哀，心中暗想：「孔明自是多情，乃公瑾量窄，自取死耳。」

諸葛亮氣死周瑜，竟又前往弔孝，確實需要超凡的膽識。在周瑜部將的怒視下，諸葛亮從容地進行了一場精彩的表演，一篇祭文讀過，劍拔弩張的東吳將領們揷回劍、垂下頭，皆爲諸葛亮的深情所動。

諸葛亮讀祭文、化敵爲友的祕訣是：以理服人，客觀評價周瑜，實事求是地陳述在孫、劉聯盟中，周瑜與諸葛亮的特殊地位、作用和關係；以情動人，跪祭宣讀，淚水漣漣，聲嘶力竭，讀罷祭文，又伏地大哭，淚如泉湧，哀慟至極。

說辯的成功往往不在於迫使對方啞口無言，而在於透過一定的方式曉諭、感化對手，取得認識上、情感上的一致，使其心悅誠服，變敵手爲朋友。高明者善於把言語化爲春風，化爲暖流，化爲深情；只要給他機會，他就能巧解繩結，撥開重霧，化險爲夷，就地取勝。

諸葛亮利用一篇祭文，達到了以理服人、以情動人的目的，他深諳情緒感染與理性思辯相結合的道理，情與理交融，既喚起東吳將領的理智思考，又促成將領們強烈的情感體驗，收到了征服人心的效果，化敵爲友，化險爲夷。

〈縱橫古今〉95

跖狗吠堯非其主

化敵爲友的途徑很多。

楚漢相爭時，蒯通曾說韓信：「勇略震主者身危，功蓋天下者不賞。今足下戴震主之威，挾不賞之功，歸楚，楚人不信；歸漢，漢人震恐。」他勸韓信與項羽、劉邦三分天下，鼎足而居。

當時韓信感念劉邦知遇之恩，不願反叛。及至韓信與陳豨合謀，內外勾結，發動兵變失敗，韓信被呂后抓獲，韓信長嘆：「吾悔不用蒯通之計。」

劉邦聽呂后如是說，即捕蒯通。問蒯：「是你叫淮陰侯反嗎？」他回答：「是的，『秦失其鹿，天下共逐之。高材疾足者先得焉。跖之狗吠堯，堯非不仁，狗固吠非其主。』當是時，臣唯知韓信，非知陛下。」

蒯通說得入情入理，劉邦不僅沒有定他的死罪，反而把他放了，雙方化敵爲友。

96 曉以利害，李恢說降馬超

凡事無利則是害，言事之理，十分重要的就是分清利害、曉以利害，讓對方趨利避害。李恢說降馬超，讓他意識到，不論走哪條路都是「害」，只有投靠劉備才是「利」。

馬超被曹操擊敗之後，轉而攻隴上諸郡，殺了涼州刺史韋康，占據冀城。殊料這一下竟似捅了馬蜂窩，四處挨打。先是韋康的故吏楊阜、姜敍、梁寬、趙衢等人，一心爲韋康報仇，合謀攻馬超。不得已馬超只好投靠漢中張魯。可是張魯部將楊白等人嫉妒馬超的才能，屢向張魯說馬超的壞話，張魯便派馬超北取涼州，但又不多給兵馬。馬超北上，與涼州軍隊交戰，戰事不利，只好退守葭萌關一帶，欲進不能，欲退不可，進退兩難，一籌莫展。

這時，劉備正在圍攻成都，得知馬超的境遇，便派李恢往說馬超。馬超得知李恢求見，便命刀斧手埋伏在帳後，然後宣李恢進帳。李恢昂然而入，馬超端坐帳中不動，厲聲問道：「汝來爲何？」

李恢直言：「特來作說客。」馬超以威脅口吻說：「吾匣中寶劍新磨。汝試言之。其言不通，便請試劍！」李恢不慌不忙笑著說：「將軍之禍不遠矣！但恐新磨之劍，不能試吾之頭，將欲自試也！」

馬超驚異地問：「吾有何禍？」李恢陳述道：「『日中則昃，月滿則虧』，此天下常理也，今將軍與曹操有殺父之仇，而隴西又有切齒之恨；前不能救劉璋而退荆州之兵，後不能制楊松而見張魯之面；目下四海難容，一身無主；若復有渭橋之敗、冀城之失，何面目見天下之人乎？」馬超聞此，頓首謝道：「公言極善，但超無路可行。」於是，李恢指示他歸附劉備，「棄暗投明，以圖上報父仇，下立功名」。馬超被李恢說動，終於投靠了劉備。

李恢勸說馬超，不僅是有備而來，而且還有著成功的信心與把握。面對帳外埋伏的刀斧手和馬超的先發制人，他鎮定自若，有條不紊，單刀直入，首先便點明「將軍之禍不遠矣」，抓住了馬超的要害。馬超這時正惶惶不可終日，所以對這一類的話題十分敏感。李恢只輕輕一點，馬超最初咄咄逼人的氣勢便消洩殆盡，陷於被動。李恢獲得了心理優勢，客觀地分析形勢，使馬超明白自己的處境非常不妙，必須另擇新主，方可擺脫困境。

趨利避害是人的普遍心理，尤其是陷入困境之時，這種心理表現更爲突出。李恢正是利用人的這一心理特徵，在馬超無所適從之際，向他指明害與利，讓他自己權衡，並引導他作出抉擇。

曉以利害是一種權謀，有不少統治者都是透過此謀脅迫臣屬，表面上是爲他人分淸利害，實則爲了維護自己的利益。

〈縱橫古今〉⑯

杯酒釋兵權

趙匡胤建立宋朝不久，宴請石守信、王審琦等一班故友勛臣，他們都是陳橋兵變中立有大功的親信，目前正兵權在握。

酒酣耳熱之時，太祖突然摒退左右，對他們說：「我沒有你們，不會有今日。然而當天子太艱難了，還不如節度使快樂。我沒有哪天敢睡安穩覺！」衆將忙問其故，太祖嘆道：「原因不難知道，這皇帝的寶座誰不想坐上幾天？」

「陛下怎麼說這話？」石守信等驚問：「如今天命已定，誰敢再有異心？」太祖沉吟道：「你們當然不會有，但你們的部下若要富貴怎麼辦？一旦把黃袍加在你們身上，怕不想幹也不行啊！」衆將這時方知這酒是什麼味，個個嚇得涕淚雙流，連連磕頭說：「臣等愚笨，想不到這些，求陛下哀憐，指示一條生路。」

結果，他們遵照太祖「多積金錢，厚自娛樂」的指示，第二天都不約而同地稱病不去上朝，要求太祖免去他們的兵權。太祖立即批准，把他們全部調離原來部隊，到外地當節度使去了。

97 名還實賴，諸葛亮巧「踢皮球」

踢皮球外交，白臉、花臉、黑臉同時上台，「球」始終傳來傳去，令對手跟著「球」兜圈子，造成其體力上的消耗和心理上的失衡，最後希望破滅。諸葛亮巧用此法，使索取荊州的諸葛瑾勞而無獲，空手而歸。

劉備占據西川以後，孫權派遣諸葛瑾到成都，哭訴全家老小已被監禁，要諸葛亮念同胞之情，請劉備還荊州。諸葛亮得知諸葛瑾到來，教劉備：「只須如此如此……」

諸葛瑾見到諸葛亮後，哭訴來意，諸葛亮滿口答應：「兄休憂慮，弟自有計還荊州便了。」隨即引諸葛瑾見劉備。劉備不允，諸葛亮爲表示其兄的手足之情，竟「哭拜於地」。劉備再三不肯，「孔明只是哭求」。

在諸葛亮的哀求下，劉備勉強答應：「看軍師面，分荊州一半還之，將長沙、零陵、桂陽三郡與他。」這時，諸葛亮說：「既蒙見允，便可寫書與雲長，令交割三郡。」劉備心神領會，給關羽寫了交割三郡的信，並囑咐諸葛瑾：「子瑜到彼，須用善言求吾弟，吾弟性如烈火，吾尚懼

只不還。」

諸葛瑾「隨書」到了荊州，誰知關羽閱書不買帳，變色道：「吾與吾兄桃園結義，誓共匡扶漢室。荊州本大漢疆土，豈得妄以尺寸與人！『將在外，君命有所不受。』雖吾兄有書來，我卻只不還。」

諸葛瑾碰了一鼻子灰，只好「再往西川見孔明，孔明已自出巡去了。瑾只得再見玄德」。劉備說：「吾弟性急，極難與合，子瑜可暫回，容吾取了東川、漢中諸郡，調雲長往守之，那時方得交付荊州。」

這是諸葛亮、劉備、關羽三人默契配合、聯手上演的一齣「踢皮球」好戲。「皮球」，是需要解決的問題，諸葛、劉、關把問題你踢給我，我踢給他，使對手跟著「球」跑，牽著對手的「牛鼻子」，造成對手心理上的干擾、體力上的消耗，最終破滅對手的希望。

首先，諸葛亮透過一「哭」、一「求」，將「球」踢給了劉備。劉備與諸葛亮一唱一和，把「球」在身邊盤帶了一陣後，又踢給關羽。「球」在關羽處，被「關羽」一腳踢到九霄雲外。在這場談判中，諸葛亮始終是以好人的形象出現，扮演了白臉的角色；劉備充當的是花臉，軟硬兼施；關羽唱的是黑臉，代人受過。諸葛瑾被「球」拖得來回奔跑，結果一無所獲。

一搭一唱

戰國時期，魏文侯和將士們一起閒談。魏文侯提出一個問題：「我是怎樣的一位君主呢？」在座的將士們都說：「你是一位好君主呀！」

當問到大將翟黃和任座時，二人唱了一齣雙簧。翟黃說：「你不是好君主。你攻打中山國，不把中山國的土地封給你弟弟，而封給你的大兒子。所以，我知道你不是好君主。」魏文侯聽了大怒，下令趕走翟黃，翟黃從容離開了。

這時，任座說：「你是好君主！我曾聽說過這樣的話：『如果君主是好的，他的臣子便是正直的！』剛才翟黃的回答是正直的，所以我知道你是好君主。」魏文侯聽了，立即派人將翟黃找回，封給他上卿的官位。

翟黃與任座，一個扮黑臉，一個扮白臉，達到了正面奉承或直言勸諫所達不到的效果。這與諸葛亮、劉備、關羽的「踢皮球」之術，有著異曲同工之妙。多人扮演不同的角色，配合默契，往往比衆口一詞更能取得巧妙的效果。

98 折衝樽俎，趙咨出使不辱君命

折衝樽俎，透過外交談判，取得折服對手、壓倒對手的優勢，不戰而屈人。這是謀略家、外交家追求的理想境界。趙咨出使魏國，存東吳志氣，陳利説害，不卑不亢，「使於四方，不辱君命」，受到曹丕的讚譽。

曹丕稱魏王之後，派使者到江東封孫權為吳王，加九錫。吳王孫權接受了魏的爵命，便派使者趙咨入魏回謝。趙咨機智過人，能言善辯，見到曹丕以後，曹丕問道：「吳侯乃何如主也？」趙咨回答：「聰明、仁智、雄略之主也。」

曹丕笑道：「卿褒獎毋乃太甚？」趙咨說：「臣非過譽也。吳侯納魯肅於凡品，是其聰也；拔呂蒙於行陣，是其明也；獲于禁而不害，是其仁也；取荊州兵不血刃，是其智也；據三江虎視天下，是其雄也；屈身於陛下，是其略也；以此論之，豈不爲聰明、仁智，雄略之主乎？」

曹丕又問道：「吳王頗知學乎？」趙咨答：「吳主浮江萬艘，帶甲百萬，任賢使能，志存經略；少有餘閒，博覽書傳，歷觀史籍，採其大旨，不效書生尋章摘句而已。」曹丕別有用心地問

：「朕欲伐吳，可乎？」趙咨直言回答：「大國有征伐之兵，小國有禦備之策。」
曹丕又問：「吳畏魏乎？」趙咨勇敢回答：「帶甲百萬，江漢爲地，何畏之有？」曹丕見占不到便宜，只好問：「東吳如大夫者幾人？」趙咨自豪地說：「聰明特達者八九十人；如臣之輩，車載斗量，不可勝數。」曹丕嘆道：「『使於四方，不辱君命』，卿可以當之矣。」

古人有一種外交謀略叫做「折衝樽俎」。樽俎，指古代盛酒肉的器皿，代稱宴席；折衝，指摧毀敵人的戰車。折衝樽俎是說透過外交談判，取得折服敵人、壓倒敵人的優勢，不戰而屈人。制勝於樽俎之間，是謀略家、外交家們追求的理想境界。趙咨代表東吳出使魏國，有求於曹丕而不失孫權之威，不畏恐嚇和挑釁而存東吳志氣，陳說利害，不卑不亢，終於大功告成。曹丕不僅沒有惱羞成怒，反而備加讚賞，稱他是合格的外交官——「使於四方，不辱君命，卿可以當之矣。」

從古至今，政治軍事鬥爭從未離開過外交鬥爭。現代社會中，這種力求在折衝樽俎之間，而使社稷安定或鬥爭勝利的外交活動更加頻繁。國與國之間，社會集團與社會集團之間，爲了各自的利益，進行著廣泛的外交活動。

這些樽俎之間的外交談判，沒有兩千多年前劉邦赴鴻門宴、項莊上場舞劍欲乘機刺殺劉邦那樣刀光劍影的場面，但是雙方都在運用各種手段爲自己爭得政治、軍事、經濟及其他方面的利益。能否制勝對方、勝於樽俎之間，是由多方面因素決定的。然而，代表國家或集團出使的人員則是其中的關鍵因素，人員所具備的榮辱意識、責任感、知識結構、應變能力、氣質風度等素質尤爲重要。

〈縱橫古今〉98

舌戰法官群

一九四五年七月，中、美、英、蘇四國敦促日本無條件投降的波茨坦宣言規定，設立遠東國際軍事法庭，在日本首都對戰犯進行審判。中國是受降國之一，梅汝璈作爲中國法官參加審判。

一九四六年春，出席遠東國際軍事法庭的十一國法官齊聚東京。大家首先關心的是法庭上的座位排列順序。經盟軍最高統帥指定，庭長由澳大利亞德高望重的法官擔任。庭長當然居中坐。

庭長右手的第一把交椅似乎已屬美國法官，庭長左手的這第二把交椅屬於誰呢？法官們展開激烈討論。誰都明白，座次表示該法官所屬國在審判中的地位。爲了國家的榮譽，梅汝璈一心要爭到第二把交椅。這該怎麼說呢？

「若論個人之座位，我本不在意。但既然我們代表各自的國家，我還需請示本國政府。」梅汝璈的第一句話就讓人吃驚。若法官們都請示本國政府，不知何時才有眉目。

望著各位法官驚訝的神色，中國法官接著說：「另外，我認爲，法庭座次應按日本投降時受降國的簽字順序排列才合理。首先，今日係審判日本戰犯，中國受日本侵害最烈，且抗戰時間最久，付出犧牲最大，因此，有八年抗戰歷史的中國理應排在第二；再者，沒有日本的無條件投降，便沒有今日的審判，按各受降國的簽字順序排座，實屬順理成章。」

中國法官略一停頓，微微一笑說：「當然，如果各位同仁不贊成這一辦法，我們不妨找個體重測量器，以體重之大小排座。體重者居中，體輕者居旁。」中國法官的話語未完，各國法官忍俊不禁，大笑起來。

等到開庭前一天預演時，庭長宣布入場順序爲美、英、中、蘇……梅汝璈立即抗議，並隨即脫去黑色絲質法袍，拒絕登台預演。他說：「既然我的建議在同仁中並無很多異議，我請求立即對我的建議表決。否則，我只有不參加預演，回國向政府辭職。」

庭長只好召集法官們表決，入場順序和法官座次終於按日本投降書各國的簽字順序，即美、中、英、蘇……排定。梅汝璈舌戰十國法官，他首先以堅決爭取第二座的態度，從精神上壓倒對手；同時他又以二條高屋建瓴的理由，使對手無法爭辯。

99 亮底攤牌，鄧芝直言說東吳

「亮底如亮心。」直言以對，掌握技巧，可以激起對方的同情與好感，減少對抗；以心交心，以誠對誠，各得其所。鄧芝隻身說東吳，直接亮底攤牌，孫權深感其誠，終與蜀國結好。

曹丕聽從司馬懿的建議，調五路大兵進攻蜀地。諸葛亮派鄧芝出使東吳，說退孫權一路大兵。鄧芝來到東吳，問孫權：「大王欲與蜀和，還是欲與魏和？」孫權說：「孤正欲與蜀主講和；但恐蜀主年輕識淺，不能全始終耳。」

鄧芝慷慨陳詞：「大王乃命世之英豪，諸葛亮也一時之俊傑；蜀有山川之險，吳有三江之固：若二國聯合，共爲唇齒，進則可以兼吞天下，退則可以鼎足而立。今大王若委贄稱臣於魏，魏必望大王朝覲，求太子以爲內侍；如其不從，則興兵來攻，蜀亦順流而進取：如此則江南之地，不復爲大王有矣。」鄧芝的高論堅定了孫權與蜀國聯合的決心，孫權派張溫入蜀答禮。

雙方達成協議後，諸葛亮又派鄧芝隨張溫入吳答禮。孫權十分高興，設宴招待鄧芝。席間，孫權問鄧芝：「若吳、蜀二國同心滅魏，得天下太平，二主分治，豈不樂乎？」鄧芝答道：「『天無二日，民無二王』。如滅魏之後，未識天命所歸何人。但為君者，各修其德；為臣者，各盡其忠；則戰爭方息耳。」孫權大笑道：「君之誠款，乃如是耶！」於是，厚贈鄧芝回蜀。自此，吳、蜀結好。

兵法說：「兵以詐立。」但是，在外交談判中，有時反其道而行之，直截了當，向對方亮底攤牌，也不失為有效的取勝之道。「亮底如亮心」，交談中，雙方都要觀察、判斷對方的能力和品格，根據對品格的判斷來掂量對方話中的分量和可信程度。一旦確認或感受到對方的「亮底」是「亮心」，容易激起同情、好感，減少對抗心理，投之以桃，報之以李。以心交心，以禮還禮，誠心相待，各得其所。

「亮底」往前走一步即為最後通牒，最後通牒不是激起對方心理上的同情，而是迫使對方進行非此即彼的選擇。如果是強大的一方對弱小的一方，施用此法十分有效，可以削除枝節，排除干擾，用最短的時間、最直接的方式解決問題。但是，如果對方與自己實力相當，甚至比自己還強，那麼，最後通牒便會適得其反。

所以，「亮底」術必須把握分寸。鄧芝的「亮底」談判頗為成功，他的「底牌」中，儘管只給孫權留下一種選擇，即「三國聯合，共為唇齒」和「天無二日，民無二王」，然而，其中包含著無可辯駁的事實，並讓孫權感受到了「君之誠款，乃如是也」。

鄧芝雖然是以一個說客的身分前往東吳，孫權對他存有很大戒心，甚至最初擺出油鼎對他加以威脅。但是，鄧芝只用短短數語，便使孫權轉變了看法，產生了信任感，顯示出他的膽識、智慧和語言才能。

〈縱横古今〉99

誠直一史臣

南北朝時，魏太武帝讓高允和崔浩共修國史，並告誡：務必從實記錄。國史修完以後，刻於石上立於郊外。書中對於鮮卑人的先世記載十分翔實，鮮卑貴族以爲這是暴揚國醜，向魏武帝說了許多壞話。魏武帝大怒，要將二人處死。

高允曾做過太子的老師，太子準備爲他說情，囑咐他要保持話語的一致。隨後，太子去見太武帝，說：「高允平生小心謹愼，而且國史主要由崔浩撰寫，應該赦免高允死罪。」太武帝便召問高允：「國書都是崔浩寫的嗎？」高允答道：「太祖紀是前著作郎鄧淵寫的，先帝紀和你的紀傳是我和崔浩一起寫的。然而崔浩只不過是總領，至於著述，我寫的比崔浩多。」

太武帝一聽，心頭大怒說：「高允罪多於崔浩，怎麼能活命呢？」太子在一旁說：「天威嚴重，高允被嚇得胡言亂語。」太武帝又問高允：「是這樣嗎？」高允說：「臣罪當滅族，不敢虛妄，殿下可憐臣，想為我開脫死罪。」

聽高允這樣說，太武帝十分感動，對太子說：「直率，這是一般人所難做得到的，而高允卻臨死不易辭，信也；為臣不欺君，眞也。應該免除他的死罪，以表彰他。」於是下令赦免高允。

高允在這裡以直對、誠實打動了太武帝的心，這比使用其他方法更為有效、直接，但具有一定的風險。

100 寸土不讓，秦宓對答驚四座

「兵來將擋，水來土掩。」二人對辯，不僅是智慧、言語與心理的較量，還關係到各自所代表的國家榮辱，必須針鋒相對、寸土不讓。秦宓對答，不屈不折，氣度非凡，語言清朗，致使對手無言以對，滿堂皆驚。

鄧芝出使東吳，成功地說服了孫權，吳、蜀聯合，孫權特派中郎將張溫入川通好答禮，以表誠意。

爲了歡迎吳使的到來，諸葛亮設宴招待張溫。酒至半酣，張溫隨意嘻笑，頗有傲慢之意。次日，後主劉禪又設宴於城南郵亭之上，命衆官相送。正飲酒間，忽見一人乘醉而入，昂然長揖，入席就座。

張溫十分奇怪，問是何人，諸葛亮介紹此人姓秦名宓，字子勑，現爲益州學士。張溫笑道：「名稱學士，未知胸中曾『學事』否？」秦宓正色回答：「蜀中三尺小童，尚皆就學，何況於我？」張溫問：「且說公何所學？」秦宓對答：「上至天文，下至地理，三教九流，諸子百家，無所不通；古今興廢，聖賢經傳，無所不覽。」

張溫哂笑說：「公既出大言，請即以天為問：『天有頭乎？』秦宓答：「有頭。」張溫問：「頭在何方？」秦宓答：「在西方。《詩》云：『乃眷西顧。』以此推之，頭在西方也。」張溫仍問：「天有耳乎？」秦宓答：「天處高而聽卑。《詩》云：『鶴鳴九皋，聲聞於天。』無耳何能聽？」

張溫又問：「天有足乎？」秦宓回答：「有足。《詩》云：『天步艱難。』無足何能步？」張溫仍不讓步，問：「天有姓乎？」秦宓說：「豈得無姓！」問：「何姓？」秦宓答道：「姓劉。」問：「何以知之？」秦宓答：「天子姓劉，以故知之。」又問：「日生於東乎？」答：「雖生於東，而沒於西。」

秦宓語言清朗，答問如流，滿座皆驚，張溫無言以對。

曹丕在《典論．論文》中曾說：「唯通才能備大體。」所謂通才，即指學識廣博、具有多種才能的人。俗話說：「一通百通。」一通為專，百通為全。一通百通，才能應付自如。

論辯是智慧的角逐、言語的較量。高明的論辯者必須具有良好的學識和心理素養。面對張溫的有意刁難，秦宓鎮定自若，針鋒相對，果斷鮮明地解答問題，毫不含糊地表述自己的觀點。對於對方的連續進攻，不遲疑，不停滯，快人快語，應聲而出，對答簡潔、凝練，反應敏捷，充分展示了秦宓非比尋常的應變能力。

「兵來將擋，水來土掩。」秦宓雖然是被動的回答，但是，話語中藏著機鋒，「語言清朗」，氣度非凡。張溫最後無言以對，雖有語盡詞窮的一面，但更主要的是，他被秦宓的氣勢、風度所征服。不僅張溫，現場亦「滿座皆驚」。

秦宓與張溫對答，還代表著各自國家的利益。張溫入蜀伊始，便處處流露出輕視、傲慢的態度，所以秦宓一出場，便關係著蜀國的榮辱，他必須成爲全蜀的風範，維護蜀國的威嚴。他針鋒相對、義正辭嚴的對答，正體現了這一蜀國意識。

〈縱橫古今〉100

尊嚴之辯

蘇聯詩人馬雅可夫斯基爲了維護自己的尊嚴，曾與一位聽衆進行了針鋒相對的論辯。

在一次大會上，馬雅可夫斯基的演講博得了台下陣陣笑聲與掌聲。結束時，忽然有人叫喊：「您講的笑話我不懂！」「您莫非是長頸鹿！」詩人感嘆道：「只有長頸鹿才可能星期一浸濕的腳，到周末才感覺出來呢！」

「我應當提醒您，」一個矮胖子擠到台上嚷道，「拿破崙有一句名言：『從偉大到可笑，只有一步之差。』」「不錯，」詩人邊說邊用手指著自己和那個人，「從偉大到可笑，正是一步之差。」「您的詩太駭人聽聞了，這樣寫詩是短命的，明天就會完蛋，您本人也會被人忘卻，您不會成爲不朽的人。」「請您一千年後再來，到那時我們再談吧！」詩人說。

那人繼續挑毛病說：「您說，有時應當把沾滿灰塵的傳統和習性從自己身上洗掉，那麼您既然需要洗臉，這就是說，您也是骯髒的了。」詩人巧妙回答：「那麼，您不洗臉，就以爲自己是乾淨的嗎？」那人惱怒叫道：「馬雅可夫斯基，您的詩不能使人沸騰，不能使人燃燒，不能感染人。」詩人仍然平靜地說：「我的詩不是大海，不是火爐，更不是鼠疫。」

馬雅可夫斯基面對這一小撮心懷叵測的挑釁者，鎮定自若，妙語連珠，鋒芒畢露，語驚四座，體現出了高層次的論辯口才。

國家圖書館出版品預行編目資料

爭鋒奇術三國策／吳琦作. --二版. --臺北市：遠流, 2006〔民95〕

面；　　公分. --(實用歷史. 三國館)

ISBN 978-957-32-5920-6 (精裝)

1. 三國演義－研究與考訂　2. 謀略學

177　　95019938